威廉·弗卢塞尔作品

Kommunikologie

传播学

历史、理论与哲学

[巴西] 威廉·弗卢塞尔 / 著　　[德] 斯特凡·博尔曼 / 编

周海宁 / 译

复旦大学出版社

译 者 序

从西方哲学发展的脉络之中可以归纳出两种偏向：以柏拉图和黑格尔为代表的对虚拟性持否定态度的偏向；以尼采为代表的对虚拟性持肯定态度的偏向。其中，从柏拉图到黑格尔，哲学的主流是否定虚拟性的存在的。即使有必要，虚拟性、媒介性之物也只不过被视为在达到真实存在的过程中应被扬弃之物。与此相反，尼采却肯定虚拟性的权力。对尼采而言，媒介性本身就是实存性（existential）的条件，即人类只有在创造虚拟性、人工性之物之时才是真实的存在。而本书的作者威廉·弗卢塞尔（Vilém Flusser，又译维兰·傅拉瑟）则坚定地站在了被尼采肯定的道路之上。因为他相信，人类实存于以人为性而生成的人工性世界之中。

弗卢塞尔认为，人类如果试图在世界之中存在，就要不断地在无秩序之中生成特定的形式（form），其中生成的图像则被称为信息。所以，弗卢塞尔将信息与秩序等同视之。由是，弗卢塞尔跟随诺伯特·维纳（Norbert Wiener，信息论的开拓者之一）的视角，将信息定义为负熵（negentropy）。负熵是人类对抗自然，并抵抗死亡的结果。弗卢塞尔认为，正是由于人类的叛逆与反抗，人类才能成为人类——"将人类定义为具有负熵的倾向之时，人类才第一次成为人类，即信息的游戏者。而远程通信社会将是真正的信息社会，也将是空前的、真正自由的社会。"远程通信社会将成为一个把信息生产视为一种社会实际功能并系统化推进这种生产性的社会，也将是一个因为自觉而自由的社会。远程通信社会将是一种系统搜寻新信息的对话游戏（社会），我们可以把这种规则化的搜寻称为"自由",搜索的方向则是"意图"。这就引出了弗卢塞尔传播理论对未来人类社会形式可能性进行想象的关键词——远程通信社会(telematics society)。

弗卢塞尔指出,"如果想要建立一个人道的社会,我们必须了解新技术而非崇高的价值"。远程通信社会中的新技术指的是技术图像,即依靠技术性装置(apparatus)进行的图像生产,如照片、电影、视频、互联网动画等的新平面。"技术图像诞生于一种两相矛盾的姿势之中,诞生在装置的发明者与操作者、装置与人之间复杂的对抗与合作之中。"从弗卢塞尔的理论出发,人类就生存于这种人工的现实,即象征性的符号化世界里。以技术图像为代表的数字想象(技术想象)的世界是通过文字、数字符号来制造我们现在所处的"新世界"的。所以,在以技术图像为代表的技术社会中,我们的文化应该被称为"图像文化",即"这个社会的中心是人与人之间通过图像展开交流,而不是人与图像之间的交流"。弗卢塞尔从人道主义的立场出发,指出"苦恼意识是意识的唯一形式,快乐并不是意识。人们都想放飞自我、抛弃意识、笑口常开。现今社会之所以溃散,是因为人人都追求快乐"。弗卢塞尔认为,不同的媒介时代需要与之相适应的不同意识维度。如今我们生活在技术图像时代,与之对应,人们就应该具有"技术想象"的意识。这就引出了弗卢塞尔在归纳人类传播图景时使用的又一关键词:技术图像(Techno-bild,德语)。

基于远程通信社会与技术图像,以及人类命运与信息进行接合的意图,弗卢塞尔考察人类传播的动机、过程、结构及其局限性,以及不同传播阶段所对应的人类意识维度,从而对人类传播进行了新的意义阐释,并由此引出他归纳人类传播的历史、理论以及哲学时的关键词——Kommunikologie。

"Kommunikologie"是指技术学(technologie,德语)取得优势地位之后而生成的一门支配精神科学的新学问。弗卢塞尔将它界定为传播的理论或传播的学问——以将传播理论系统化为目标,试图从理论上完善人类传播的未尽之处,从历史、哲学以及符号的视角挖掘人类传播的意图及构成,并赋予其意义。弗卢塞尔于 1969 年 10 月至 11 月在巴西的圣保罗写了一篇关于自己哲学思考发展的自传文章,名为《寻找意义之路》。他的传播理论不仅是为人类传播进行诊断,更是对自己人生领悟的一种抒发:"在心为志,出言成诗。"弗卢塞尔曾言:"我想继续活下去,因为我还有很多其他的兴趣。我的心中还有很多迫切待发的话语";"我所写下的一切,其实只是通向'寻找意义之路'这一命题的开场白而已"。

弗卢塞尔终生为人类传播及自己的人生寻找意义,并将意义之路指向以技术图像和远程通信社会为典型特征的互联网媒介时代。换言之,弗卢塞尔是"互联网媒介时代到来"的预言者。不幸的是,1991 年 11 月 27 日,弗卢塞尔在捷克的布拉格结束授课之后,在德国边境附近发生车祸,不幸罹难。最终,弗卢塞尔被安葬在布拉格的犹太人公墓。弗卢塞尔没能看到网络世界的到来,他生前所著书籍的原稿都是以打字机输入的方式写成。作为互联网社会"先知"的弗卢塞尔没能看到数字文明的辉煌,便遗憾地与人类传播的未来作别,令人唏嘘。然而,我们相信,弗卢塞尔对人类传播的洞见——"传播学理论是所有人类传播的元理论(metatheory),并且借助这一理论,传播学理论的结构变得可视化了",以及他的人道主义取向,可以激励后学者作为同道中人与之一起奋斗:在与他人交流的过程中,通过媒介与他人共存,从而对抗死亡,实现"永生"。

具体而言,原著以由弗卢塞尔新造的词汇"Kommunikologie"为题,以人类为何进行传播这一根本性问题作为切入点,明确地指出了传播理论研究直指人类传播乃是意识到死亡的孤独人类所进行的文化实践。人生之所以充满孤独是因为人类意识到自身必有一死以及人生终极上的无意义。而人类进行文化实践,其目的是通过创造象征性的符号化世界赋予人生以意义。换言之,人类传播就是通过在人与世界之间悬横的深渊之上安置桥梁,从而赋予人生更多的可能性。进言之,人类乃是以忘却接受了死亡判决之人生的无意义为目的,利用象征性系统的符号化世界来赋予人生以意义。这一符号化世界的意义是通过人类之间的相互协商而形成的;符号化的世界借助人类的技巧,通过否定(反抗)死亡,赋予实际世界和人生以意义,从而实现人与人的交流(传播)。

符号化世界通过人类传播赋予实际世界以意义,因此它是具有反自然特性的。人类传播活动生成的信息根据自然的熵法则(entropy law)——虽然能量的总量不变(热力学第一定律,即能量守恒定律),但是通过相同机制(mechanism)使用的能量无法再次回收(热力学第二定律,即熵增定律,其中最经典的表述是"绝热系统的熵不可能减少"),熵是能量的尺度,是不能再以原状态回归的能量尺度——最终会变成无法使用的信息而被消灭掉。换言之,自然现象总是向着熵增的方向进行演化,即朝着越发无秩序的方向变化。因此,人类在宇宙的这种普遍性的命运之下无法实现自由:人类自身的终极命运是走向死亡,变成粒子,并与自然中的其他粒子相结合,变成无秩序的一部分。

然而,人类通过在记忆中为符号化世界的信息分配话语,将其转变成可以再次使用的信息并储存起来。此时,信息因为被储存在无数人的记忆之中,所以其总量非但没有减少反而是增加的。这就是人类进行信息生产的原因,即人类传播呈现出与熵增相反的过程——负熵过程。人类传播的负熵过程表现为人类对自然的叛逆和对死亡的抵抗,这也是人之为人的根本原因所在。所以,从信息角度理解人类传播是传播理论的核心内容之一。负熵的法则则体现了人类创造出人为性的世界,其目的是实现个人与他人的共存。换言之,人类并非自然性地生存,而是生存于人为性建构的符号化世界,即通过象征性形式为无意义的世界赋予意义,并据此拒绝被预先宣告的死亡。由于象征或符号是共有的,所以在这一过程中,人类与他人进行交流,其结果便是符号化的人工世界同时成为"与他人共存的世界"。这也体现出弗卢塞尔受到了海德格尔哲学思想的影响。因为作为"与他人共存的世界"里的"新人",与海德格尔所说的"此在"(Dasein,德语,"da"表示"此时此地","sein"表示"存在、是",是一种永远"在世"的存在者)与"共在"(Mitsein,德语,共同存在)具有同一性,即通过与他人一起共存而成为"永生"的存在。

人类欲与自然建立关系，需要凭借自身制造的人工性现实为媒介，如对话和话语两种传播形式。作为人类发展出的技巧，话语如古代圆形剧场一般，是一点送信（"一对多"的中心性）的一般性交流；对话以网状形态（"多对多"的去中心性）形成双向的民主性交流。弗卢塞尔主张以数字化的"网状对话"替代支配大众媒介的话语交流。这就是支撑弗卢塞尔哲学构想——远程通信社会的关键点。弗卢塞尔依据支配不同时代的不同符号将人类的历史分成前历史、历史、后历史三个时代进行考察。其中，前历史时代是石器时代，是以石窟壁画（传统图像符号）描绘的魔术性世界，历史时代是以文字符号书写的历史性世界，后历史时代是以技术图像符号构成的媒介虚拟世界。纵观人类传播的演变历程，人工建构的人工性现实就如同恩斯特·卡西尔（Ernst Cassier）所说的"符号形式"①（symbolische Form，德语）的表象世界。对弗卢塞尔而言，人类正是生活在这种人工现实里：在前历史时代，人类生活在想象的世界；在历史时代，人类生活在由文字符号记录的构想性世界；在后历史时代，人类生活在通过文字、数字符号制造的技术想象的世界。

具体而言，在前历史时代，人类第一次作为"人"从对象世界里"飞跃"而出：人类从四维时空的自然中飞跃而出，作为"主体"与三维的"客体"对面而视，"人"得以诞生。人类作为主体与客体相对而视，为了弥补与周边世界（环境）的缝隙，其创造的最初的媒介形象是将石头或绳子进行排列或捆绑在一起。经过最初的人工性创造，人类继续动员想象力，通过创造二维的媒介实现对对象的操作。传统的图像（绘画）便是这种观照和想象力的阶段的产物。人类根据人文性创造的图像媒介与世界进行交流。此

---

① 卡西尔作为新康德主义哲学的代表人，在20世纪的西宁美学史中占据一席之地。在他的代表作《符号形式哲学》中，卡西尔将艺术作为最理想的符号形式，并将其与语言、神话、宗教、科学等并列。

后，大约在公元前1500年，随着字母符号的登场及历史时代的到来，人们开始使用线性文本（文字）观照世界。在这一阶段，人们进入利用媒介来掌握概念并进行推理、计算、反思的历史时代。进入20世纪，后历史时代到来，文本符号在人类和对象之间充当媒介就变得不充分了。由于以科学技术为基础所形成的话语系统具有不透明性，从而造成了概念的泛滥，使一般人无法接近抽象概念（由此导致了"精英"与"大众"的进一步分化），所以文本在作为中介时就出现了瓶颈。因此，利用相机、摄像机、电视、电脑等装置创造的新图像，即作为新的平面符号的技术图像诞生了。

综上所述，从各个时代符号所具有的意义来看，在传统图像时代，符号承载的是神话和魔术的意义。在传统图像的世界，图像的功能是保护人类并令人惊骇（图像具有"崇高性"，发挥着"崇拜价值"）。使用图像符号的人们相信，不信服这一符号所具有的保护能力和令人惊骇能力，就会受到神的报复。为了避免报复的威胁，人们发明了线性字母符号，企图利用文本来促进"去神话"（世俗化、启蒙）的进程，从而迈向历史之路并实现进化（发展）。然而，由于主要的精英群体使用的理性中心式科学（学问）语言招致了抽象性概念的泛滥，这反而成为人类传播的障碍。随着视听性大众媒介的普及，以及人们试图从理性过剩之中飞跃而出的意图的推动下，后现代性思考（意识）诞生了。最终，让人们得以从文本中飞跃而出（但以文本为基础）的技术图像使新的图像媒介诞生了。

三种符号即传统图像、文本、技术图像的发展阶段是人们在世界中逐渐陌生化的阶段。在陌生化的各个阶段中，人们将魔术、历史和技术想象的后历史意识与符号相结合。在各个阶段，原有的符号面临着被新符号驱逐的危机。传统图像被翻译成文本（字母）时，传统图像面对被驱逐的危机进行了强烈的反抗。在西方的历史中，《圣经》这一文本对偶像崇拜的禁止是众所周知的。历史性的危机在于当技术图像广泛地渗透而来，我们却仍处于历史性的意识维度：当代人是处于历史维度和后历史维度边界上的存在。

从媒介发展历史的角度来看，工业革命之后，人口集中于城市，诱发了报纸和书籍印刷等大众媒介的发明，其结果是让大众能够解读文本（字母）符号的义务教育得以导入。如此，在历史时代，原本被精英群体独占的文本被编入了大众文化。然而，科学和技术的专业化虽然使文本信息大量爆发，但也使一般人无法接近这些信息。弗卢塞尔将其称为树状话语的不透明性，其结果是大众媒介成为无论是谁都可以接近的标准化之物，信息可以无差别地被扩散。弗卢塞尔将依据大众媒介进行分配的信息称为圆形剧场型话语。圆形剧场型话语结构成为我们当今时代的支配性话语结构，但是这种话语结构导致了利用可能的信息创造新信息的对话结构（圆形对话）的没落。通过大众媒介分配信息所生成的传闻或舆论使网状对话结构产生了，并取代了圆形对话结构的地位。今天，这种传闻或舆论通过专门性的舆论调查变得可以量化，这种态度测定的方法同样适用于政治性和经济性目的。

我们依旧站立于历史维度。然而，能够创造和解读技术图像的新意识维度还没有出现。原因是我们从没有学习过如何对这种新的符号进行编码或解码。于我们而言，如同行走在迷雾中一般，面前只有能够预测这种新的意识维度的深渊（障碍物）。这正是我们的"危机"所在。我们并非在新意识中受到"神话"的威胁，而是受到了"假神话"的威胁。就像在印刷术发明之前一般，图像并非侵入我们的文本程序，而是技术图像渗透了进来。其结果是灰色文本的时代已经过去，被称为大众文化的华丽的技术图像环绕着我们。我们的课题并非如历史时代时将传统图像翻译成文本，而是将文本翻译成技术图像。新的符号教育的可行性就在于此。

作为传播理论家、哲学家的弗卢塞尔直面以圆形剧场型话语结构支配的时代背景，梦想着对话的复活。在他看来，圆形剧场型话语结构（大众媒介信息的扩散）仅仅依靠技术图像无法实现人类传播的目的——赋予人生意义。达成人类传播目的的方法是利用新的符号去构筑人类的对话传播网。从这一点来看，弗卢塞尔是预言互联网媒介传播的先觉者。

他主张的远程通信社会正是能使人类"紧密地"联系在一起的新社会。这里"紧密"的含义不是时空性的功能,而是将一个人与他人联系起来的数字的功能和关系的强度。一个人与他人的联系强度越大,他越是与时空的距离无关而与他人更亲近。一个人与他人具有的数字连接越多,则他们之间产生的信息就越多。换言之,质询与对答的数量(对话)就越多。他们越近,责任就越大;越远,责任就越小。从这个意义来看,作为媒介的电脑使一个人对他人的开放性以及在他人内部的认同自动地变得可能。因此,我们称弗卢塞尔为"数字思想家"。与弗卢塞尔的数字化理论有关的基础性建构体现在他的系列性著作中,在他的另一部著作《表象的礼赞:媒介现象学》(*Lob der Oberflächlichkeit：Für eine Phänomenologie der Medien*)中亦可窥见其对数字化理论的见解。

我相信,本书将会带给我们在理解人类传播的过程之中还没有经历过的新冲击。不过,令我担忧的是,这本书的原文充斥着古希腊语、拉丁语、法语、英语、德语、葡萄牙语等,所以不知书中是否仍有对读者来说晦涩难懂的"翻译体"。我诚恳地希望读者对翻译中存在的谬误或尚不通顺的语言表达进行严厉的批评和指正。

在序言的结尾,感谢导师金成在教授对我的学术指导与以身垂范。他让我真切地体会到了子夏说的君子有三变:望之俨然,即之也温,听其言也厉。感谢家人与朋友的支持,因为你们是我人生意义的源泉。还要特别感谢复旦大学出版社刘畅老师的帮助。本书是我人生中的第一本译著,若没有刘老师的辛苦付出,对原稿逐字逐句的认真审定、讨论,就没有面世的可能。

最后,谨以此书献给致力于传播研究和不断追问人生意义的读者!

周海宁

2022年9月

目 录

绪论　人际关系的大变革：传播的含义 ··· 001

第一章　传播的结构 ··· 007

　　第一节　传播结构 ··· 007

　　　　一、剧场型话语结构 ··· 010

　　　　二、金字塔型话语结构 ··· 012

　　　　三、树状话语结构 ··· 013

　　　　四、圆形剧场型话语结构 ··· 015

　　　　五、圆形对话结构 ··· 018

　　　　六、网状对话结构 ··· 019

　　第二节　传播结构的运转 ··· 022

　　　　一、剧场型话语结构与圆形对话结构 ··· 022

　　　　二、金字塔型话语结构与树状话语结构 ··· 027

　　　　三、圆形剧场型话语结构与网状对话结构 ··· 031

　　第三节　三种典型情况 ··· 034

　　　　一、印刷书籍 ··· 036

　　　　二、手稿 ··· 040

　　　　三、技术图像 ··· 044

第二章　传播的符号　　　　　　　　　　　··· 054

第一节　符号的含义　　　　　　　　　　　··· 054
第二节　三种典型符号的诞生　　　　　　　··· 058
　　一、前字母　　　　　　　　　　　　　　··· 062
　　二、字母　　　　　　　　　　　　　　　··· 066
　　三、后字母　　　　　　　　　　　　　　··· 074
第三节　符号的功能运转　　　　　　　　　··· 081
　　一、图像　　　　　　　　　　　　　　　··· 086
　　二、文本　　　　　　　　　　　　　　　··· 097
　　三、技术图像　　　　　　　　　　　　　··· 108
　　四、装置-操作者复合体　　　　　　　　　··· 120
第四节　三种符号的共时化　　　　　　　　··· 126
　　一、传统图像与文本　　　　　　　　　　··· 127
　　二、传统图像与技术图像　　　　　　　　··· 129
　　三、文本与技术图像　　　　　　　　　　··· 131

第三章　技术图像的含义　　　　　　　　　　··· 137

第一节　对几种技术图像的解读　　　　　　··· 141
　　一、照片　　　　　　　　　　　　　　　··· 144
　　二、电影　　　　　　　　　　　　　　　··· 151
　　三、录像　　　　　　　　　　　　　　　··· 157
　　四、电视　　　　　　　　　　　　　　　··· 161
　　五、电影院　　　　　　　　　　　　　　··· 165
第二节　技术想象　　　　　　　　　　　　··· 168
　　一、立场　　　　　　　　　　　　　　　··· 170

　　　　二、时间体验　　　　　　　　　　　… 173

　　　　三、空间体验　　　　　　　　　　　… 175

　　第三节　现在的情况　　　　　　　　　　… 180

第四章　传播学讲义　　　　　　　　　　　… 187

　　第一讲　意图说明　　　　　　　　　　　… 187

　　第二讲　绪论　　　　　　　　　　　　　… 190

　　第三讲　人类传播的过程　　　　　　　　… 194

　　第四讲　人类传播的动机和限制　　　　　… 200

　　第五讲　技术性想象的导入　　　　　　　… 207

　　第六讲　话语媒介　　　　　　　　　　　… 212

　　第七讲　对话媒介　　　　　　　　　　　… 225

　　第八讲　电话机　　　　　　　　　　　　… 237

　　第九讲　派地亚　　　　　　　　　　　　… 244

　　第十讲　命令类信息传播　　　　　　　　… 248

　　第十一讲　游戏　　　　　　　　　　　　… 260

　　第十二讲　翻译　　　　　　　　　　　　… 266

　　第十三讲　公之于众　　　　　　　　　　… 273

编者后记　　　　　　　　　　　　　　　　… 279

绪论
人际关系的大变革：传播的含义

人类传播是一种人为的过程，其根植于技巧、发明和工具，即符号组成的象征。人类不是用自然的方式进行交流的——人说话与鸟儿自然地啼鸣是不同的，人书写的文章与蜜蜂自然的舞姿也是不同的。因此，传播理论不是自然科学，而是与人类非自然的层面相关，属于精神科学的领域。美国式的名称"人文科学"似乎是更为确切的称呼，暗示着人类是一种非自然动物的事实。

所以，我们可以把人类称为社会动物或政治动物。人类如果不学习使用传播工具（如某种语言）的方法，那么他就是一个"傻瓜"（idiot[①]，在语源上指代一个自然人）。"傻瓜"作为不完全的人类存在，其技巧性是不充足的。但是，自然的人际关系（比如吃奶的孩子与妈妈的关系或性关系）也是存在的，我们可以称这种关系为原初性的、根本性的传播方式。不

[①] idiot 经历了词汇语义上的演变。首先，从词源上看，它源自希腊语，由词根"idio-"（个人、自己）和名词后缀"-t"（相关的人）组合而成，字面意思为"私人、个人"。与它具有相同词根的词语，如 idiom，在词根"idio-"后面加了一个表示"做法、现象"的名词后缀"-m"，字面意思为"个人独有的做法"，进而引申为"某一民族或某一地方独有的表达方式"，也就是所谓的"习语、成语、土话"，也可引申为"未受教育的人、无知的人"。在人类发展史上，统治阶级担任公职者大部分是受过良好教育的精英人士，而对应的不担任公职的被统治者往往被认为是乌合之众，容易被煽动、操纵。例如，在古希腊时期，idiot 指的是不担任公职的普通民众，即教育程度不高且缺乏专业技能的普通民众。该词被引入英语后，贬义色彩进一步加强，直接带有了"笨蛋、白痴、智力低下者"等含义。——译者注

过，我们不能把自然的关系称为人类传播方式的典型，典型的人类传播是依靠技巧（如接受文化的影响）展开的。

人们完全没有认识到人类传播的人为性特征，即人与他人是通过技巧而进行交流的。当人们学到一个符号，人们就会人为性地忘掉它。以学习"姿势"这类符号为例，当我们学了"点头"（符号），便会自然而然地使用这一符号，而并没有在使用时意识到它具有"是的"的含义。因此，符号（以及符号构成的象征）成为一种"第二自然"。我们生活在符号化的世界（如点头、交通信号和家具等，它们都属于可被统一阐释的现象界）中，并且忘记了作为"第一自然"的世界。这也是符号化世界之所以形成的目的。只不过这一事实也要通过分析才能得以显现。换言之，我们忘记了这样的一个事实：符号化的世界是人为性的"织物"。这种人为性"织物"的意义反映了人类的需求，并为无意义的自然赋予意义。人类传播的目的便是令人忘掉无意义，因为在无意义之中，人们作为完全孤独的存在丧失了传播与交流的能力。进言之，人们孤独地生活在自然的世界之中，并独自接受了死亡的判决（人的宿命仿佛就是向死而生）。人类传播能够令人忘掉人生的无意义，忘却自己是接受过死亡判决的存在。人类天生是孤独的动物，因为人们知道了自己必有一死的事实，并且在人死亡的时候，他们也明白一直以来被粉饰的共同体是无效的，因为在向死而生的人生旅途之中，任何人都只能孤独地走向死亡。人所拥有的时间其实都是潜在地走向死亡的时间，为了不用时刻铭记着这种根本性的孤独并无意义地活着，人类传播出现了。人类传播是人们利用符号化的世界创造出的一块免死金牌。这块免死金牌是由艺术、科学以及围绕着我们生活的哲学、宗教共同塑造的。如此，我们便能将自己那种天然的孤独、死亡以及自己所爱之人的死亡逐渐遗忘。简而言之，能与他人进行交流的人类是政治性动物（politisches Tier，德语）。这并不是因为人类是社会性的动物，而是因为人们是不得不在孤独之中生活的动物，所以才称人类为政治性动物。

传播理论是人们为了忘却孤独而编织的一种人为性织物,所以它属于人文科学(humanity)。这里不再赘述"自然"与"人为(或者文化、精神)"的差异。传播理论并不属于自然科学的事实已经被确认,所以在此仅谈一下方法论(methodologische,德语)上的结果。从一般意义上来说,人们在19世界末已经接受了自然科学的存在是为了说明(erklären,德语)现象,而精神科学的存在是为了解释(interpretieren,德语)现象的说法①。例如,为了展示云朵形成的原理,我们需要对它加以说明,但要想展示一本书的意义,我们则需要对它进行解释。所以,传播理论是一门解释的科目——它与意义相关。

遗憾的是,我们对现象本身进行说明或解释并不如我们所相信的那么简单。我们可以对云朵进行解释(正如预言家或心理学家所做的那样),也可以对书进行说明(正如历史唯物主义者或一些心理学者所做的那样)。我们对事物进行说明时,该事物就成为"自然性"的存在;对事物进行解释时,该事物又成为"精神性"的存在。所以,对基督徒来说,所有的东西都是"人为的",因为那是上帝创造的"作品"。而对18世纪的启蒙主义哲学家来说,所有的东西都是"自然的",因为原则上所有的东西都可以被说明。由此可见,自然科学和精神科学的差异不在于事物本身,而在于研究者的态度。

但是,这并不与事物的实际情况一致。我们可以将所有东西都拟人化,例如,云朵正在读书;也可以将所有东西都自然化,例如,我们发现了书的原理。这里的两种研究方法展示了研究对象(现象)的不同侧面。因此,应该明白我们谈论的"统一现象"是没有意义的,因为"被解释"的云朵不是天文学家的云朵,而"被说明"的书与文学也是没有关联的。

如果将谈论的内容应用到人类传播现象上,那么我们就必须认识到

---

① "说明现象"指的是对事实进行客观呈现;"解释现象"指的是人们为客观事实赋予意义,促进人的理解。基于此,人类传播在意义赋予方面与解释学一脉相承,即基于"自然需要说明,人需要理解"的立场,以理解为目的,核心是为客观事物赋予意义。也就是说,只有通过人的参与和解释(理解)的过程才能够获得这些意义。——译者注

前文提到的方法论问题，即若要对人类传播进行说明（如用哺乳动物的交流进化、人类解剖学的结果，或中转信息的方法来说明），我们就不是在谈论传播现象。所以，人类传播是需要解释的（考察其意义）。本书强调的就是人们要注意这一事实，因为后面我们将把传播理论当作一门解释性科目来分析（比如区分信息理论或信息学与传播理论的差别）。我们的目的是解释人类传播并将其视作一个应该被解释的现象。

从解释的角度来看，通过人为性的方法（人为地创造符号）并不能完全解释这种被展示的现象所具有的非自然属性。所以，人类传播是非自然性的，或者说是半自然性的。因为人类传播的目的是人们想要将获得的信息储存起来。人类传播是负熵（negentropischen，德语）的世代传递。人们获得的信息是人类传播的核心，也是人类的一般特征——人类是为了将所得信息进行储存而发明技巧（方法）的动物。

然而，自然也具有负熵的过程。例如，我们把在生物学发展中出现并逐渐变得复杂的形态视为信息不断积累的过程。我们可以把生物学的发展视为一个朝着越来越难以诞生的结构方向发展的过程，人类传播是这一发展过程的最后一个阶段。无论是哪种情况，要说明人类传播现象的时候都是如此。不过，接下来我们不从解释而从说明的方法论角度去探讨一下现象。

从自然科学的角度来说，或说从说明的角度来看，虽然信息的积累以信息的消逝作为终结，但这是在信息走向消逝的过程背后产生的过程，即本轮①（Epizyklus，德语）。虽然栎树比栎树的叶子更加复杂，但栎树最终会

---

① 在托勒密的宇宙模型里，行星循着本轮（epicenter，周转圆）的小圆运行，而本轮的中心循着被称为均轮的大圆绕地球运行。这种模型可以解释行星为什么会逆行。阿波罗尼奥斯（古希腊数学家）和亚里士多德也分别对这种行星运动进行过描述。但是，周转圆是我们观察不到的，它是一种理论上假设的圆周运动符号，根据这个假设，我们观察到的是我们能够预测到的，即理论与观察到的现象相一致。本书也是借助这一自然科学的术语，提示信息现象背后的过程。——译者注

成为比其叶子更简单的灰烬;蚂蚁的身体结构实际上比变形虫的结构更加复杂,但随着地球与太阳的距离越来越近,所有的生物本轮最终都会变成灰烬。此时,灰烬再次与变形虫的结构相比就变得简单多了。虽然信息保存的本轮不会发生,但从统计学角度看,这是具有可能性的,特别是根据热力学第二定律①来看,其最终是可能发生的。

人类传播具有负熵的倾向,这就使我们在解释而不是说明人类传播现象时,能够看到完全不同甚至完全相反的样子。如此,通过统计学实现信息的积累并不是不可能发生的过程,人们可以通过调动自身的技巧使之成为可能。换言之,信息的积累并不是偶然或必然的结果,可以将其阐释为自由的产物。将获得的信息进行储存并不是把它们作为热力学的例外进行把握,而是将其阐释为接受死亡审判的人类的反自然意图。具体阐述如下。

人类传播是人们为了对抗向死而生的孤独而实施的一种人为性技巧,同时它也被视为与熵的自然流动方向相反的一个过程。这两种看法其实是一致的。无论何时,盖然性②(wahrscheinlicheren,德语)状态——化为土堆、灰烬的自然倾向(热寂)只是一种客观性面向,是人们主观上体

---

① 热力学定律是描述物理学中热学规律的定律,包括热力学第零定律、热力学第一定律、热力学第二定律和热力学第三定律。其中,热力学第零定律又称为热平衡定律,科学家是在热力学第一、第二定律被发现后才认识到这一规律的重要性;热力学第一定律是涉及热现象领域的能量守恒和转化定律,反映了不同形式的能量在传递与转换过程中守恒;热力学第二定律又叫熵增定律。熵增定律最经典的表述是"绝热系统的熵永不减少",这一表述在近代发展为"在孤立系统内,任何变化不可能导致熵的减少"。1912年,能斯特(Walther Hermann Nernst,1920年诺贝尔化学奖得主)提出"不可能使一个物体冷却到绝对温度的零度"的理论,即绝对零度不可能达到原理,这就是热力学第三定律。——译者注

② 参见《现代汉语词典》(第7版)。盖然性是有可能但又不必然的性质,指人们对事物的认知达不到逻辑必然性时所使用的一种认知手段。盖然性介于偶然性与必然性之间。在现实世界中,偶然事件发生的可能性也是具有规律性的,其规律性的大小可以根据大量现象进行预估。例如,战争并不是只依靠逻辑推理和指挥者个人的表现艺术。战争具有太多的偶然性,当偶然性表现出必然规律时,就呈现为盖然性。作者在这里借助这一术语来说明人类传播的作用:人类传播是以人为性的信息积累与创造活动的非盖然性来反抗人类向死而生的盖然性的。——译者注

验的单调性的孤独以及接受死亡判决的客观性面向而已。无论是从实存的立场(与他人一起试图克服死亡)来看,还是从形式的立场(试图生产并储存信息)来看,我们的传播行为都是意图欺瞒自然。人类传播的这种意图不仅与我们身外的自然有关,也与人类本身的自然(天性)有关。

当我们对传播行为进行解释时,使用统计学(所有量化的)研究方法是没有意义的。例如,石头和砖头的堆砌现象对一个城市的形成来说是一件多么具有盖然性的事情,如果提出它们在什么时候会变成废墟这样的问题就是不正确的,因为都市的诞生在于给向死而生的无意义的存在赋予意义。同理,询问多少只猴子在几年内可以通过敲击打字机完成"神的喜剧"(但丁的《神曲》)这样的问题也是没有意义的,因为通过某种方式来证明但丁的作品是没有意义的,应该通过希望达到某种目的的想法(意图)来解释但丁的神曲。所以,人们通过储存信息来对抗死亡的行为是不能用自然科学的基准来进行测定的。例如,在氧气测定实验中,可以通过测量特殊的辐射原子信息的消逝来测算自然时间,但有关人类自由的人为性时间(历史性时间)则不能用这个方法进行信息测定。

这里重点强调的是与传播活动有关的解释方法和说明方法,传播理论和信息学之间是没有任何矛盾的。现象并不是"物自体",而是在考察之中出现的事物。所以,执意要将传播理论和信息学中的考察说成是对同一事物进行的考察是没有意义的。从信息学的观点来看,传播活动是一种自然的过程,所以应该予以客观的说明;在本书中,从传播理论的立场来看,传播活动是一种非自然的过程,所以应该以主体间性的立场来解释。本书并不关注这两种具有差异的立场在何处可以接合,以及其共同点是否可以被第三视角接受,而是采用人文科学的立场考察人类通过传播所获得的自由现象。

第一章
传播的结构

第一节 传播结构

　　人类的传播活动,正如本书所理解的那样,是为了忘却向死而生之人生的无意义和孤独而诞生于创造美好人生的意图。这种意图指的是在符号化的世界里,人们为了建立一个由各种象征组成的世界而进行的传播活动——人们不断地将得到的信息积累起来。有关符号和象征的讨论将在下一章呈现,本章将阐释信息的获取及储存问题。通过解释学的方法,本章将探讨如下问题:人们为了进行信息生产需要作出怎样的决断?信息是如何被保存下来的?

　　对以上问题的解答如下。其一,人们为了信息生产而进行信息交换。换言之,人们怀有合成新信息的意图(希望),这种信息生产方式可以被称为对话(dialogisch,德语)传播方式。其二,人们为了储存信息而进行信息分配。换言之,人们怀有抵抗自然过程中熵增作用的意图,这种信息分配方式可以被称为话语(diskursiv,德语)传播方式。

　　由此,我们可以通过对话传播和话语传播的解释,鲜明地得出两种结论:第一,两种传播方式不可分离;第二,两种传播方式的差异取决于被观察对象与观察者的"距离"。

进而言之,首先,如果要生产对话(Dialog,德语),那么对话的参与者必须使用之前通过话语(Diskurs,德语)传播所积累的信息;如果要生产话语,那么信息的分配者(送信者)必须掌握以前对话中生产的信息。因此,区分对话和话语孰优孰劣是没有意义的。

其次,所有的对话都可以被视作信息交换过程中推送出的一系列话语,且所有的话语都可以被视作对话的一部分。比如专业化的书籍,如果孤立来看,它们所做的就是话语阐释;若把它们与其他书籍放在一起,从整体的脉络上来看,这本专业化的书就可以被视作科学对话的一部分。从长远的角度来看,我们可以认为书籍的传播源于文艺复兴之后,书籍是以西方文明化为特征的科学话语的一部分。

然而,对话与话语相互作用,并且两者的差别与观察者的视角有关。话语的参与和对话的参与是完全不同的两种情况(从根本上说,这是一个政治属性问题)。例如,人们经常抱怨"我们无法交流",但人们在这里指的并不是交流的不充分。从历时的角度来看,如今的人们能够最大限度上顺利、集中、广泛地交流。人们之所以抱怨,是因为他们认为创造真正的对话,以及实现与新信息创造有关的信息交换是相对困难的。这种困难正是源于如今如此完备的传播活动。进而言之,这种困难源于被卓越地创造出来的话语无处不在,同时真正的对话却无法被创造出来。

进行传播活动的意图是克服人生的孤独并赋予人生意义,但这只有在话语和对话以同等比重存在的情况下才具有可能性。如果是话语传播占主导地位,那么人们即使能够与所谓的信息源(送信者)不断地进行接触,他们仍会感到孤独。并且,即使同传播革命以前一样,邻里对话比话语更占优势的时候,人们也会因为这种对话与"历史断节"而产生孤独感。

此外,从话语与对话的差别及均衡角度来看,以对话为主的时代(如法国古典时代的圆桌会议和立法议会)和以话语为主的时代(如以国民演说者和以进步性为代表的浪漫主义时代)是可以被区分的。同时,我们通过对观点的批判和美学、政治学及科学的舆论,就能够区分对话参与和话语参与的实存性舆论。

但是,以我们的情况来看,区分对话和话语的方法还是比较粗糙的,我们应该以更为精确的方法进行区分。例如,电影银幕上呈现的话语方式与奶奶讲故事的话语方式就是不同的;人们使用电话进行的对话与在哲学会议上进行的对话方式也是不同的。因此,我们在区分话语和对话时,至少可以使用两种标准——意义论角度和语法论角度。例如,关于电影与讲故事的奶奶之间的话语差异,我们可以从话语的信息内容(赃物与童话)或传播结构(电影院中的收信者安静地坐着,但听奶奶讲故事的孙子却可以向奶奶提问)两方面去考察。信息的内容属于意义论范畴,而传播结构从属于语法论范畴。

从意义论的角度来看,传播方式会因传播信息的不同而不同。例如,存在三种主流的分类方式:实际性信息——直陈类信息、规范性信息——命令类信息和美学性信息——愿望类信息。从语法论的角度来看,与意义论相比,按照结构对传播方式进行分类则更为合适,因为语法论标准能够为意义论的内容提供记录传播情况的地图。因此,我们不能否认内容和结构在意义论和语法论之间存在密切的关系。换言之,内容和形式(结构)的关系是互为条件的(没有必要一定是"媒介即信息")。因此,在下一段落我们就无法绕过传播的意义论层面。在这里,我们并非追溯意义论上的再生(照片),而是对人类的情况进行结构性分析。

话语是为了在自然之熵的作用下进行信息保存而对可使用的信息进行分配的一种方法,其定义中涉及的大部分问题是超出本书研究范围的。例如,"分配"一词显示了这样的问题:送信者送出了信息,但是其本身并没有丢失什么,所有的收信者在全部的传播过程中是作为信息的一部分存在的。而"可使用"这一修饰语也显示了一个问题,即这与记忆的功能有关。概言之,概念性定义中包含的问题在这里大部分是被省略的,因为解决这些问题需要建构我们还没有意识到的完美的传播理论。

这里需要提及概念性定义涉及的两个问题,它们与多样化的话语结构具有相关性。第一,话语的送信者在分配信息时为了防止信息变形,需要注意在分配信息过程中可能出现的噪声。成功的话语结构是以信息被成功接收为目的的,所以必须保证原有信息的忠实性(Treue,德语)。第二,信息的送信者在分配信息时为了让收信者能够继续传送信息,必须使信息能在收信者的记忆中储存。所以,话语结构的收信者必须能够成为未来的送信者。如此,话语结构才能继续发挥作用。因此,话语必须是能够被发展(fortschreiten,德语)的,它通过生产信息流而使未来的收信者产生接收可使用的信息的意图。

所以,这就导致了一些问题,即信息的两个层面——忠实性和发展性在一定程度上是存在矛盾的,因为它们很难达到互相一致的状态。进而言之,人们很难成功地使话语结构在忠实性和发展性上达到和谐。从客观的立场(如信息学的立场)来看,对待这一问题,可以从话语的输入和输出角度来实现计量化;从主体间性的立场来看,这个问题是政治性问题,即它随着决断和意图的变化而产生。

本书从主体间性的立场来介绍四种话语结构。每个结构模型都从不同的角度解决信息的忠实性和发展性问题。这四种模型是抽象的,它们在实际中不会以单纯的形态出现在任何地方。这些模型并不是随意的创作,而是对围绕着我们的传播现象进行考察的结果。所以,这些模型不会从根本上改变现象,而是顺应现象。

一、剧场型话语结构

这一结构除了对应剧场,还对应学校的教室、演唱会大厅,特别是资产阶级的家庭客厅。我们可以通过众多的实例对这一结构的要素进行认知(虽然我们常常是无法认知的)。剧场型话语结构的特征包含送信者背后凹陷的墙,以及将送信者和以半圆(或好几个半圆)的形式排列的收信者联系起来的信道(Kanal,德语)(图1-1)。

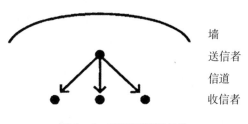

图1-1 剧场型话语结构

① 凹陷的墙能够起到如雨伞一样的作用,阻断外部的噪声,同时对送信者的声音产生扩音的效果。

② 送信者是将分配的信息储存起来的记忆(体)(Gedächtnis,德语)。

③ 信道是传送信息符号的物质性载体(如传统剧场中传送声音的空气)。

④ 收信者作为储存信息的记忆(体)而存在,为了将来能够继续传达信息。

所以,如果从图1-1的角度来考察这一完整构造,会发现它具有古代剧场的形态。

该结构的特征之一是送信者和收信者能够对面而视。从保证信息的忠实性角度来看,剧场就像贝壳一样,将外部世界(包括噪声)隔离,通过那面凹陷的墙来保障信息的忠实性。从信息的发展性角度来看,收信者自己能够通过走向墙或转身离开的方式进行送信,因此这一传播方式能够通过引发革命来保障信息的发展性。但是,由于革命随时可能发生,所以剧场型话语结构在保障信息忠实性方面的效用大打折扣。具体而言,该结构能够有效地消除外部的噪声,但允许结构内部噪声的存在,即允许对抗(Kontestationen,德语)的存在。在该结构内部,收信者可以直接与送信者进行对话,所以收信者处于负有责任的位置上。剧场型话语结构基于对话的开放性结构,无论何时都可以将对话发展下去,但在将原来的信息传送给收信者的同时,被传送的信息有被一同传送的噪声污染的危险。

概言之,剧场型话语结构是把对信息的责任委托给信息的收信者,并将收信者发展成未来的送信者。从这一点来看,剧场型话语结构十分卓越。然而,在信息的忠实性方面,想要通过话语结构将可使用的信息忠实地传递出去,应该选择下面的金字塔型话语结构。

二、金字塔型话语结构

金字塔型话语结构的典型代表有军队、教会、法西斯等,以及具有特定形态的公立或私立的行政机关。罗马共和国也是该结构的典型代表。金字塔型话语结构的构成要素有送信者,送信者和中继(Relais,德语)连接的信道1,中继,中继和收信者连接的信道2,以及收信者(图1-2)。

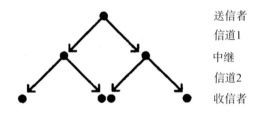

图 1-2　金字塔型话语结构

① 送信者即作者,是将分配到的信息进行储存的记忆(体),也是诞生原有信息的记忆(体)。

② 将作者和中继连接起来的信道1是传达信息时被使用的符号载体,同时也是从中继向作者再次传达信息时所使用的载体。

③ 中继在作者把要传达的信息发送给收信者之前进行噪声消除工作,并以控制为目的,为将此信息再次传达给作者而对信息进行再编码的记忆(体)。中继是权威者。

④ 连接权威者中继和收信者的信道2与信道1不同,它不能进行信息的再传送,信道2是最后送出信息时所用的载体。在大部分的金字塔型话语结构中,信道1和信道2是由纸媒构成的。

⑤ 收信者是将分配到的信息进行储存的记忆(体)。大部分的金字塔型话语结构中有众多的中继过程和权威性的等级关系。

这个结构的特征是为保障信息传达的忠实性,通过消除噪声对信息进行阶段性的再编码。在等级关系中的所有信息传递阶段,次上级以控制为目的将信息再编码后,向作者再次送信。我们可以将其称为金字塔型话语结构的"宗教性"(religare,使再结合,拉丁语)功能。同时,利用次下级的权威,允许将信息不断地传达给收信者,我们将其称为金字塔型话语结构的"传统性"(traditionelle,拉丁语)功能(tradire,继续传达,拉丁语)。

因此,金字塔型话语结构在接收原始信息(ursprünglichen Information,德语)的能力上比剧场型话语结构更强,但在传达信息即把收信者转换成未来的送信者的能力上却有局限性——如果收信者没能在金字塔型话语结构中上升为权威者,那么收信者就不会具有继续传达信息的信道。所以,金字塔型话语结构剥夺了收信者担责和进行革命的能力。从这一结构来看,权威者和作者,以及权威者在几个阶段之间的传播活动限制了原始信息的符号转换,从而在根本上将对话限制在封闭的系统中。这个结构全面地消除了结构内部和外部的噪声,因此,从理论上看,它的信息流产生于封闭式的体系。

我们应发扬金字塔型话语结构的优点,避免其缺点,即在保证信息忠实性的前提下,注意提升信息的发展性。如此,就要参考树状话语结构的结构性变动。

三、树状话语结构

如图1-3所示,对话替代了原来权威者,即中继的位置,让原来的根本性话语结构产生了变化——此结构中的信道是交叉的,且不存在最终的收信者。因此,树状话语结构的问题在于其激进性的话语结构。科学性和技术性话语就是树状话语结构的典型代表。然而,正如一些特定的政治性机构展开的对话一样,一些进步性的产业组织、艺术机构等都在努力地模仿树状话语结构,并取得了一定的成果。

树状话语结构是由以下要素构成的。

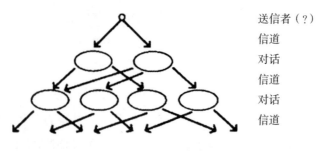

图 1-3 　树状话语结构

① 与人们说话一样,某个被忘却的信息的送信者是这一信息的源头(这一信息仅通过话语的推论才得以可视化)。

② 信息在对话间传送(中转)时,无论何时都具有承载复杂符号的信道(大部分是书、杂志、印刷文本)。

③ 分析接收到的信息,并对信息的一部分进行再编码,同时为了创造新信息而与其他信息的一部分进行合成。据此,通过记忆(体)间持续的对话性循环和交换,对话得以不断地形成。

树状话语结构的特征是,作为源头的信息通过发展而被再编码,新的信息因此不断被创造。我们可以称之为发展的专业化倾向(Tendenz zu progressiver Spezialisierung,德语),这样可以确保信息流(Informationsstrom,德语)。换言之,信息通过爆炸式增长以保证信息的流动。信息"爆炸"成分散的碎片,所有碎片在特殊的符号系统内被解读,在离心力的作用下,当信息被分配时,碎片化的信息按照分散的方向互相交叉。所以,树状话语结构是能保障信息发展性的最理想的结构。不过,此结构在保障信息忠实性方面却显得不足。一方面,树状话语结构因为具有固有的、训练有素的中继方法(如科学的方法),能够保障人们所说的原始信息和在话语过程中完成的其他所有信息的接收。另一方面,信息不断地更新,分配的信息会在发展中不断地变形。

除了信息能够爆发性地发展,树状话语结构的特征是没有最终的收信者。其原因是被分配的信息是封闭性的,是通过令人难以理解的符号的再编码形成的。然而,作为收信者的人是不能够对树状话语结构的符号进行解读的,特别是在以科学和技术为对象的树状话语结构中不存在最终的收信者。这是因为其中传递的信息超过了人类本身的记忆能力。

树状话语结构的这种封闭性特点要求我们必须将其与信息爆发的发展性联系在一起考察,如此才能勾勒出这种话语结构的成功之处。换言之,树状话语结构在打破金字塔型话语结构的僵直性局限上是十分成功的,但代价是树状话语结构在最终阶段显示出无意义性(Bedeutungslosigkeit,德语)——树状话语结构在实际中不存在收信者,通过树状话语结构分配的信息最终只能依靠人为性、人工智能性的记忆体才能被储存。换言之,树状话语结构具有非人类性(unmenschlich,德语)的特征。

信息分配的特殊化是指消弭人类传播的本来意图——帮助人类直面死亡、克服孤独。为了应对这种危机,第四种话语结构——圆形剧场型话语结构的重要性便凸显了出来,且超越了树状话语结构。圆形剧场型话语结构可被看作对剧场型话语结构的完善,实际上圆形剧场型话语结构不仅广泛地替代了剧场型话语结构,并且可能在传播的前历史时代已经被广泛使用了。

四、圆形剧场型话语结构

从图 1-4 可以看出,我们将剧场型话语结构中凹陷的墙去除了,形成一种无边界的结构,表现的是圆形剧场型话语结构的一种宇宙开放性(kosmische Offenheit,德语)意图。具有此种结构的代表为报纸、电视、横幅标语等大众传播媒介,最典型的是马戏表演和罗马的圆形竞技场。

从本质上来看,此结构由三种要素构成。

① 送信者。把要分配的信息作为被计划的记忆,由在虚空(什么也不存在的空间)之中漂浮着的送信者送出。

② 信息送出的信道。信道是配合圆形剧场型话语结构运载信息分配

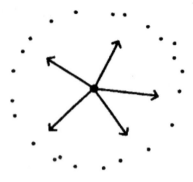

图 1-4　圆形剧场型话语结构

的符号。这里的信道是指报纸、赫兹电波或胶片盒。虽然在没有边界的空间,信息在某种程度上是以灰尘的形态漂浮着,但作为第三要素的收信者一定要被包含在这一结构内。

③ 收信者。收信者偶然地知道了一个信道,为了把自己托付于此信道,而将自己变成该信道的记忆(体)。当然,偶然地知道这个信道其实正是这种话语结构的内在意图——收信的记忆体(大众)的无结构性其实已经在圆形剧场型话语结构的信息送出预设中了。

该结构的特征是收信者存在于地平线上,几乎是话语的最边缘。信道并没有在本质上连接收信者和送信者,受众互相之间是看不见的,两个受众之间能看到的仅仅是信道本身。因此,传播的参与者在此结构之中彼此是不认识的。圆形剧场型话语结构是信息接收的最理想的话语结构形式:收信者(大众)的作用是储存信息——他们只能储存信息,不能反方向地反馈,因为他们没有任何信道。所有的责任以及革命的可能都被排斥在这个结构之外。收信者只能在无重力的空间里徘徊,并且是无方向性的(hinwenden,德语),不能朝任何方向进行反向传播。换言之,圆形剧场型话语结构中是不存在方向的,这个结构只由信道构成。所以,在圆形剧场型话语结构中,收信者不拥有方向,但是拥有程序。

树状话语结构的封闭性缺点和特殊的符号化在圆形剧场型话语结构

中被克服,后者的信息传达使用更具普遍性的、简单划一的符号。并且,无论是谁都可以在任何时间、地点对这些符号进行解读。信息流的问题在圆形剧场型话语结构中也成为次要问题。在这个结构中,不需要把收信者变成未来的送信者(并且这也无法实现),因为送信者已经超越了死亡,成为永恒的送信者。送信者和人成为与录像厅、图书馆、电脑一样的人工智能化的记忆复合体。因此,从信息分配的角度来看,圆形剧场型话语结构是最好的话语结构,它将收信者转化成信息的储藏库,从而使其拥有了信息。圆形剧场型话语结构能够一直使送信者保持运作,继而保障信息的流动。所以,从另一个角度来看,这种话语结构通过极权主义(Totalitarismus,德语)这一概念来说明传播活动的完善。

这里介绍的四种话语结构首先应该引起人们对对话的注意,这样才可以判断其是否成功,也才有可能对未来进行预测。

对话是将多样化的信息合成为新信息的方法。与话语的定义一样,对话的定义中包含的大部分问题都首先应该被省略,因为要考察那些问题需要一种更为完善的传播理论。例如,与对话定义之中的"新"相关的久远的(以及超现代的)问题,即所谓的创造性生产,以及与"合"①(Synthese,德语)相关的问题,即从学问的角度来看,"对话"一词包含辩证法的问题。但是,本书要考察的仅仅是关于将多样化的信息合成为新信息的方法。

当然,考察的方法有很多,并且其中的某几个正处于试验阶段。例

---

① "正反合"的理论是黑格尔在康德的理论上发展而来的。辩证法的三个基本规律分别是质量互变规律、对立统一规律、否定之否定规律。"正反合"主要与对立统一规律和否定之否定规律相关,特别是与否定之否定规律。从这一思想的发展可见,它的根源是古希腊的"三段式",即发展的三段性。这是古希腊哲学家普罗克洛首先提出的,他认为万物发展都可分为停留、前进、回复三个阶段。黑格尔吸收了三段式的思想,认为一切发展过程都可分为三个有机联系着的阶段:第一,发展的起点,原始的同一(潜藏着它的对立面),这是"正题";第二,对立面的显现或分化,这是"反题";第三,正题与反题的合一,即"合题"。综上,正题被反题否定,反题又被合题否定,所以经过两次否定才达到"合题"。不过,作为结果的"合题"并不是简单的否定结构,而是经历了"否定之否定"的"扬弃",是综合了正题与反题的积极因素,以达到更高一级的统一(综合)。——译者注

如,群体动力学或所谓的头脑风暴。然而奇特的是,人类传播活动所具有的决断性、体系化的对话结构,从本质上来看也仅仅有两种。与话语结构不同,选择对话结构模型时不必考察其复杂的情况。下面这两种对话模型会使观察者受限于观察到的现象,导致观察者只能选择接受它们。

五、圆形对话结构

圆形对话结构具有圆桌式结构(图1-5),典型代表为委员会、实验室、会议、议会。这种结构的原则很简单:人们发现了参与对话的记忆体储存的所有信息的公分母。把这个公分母(gemeinsamen Nenner,德语)放在信息的序位之上,卢梭称之为共同理性,与之类似的还有国家理性。然而,这种几何学式的单纯性背后却隐含着无法描述的复杂性。参与对话的众多记忆体不仅与所传达的信息相关,而且也与他们的能力(各自可使用的信息量)、储存信息时使用的符号和意识水平相关。因此,他们追求的公分母实际上并不是他们对话之前所有参与者具有的共同的基本信息,而是一个"合",比如事实本身的某些新内涵。同时,这也说明了为什么对话是一种如此艰难的传播形式,以及为何所谓的"自由民主主义"无法顺利地运转——对话不是来自意见的一致性,而是来自矛盾性。正是这种虚拟性短板使这一传播形式得以正当化。

如图1-5所示,圆形对话的一个基本问题是参与对话的人数。圆形对话是一种封闭式回路(closed circuits)。从对话参与者的人数限制来

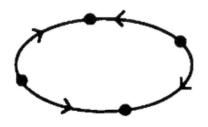

图1-5 圆形对话结构

看，这是一种精英对话形式（这是民主选举的内在矛盾：他们能够选择由谁来对话，却否认这种精英属性）。考虑到所有的可能性，对话的参与者至少需要两名，并且很多人将这种情况（比如，相爱的两个人，妈妈和子女，匠人和得到宠爱的使徒，即人与神）视作基本的对话形式。柏拉图认为，新信息的真正创造来源于"内在对话"，即把对话的参与者限定为一人。然而，这种精神分离的情况是一种记忆的分裂，所以应该将其视作两种记忆之间的对话。精神分裂性情况具有特殊性，所以作为对话形式的反思对信息合成提出了质疑，并且打破了要被说明的观点的框架。

与上述情况相反，讨论能够参加圆形对话的最大人数是一件困难的事情，而问题的解决则需要视情况而定，这也是重要的政治性问题。或许，参与者的合适人数是由被意识到的新信息（需要决断）的功能决定的。参与科学信息研究的人数和参与制定法律的人数是不同的。无论何种情况，应该具体地讨论参与者需要参与怎样的圆形对话，以及他们需要拥有何种能力才能够完善新的信息。

此外，合适的参与人数是根据程序化的信息差异决定的：信息之间的差异越大，参加对话的人数就应该越少；程序化的差异越大，圆形对话就能产生越多的信息。例如，虽然能够召开数千人参加的美国产业大会，但是在圆形对话中，完善的新信息可能不会那么丰富（不能"令人感到惊讶"）。同时，美国产业大会与其他群体分享圆形对话本身也是很难的。如果它们之间有对话的可能，那么就可以催发更多丰富的新信息。圆形对话使开拓者遇到了战略性问题。一方面，是它相当封闭的结构问题；另一方面，是为了能够创造更多的新信息，对话结构对待噪声就必须是开放性的。因此，圆形对话的成功率比较低。但是，圆形对话一旦能够成功，那么它将是一种人类能力上能够达到的最高水平的传播形式。

六、网状对话结构

网状对话（图 1-6）这种分散性的传播形式为其他所有的人类传播形

式提供支撑，最终形成了接收人类所有完善信息的基础网络（reseau fondamental），代表性的例子有闲聊、唠叨、辱骂、传言的扩散，邮政和电话体系是这种传播结构的发展形式。为慎重起见，我们无法谈论从既存信息中合成新信息的意图。这是因为新信息是自发形成的，噪声的入侵使可用信息（已经存在的信息）产生了变形。我们将这种持续变化的信息命名为"舆论"，并且可以对它重新进行部分的测定。

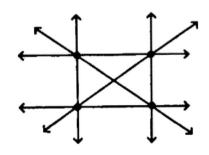

图 1-6　网状对话结构

与圆形对话不同，网状对话是开放式回路（open circuits），从可靠性的角度来说，它更具民主性。圆形对话的成功率比较低，它通过新信息进行诱导，而网状对话无论何时的成功率都比较高，而且可以引出更多的信息。相较于"普遍的人类理性"，健全的人类常识是被轻视的。正如托洛茨基（Trotsky）所言，我们认为的"大多数人的意见常常是不正确的"这种精英性倾向并非分析网状对话的一个很好的出发点。视民众的声音为神谕（Vox Populi Vox Dei，拉丁语）的命题或将沉默的大多数升华为重要的法律政治倾向的行为同样具有精英性，以此来说明网状对话的功能也是不确切的。

网状对话有时会经历复杂的迂回之路，但所有的信息都会在终点汇聚成蓄水池。网状对话是在自然熵的倾向下保存信息的最后的大坝——集体记忆。特别是对话网中的信息在某种程度上已经因磨损而变得粗糙

第一章 传播的结构

（如变得世俗化、大众化等），所以在你来我往的对话中，信息变得单纯化且发生了变形。噪声的开放性使网状对话本身能够使熵变得缓和，即网状对话的信息也从属于熵。从本质上来说，网状对话的内在矛盾体现了人类本质的矛盾：人类存在于世界之中，同时又反抗世界。

当然，在很久以前，网状对话就是所有对话的基础。通过网状对话，人们形成了对抗死亡的人性参与基础。因此，政治参与作为传播的一种形式，可以被视作一种网状对话参与。从根本上来看，政治的目标是为网状对话提供信息（informieren，德语），是为网状对话赋予形式（formen，德语）的，也以此为新信息（新人类）的形成作出贡献。从这个角度来说，煽动与政治性参与是相反的，因为煽动是对现有信息（过量的信息）的重复，是为防止新信息渗透到网状对话中，根本上来说是防止人类出现变化。

虽然人们在很久以前就已经知道网状对话的意义，但实际上，直到圆形剧场型话语结构通过技术被完善成大众传播媒介以后，网状对话（舆论）才以训练有素的方法得以展开。此时，技术的发展（所谓的传播革命的外因）局限于圆形剧场型话语结构，基本上与网状对话没有关系。例如，虽然电视以与马戏表演完全不同的形式运作，但人们利用电话能就像在石器时代一样地进行闲聊。

我们将本书展示的人类传播活动的结构性秩序与当下的具体情况相联系，可以得出以下判断：剧场型话语结构和圆形对话结构看起来已经无法正常运作了，因为它们已经处于危机之中。金字塔型话语结构在19世纪之前已经给人留下"被克服"了的印象，但它现在仍发挥着重要作用。树状话语结构（特别是科学和技术的形成）好像已经超越了其他所有的传播结构，但是质疑它的声音也已经产生。我们现在所处环境的最重要的特征是，在高度发达的技术的加持下，圆形剧场型话语结构和网状对话结构同时被优化，导致人们参与的一般活动中的去政治化现象凸显了出来。下面的章节将继续考察这种判断是否妥当。

第二节　传播结构的运转

如果电视节目和一般的闲聊同步到会使所有其他交流枯竭的地步，那么全面的去政治化（真正的极权主义国家）就等于已经存在了。然而，我们目前的状况还不至于如此，因为除了圆形剧场型话语结构和网状对话结构，还存在其他的传播结构。如果我们要对目前的状况进行根本性的考察，那么在考察圆形剧场型话语结构和网状对话结构的共时化（Synchronisieren von Diachronie，德语）这一核心问题之前，我们需要在本节对余下（对我们来说是余下的希望）的其他传播结构展开研究。

一、剧场型话语结构与圆形对话结构

这两种结构是原始性的，在某种程度上说，可以视其为部落主义（tribalistischen，德语）的传播结构：在精神交流（在剧场型话语中）的形成之处，背靠着洞窟中的墙，族群中年迈的贤者向年轻的战士讲述神话，或者（在圆形对话中）一群猎人围绕着篝火聚集起来，并想对接近自己的雏马群作出决断。对于现在如同苔藓一般覆盖了全球，并在东西方膨胀的达到数十亿量级的人类传播活动来说，彼时旧石器时代的那种传播结构给人一种很不合时宜的印象。换言之，可以断言，剧场型话语结构和圆形对话结构是在原始的大众社会内部蔓延开来的。

然而，对这两种原始社会传播结构进行的考察具有一种令人看不到希望的悲观性，因为在剧场型话语结构中，信息的发出和接收是从人到人，这是唯一具有责任感的传播结构。并且，圆形对话结构也正如我们所知，是允许人们有意识地参与新信息的传播并作出决断的唯一传播结构。因此，剧场型话语结构与圆形对话结构的共时化和责任与决断的共时化，体现了人之所以为人的本质。换言之，它们使人们能够享受自由生活的

唯一可能性浮现,如果排除被与我们想象中完全不同的传播结构支配的情况,就更是如此。所以,当我们认为剧场型话语结构和圆形对话结构都不能正常发挥作用的时候,那么提出什么是"人类的尊严"这种问题(反抗)的希望也都将随之消失。

在将大众媒介作为实际起作用的唯一传播方式的情况下,很多人认为执着于相信自由(有责任地参与历史)只不过是一种自欺欺人,所谓的自欺欺人是一种伪善。实际上,在所谓的第三世界中,对期待着与欧洲小学一样的剧场型话语结构或如欧洲议会一样的圆形对话结构的人来说,这种人口的爆发式增长是无法被完全接受的,但它会对传播结构造成影响。正如我们所知道的,人口的第一次爆发式增长并不重要。第一次工业革命之后,这样的爆发在西欧已经出现了。此外,金属时代就开通了用于运输淤泥的水路,最强有力的人口爆发应该是发生在从狩猎社会到农耕社会的转变过程中。不过,剧场型话语结构和圆形对话结构(虽然形态有所变化)每次都能很好地适应人口的增长。不要被单纯的数字感动:从以数百万计到数十亿计的人口增加并不比中石器时代数百名到数千名的人口增加更具有灾难性。可以说,剧场型话语结构(如新型家庭或学校)和圆形对话结构(如作为新媒介形式的录像带或电脑)在人口爆发式增长的深渊(Abgrund,德语)之上被挽救了。同时,不排除即使地球上人口泛滥以后,我们依旧可以想象人类存在的可能。

不可否认的是,剧场型话语和圆形对话在大众媒介和人口爆发式增长的冲击之下都面临着危机,其原因可以从精英式的封闭性中窥见一斑。举例而言,这种危机体现在所谓的资产阶级家庭,以及在学术的树状话语结构中存在的实验室圆形对话结构中。此时,人们抱持着剩余的希望,不仅是应当注意眼前的危机,还要注意两种结构发生变形的可能性。

资产阶级家庭是由作为送信者的母亲(或替代母亲的用人)和作为收信者的孩子构成的。剧场中凹陷的墙则由孩子的房间或客厅的墙构成。在这一剧场型话语结构中也会周期性地出现如彗星般存在的爸爸。当然，在这个结构中，爸爸可以被忽略。这是作为第一次工业革命的结果而出现的基本剧场型话语结构。它在统计中并不会经常出现，并且在工业革命后期，大部分儿童被不同的剧场型话语结构程序化的事实被忽略了。例如，在无产阶级家庭中，由于母亲要劳动，所以她偶尔才能成为送信者，农夫的家庭仍旧是三代人一起生活的工业时代初期的家庭形态。但是，上文提及的资产阶级家庭中以儿童作为收信者的情况，指的是 19 世纪末和 20 世纪初，作为代际间的信息中继模型而被使用。从在沙龙中传播信息的母亲（或其他可替代的人物）到在半圆形结构中获取信息的孩子（直到传播革命出现为止），保障西方的派地亚①（Paideia）的大部分信息中继模型得以形成——它们运送的是价值。

母亲在该模型中生成要传达的记忆。在这里，最重要的是像格林兄弟那样的浪漫主义作家们所进行的再编码，其本质是想将能够反映特别的态度结构的神话（如童话）程序化，并传达给作为收信者的孩子们。这种态度结构（价值）与产业化过程中货物的获取、增值及美化有关。特别是从我们的角度来说，有趣的是传达价值时所用的符号。浪漫主义作家们将神话（以及其他命令）从口语传统的符号转化为字母符号（alphabet code），并让母亲给孩子们朗读，或让孩子们自己阅读。

与符号有关的问题将在本书的第二章展开讨论，这里先作简要介绍。字母是为了使收信者具有特别的意识形态并使其程序化。换言之，它是使收信者具有历史意识的线性符号。此外，印刷文字是特殊的人为性的语言，即具有国语的程序化特征。希望我们逐渐领悟并认可字母和印刷文字，资产阶级家庭为了在工业化生产过程中获得财富而使用的国家性、历史性意识，从一开始就是作为一种有意图（使新生代程序化）的结构而

---

① 派地亚是古典希腊与希腊化文化的教育和训练体系，包括体操、语法、修辞、音乐、数学、地理、自然史与哲学等课程。在早期基督教时代，又称为人文学，成为基督教高等学府的典范，这类学校以神学为它们的最高科目。这里可以理解为传承的信念、价值和教育思想。——译者注

出现的。这是在工业革命时期人口迅速增长的过程中幸存下来的剧场型话语结构的成功形式。

现在,我们应该明确的是,这种资产阶级家庭的功能无法充分实现。资产阶级家庭还有残存,虽然资产阶级家庭作为意识形态的功能还在发挥作用,但从某种程度上看,它已如云朵一般从历史中飘走了(导致它很难被分析)。与此同时,传播革命使资产阶级家庭发生了变化,并走向相反的方向——现在,电视机替代了母亲。电视机在结构上取代了母亲原来在剧场型话语结构中的位置,形成了圆形剧场型话语结构。信息在结构上也不再是由文字而是由平面图像的符号构成。电视媒介的导入打破了剧场型话语结构,信息传送方向由原来的仅限于儿童房间和沙龙转变成面向四方。电视画面中的技术图像代替了原来的文字,使原来重要的符号——国语"摘掉了王冠"。这种由激进的新符号组成的图像带来了新的程序化,即它不再通过国家主义或历史意识来对新生代进行程序化了。

依据这个观点,传统的资产阶级家庭由于大众媒介的入侵而不复存在,并在大众媒介的施压下走向了崩溃。如此,新的派地亚(新的价值)就不得不产生了。资产阶级家庭内的剧场型话语结构不仅在新的传播革命出现之前对派地亚具有诱导作用,而且为了追随这些具有诱导作用的剧场型话语结构(小学、中学和大学),收信者很早之前就已经被程序化了。因此,今天的学校体系的危机源于家庭的危机。到现在为止,剧场型话语结构还没能成功地提供新的结构形式(或产生新的变化)来应对大众媒介的入侵。

第二个例子是圆形对话结构。圆桌对话、议会、自由市场等是巴洛克模型,是理想中的传播的启蒙模型。这种模型的意义在资产阶级革命时代(美国革命、法国大革命)生成。然而,如果我们能正确地看待工业革命之后的情况,就会发现圆形对话结构与其说是作为实际的传播结构运作,倒不如说是作为意识形态在运作。至少在西方看来,19世纪自由民主主义的支配性地位让步于圆形对话结构。换言之,无论何处都有议会体系在运作。开放的圆形对话结构(看起来)在政治性、哲学性和艺术性出版物中占据支配性地位。开放的市场看起来是由商品交换构成的,但在现实中,由于以科学和技术为中心的树状话语结构仍持续增压,所以实际上,除了作为具有效果性的新信息源泉的"特殊化"圆形对话结构,其他对话结构正逐渐遭到质疑。在18世纪末期,作为支配性传播结构的圆形对话结构对话语结构的过度偏向起到纠偏的作用。虽然20世纪初,在法西斯和类似的话语结构登场之前,紧跟资产阶级意识形态的圆形对话结构仍占据支配性地位,圆形对话结构仅作为树状话语结构的要素才能克服工业革命,读者型的对话结构已经于18世纪末期便开始没落了。但是,从圆形对话结构(图1-5)和树状话语结构(图1-3)的比较来看,我们可以知道,对于对话的参与者来说,两种完全不同的传播结构都是很重要的。参与实验室、研讨会、学术会议、行政委员会或劳动工会委员会等类型的大会与参与围绕篝火而坐的狩猎者的讨论或议会等类型的大会是不同的。前者的对话使用的是特别的话语,常有更广泛的意图(目标),并通过特殊化的符号加以包装;后者的对话用于处理无法预测的新信息,并具有决定性作用。前者的对话参与者是作为精英的干部,后者的对话参与者是拥有自由决断权的人。

  圆形对话结构作为树状话语结构的要素不仅在工业革命中被保存下来,而且成为更有效的手段。实验室、学术研讨会、行政委员会和各类委员会产生了数量持续增加的决断和信息。然而,圆形对话结构作为独立的传播结构,通过对可使用的信息进行自由交换,在工业革命之后依旧保留着旧有习惯——它是一种洛可可残渣(Überbleibsel,德语)。

  因此,我们提出是否可以使剧场型话语结构和圆形对话结构共时化的疑问。从现在的状况来看,这几乎是不可能的。如果我们将剧场型话语结构视作将价值有责任感地传递下去的唯一传播结构,那么我们只能把资产阶级家庭的崩溃视作对责任感的排除。同理,圆形对话结构也是如此。如果把圆形对话结构视作允许自由决断参与的唯一结构,那么以树状话语结构为基础的圆形对话就会变得松散,并且不允许自由决断的产生。所以,与之对应的责任和决断的共时化在工业革命之后就已经不复存在。在这种情况下,当前的圆形对话结构不会出现任何变化。不过,在不考察其他传播结构的前提下得出这样的批判性结论还为时尚早。

二、金字塔型话语结构与树状话语结构

与剧场型话语结构或圆形对话结构不同,在这里,原始的传播形式并不那么重要。金字塔的存在历史比国家更加悠久,作为一种组合的结构,中继在其中能同时送信和收信。前文提到的树状话语结构是一种非常精致的传播结构,通过对二者的比较可以发现我们常常忽视一个问题,即树状话语结构是一种变形的金字塔型话语结构(两者不是相反的结构)。我们经常强调现代科学(作为典型的树状话语结构)和教会(作为典型的金字塔型话语结构)是在竞争中产生的。但是,我们经常忽视科学在结构上与教会的相似之处,或者从根本上说,忽视它们具有的统一结构。科学和技术中潜藏的金字塔型话语结构属性,即它们内部潜伏的权威属性,是致使如今我们面临危机的根源。

根据我们的区分,可以说金字塔型话语结构的源头在数千年的时间里一直被隐藏着。然而,正如罗马共和国时期明确记载的那样,话语的分类毋庸置疑,作为送信者的作者、具有净化功能的权威和收信者的结构要素在国家首次被建立之前已经确立。令人吃惊的是,这种话语结构十分稳定。比如,联合国或苏联的行政体制具有多样化的特征,它们在具体实施上虽有差别,但结构及其中流动的信息从根本上说是一致的。即使金字塔型话语结构被树状话语结构代替,我们也不能否认金字塔型话语结构对我们的程序结构产生的深刻影响力。

金字塔型话语结构的基本问题是它具有神话性的特征。作者作为送信者超越了传播本身,金字塔型话语结构的顶点就是所谓的"云端之上"。最高权威(höchste Autorität,德语)(在结构上是与作者直接联系在一起

的中继)在金字塔型话语结构中处于顶点。可以分配信息的作者在古代文明中就是神,如罗马的罗慕路斯①、教会的耶稣基督、军队中的主权民族、金字塔型话语结构政党的学说(辩证法的唯物论)、大企业中的股份投资者等。实际上金字塔型话语结构的顶点是王、教皇、野战军司令员、总书记、经理。简单来说,他们虽然不能独立地送信,却拥有最高的权威。

中继的双重功能是在作者的反馈下单纯地维持信息的功能(宗教性)和阶段性地传达信息的功能(传统性)。这明显是受到了神话属性的影响。最高权威和作者之间的深渊应该不间断地架起桥梁,因为话语应被赋予宗教氛围。所有金字塔型话语结构都通过固有的方法来解决问题。阿卡德帝国②的宗教和传统与支配埃克森③帝国活动的原则是不同的。然而,任何一种金字塔型话语结构都不会放弃宗教性和传统性(信仰、团体精神、参与等)。树状话语结构与这种主教氛围诀别,克服了神话性的作者,因此试图驱逐话语结构中的宗教性和传统性。所有的其他话语传播都通过自身的模型肯定了科学的话语和结构,是没有作者的金字塔型话语结构,即它们试图维持非权威(人们更喜欢称之为反权威)的话语结构。这种尝试在数百年间(16—19世纪)看起来非常成功,如今依然存在的金字塔型话语结构,在原始时代是作为一种可能被克服(或超越)的残余形式出现的。但是,此后,质疑这种成功的结构的声音逐渐变大。可以说,神话性的作者在树状话语结构中实际上并没有走远,树状话语结构中出现了作为替代品的"客观真理""科学学会"或其他类似的名称。并且,圆形对话结构实际上对金字塔型话语结构形成了权威,它发挥着"主教的功能"。与书记或

---

① 罗慕路斯(Romulus,公元前771—公元前717年)与雷穆斯(Remus,公元前771—公元前753年)是罗马城的建造者,他们在罗马传说与神话中是一对双生子。他们的母亲是贞女祭司莉亚·西尔维娅,他们的父亲相传是战神玛尔斯。——译者注
② 阿卡德帝国(Akkadian Empire)是公元前24世纪,闪语民族在苏美尔地区建立的全世界第一个君主专制的帝国。——译者注
③ 埃克森公司(Exxon Corporation)是美国的世界性石油化工公司。——译者注

经理相比，圆形对话结构能使人们更加单纯地维持对当下的信念，并一心传播它。

我们从科学的话语结构中对神话性和权威性进行再认识，但这并不是能够说明当前科学危机的唯一原因，其他原因存在于不断发展的科学符号的模糊性和科学的专业性。人类的有些记忆也不能通过这种话语结构进行传播，而是将分配（传达）到的信息储存起来，此类记忆因涉及数量庞大的科学符号，而未被程序化。同时，几乎是数不清的信息同时堆积在一起，使完全储存它们的想法变得更加不可能。从理论上讲，实现未来所有科学性信息的共时化是有可能的，不过，虽然存在能够替代人类哲学家记忆的人工智能机器，但它们能否适用于每个人的分析体系还是存在疑问的。如果答案是肯定的，那么科学话语的传播就再也不是仅仅依靠人类使用者，而是开始具备非人性，所以从根本上来说，传播就失去其意义了。也就是说，科学话语使人类传播的意图，即为了赋予人生意义而进行信息传播的意图再也无法实现了。同时，适用于科学话语的传播结构对所有的树状话语结构而言也都是通用的。换言之，技术、所谓的"前卫艺术"、专业化的哲学和拥有树状话语结构的行政，所有这些话语结构都成为所传播内容模糊性和专业性的牺牲品。

"大学"一词暗示了科学的危机促使学校体系迅速发展的事实。大学的教育理想是追求普遍意义上的人文复兴①。换言之，大学成为储存所有可使用信息的记忆体。这种理想变得毫无意义，而且要想将树状话语结构中倾泻而下的膨胀的信息强行（通过给大学生授课）灌输到人的记忆里，这就陷入了虚空。在树状话语结构中的每个分支都不断超越已有信息并创造新信息的条件下，信息和信息的符号数量也不断突破人类的储存能力，出现了信息过量。信息因此加速老化。然而，人类的记忆不同于

---

① 这里是指追求普遍意义上的"完人"，即"Renaissance man"（对应的拉丁语为"horno universalis"）。——译者注

人工智能，他们不会轻易地忘却（一次程序化的信息并非想清除就能清除），即使不停地努力更新过时的信息，人类的记忆之中仍会留有残余。所以，大学现在的情况是，正在生产与普遍主义相反的东西，即人们依据老化的信息所作出的决断，促使能力日渐低下的众多专家不断被"生产"出来。大学体系隐含着将人类变成人工智能性记忆的竞争者（如代替系统分析家）的意图，从而致使整个大学体系走向衰落。

从根本上动摇大学体系（包括派地亚）并使危机产生的其他原因如下：在树状话语结构内部，新的不同的对话源根据信息以何种程度爆发而诞生。圆形对话结构不但能创造新的信息，还会把创造信息的结构视作主体（就像迅速生长的树枝开始与树干争夺营养，二者形成对抗那样）。作为形式性对话的逻辑学和数学在很早之前就已经被人们熟知。然而，新生之物还涉及一些其他领域，如信息学、游戏和决策理论。作为"新树枝"生长的科学的、技术的、艺术的、哲学的和政治学的树状话语结构，在大学中没能与传统的树状话语结构融合。大学依据可传达信息的各个领域进行了学科分类，但信息学和决策理论不仅在自然科学领域，也在法学、建筑学、哲学和医学领域的课程中被教授给学生。跨学科教育虽然在一定范围内可被实施，但如果具有现代科学结构的大学不能适应，那它便无法扭转大学教育所面临的危机。

现在有能够克服树状话语结构缺陷的巨大的金字塔型话语结构。这是因为树状话语结构标榜"解放"属性，人们所说的从神话和权威中获取的自由，以及人们通过所谓的理性讨论而获得的"信仰的替代品"，显示出这种话语结构本身作为幻想的真面目。从外部来看，把所有东西都用影子遮蔽起来的，以科学和技术为中心的树状话语结构，逐渐变成了使人们日渐被程序化的权威型金字塔型话语结构。换言之，科学和技术成了我们的"宗教"，所有巨大的金字塔型话语结构的基石和巨大的树状结构的根基已经开始动摇了。由处境不明朗的专家引领的包含科学和技术的金字塔型话语结构和祭司式的权威者阶级的全盛期已经过去了。大众媒介引发的汹涌波涛和所有信息都在网状对话结构中呈现出越来越世俗化的趋势,并且已经被挤进曾经如此巨大的话语结构的缝隙中了。舆论对所谓的发展已经越来越不感兴趣。这种兴趣的弱化在我们现今大学体系的危机中表现得很明显。

这当然不是说金字塔型话语结构和树状话语结构在未来中断了信息的分配和对新信息的创造;相反,舆论对以上两种话语结构的兴趣越小,军队、权威性行政制度和具有科学性、技术性的结构,就越能得到发展。大众媒介的圆形剧场型话语结构因为使用从科学和技术那里获取信息的金字塔型话语结构,而出现被程序化的情况。同时,大众媒介传播的程序的本质是,即使没有金字塔型话语结构和树状话语结构的结合,它们也会创造出一个网状对话结构。科学和技术从属于权威型的金字塔型话语结构,根据使用者(大众)的取向,金字塔型话语结构能够进行符号的转换,即通过自身的传播过程和阻断向大众提供信息的科学的圆形剧场型结构的传播来进行符号转换。这便意味着科学和技术已经具有了非人类性的特质。我们现在正成为完全无法想象的科学和技术发展的见证人。同时,由于这种发展,我们拥有的实存性观点已经开始丧失。同理,我们能够体验到现在还没存在过的"金字塔"[①](Technokratien,德语)的使用,因为我们越来越不关心权威和传统。这就是大众传播和传播革命的本质。换言之,我们对于把人类程序化的话语结构并不感兴趣。这意味着人类正变得容易被掌控,正成为一味接收信息的大众。

三、圆形剧场型话语结构与网状对话结构

这里要讨论的并不是新结构。在很久以前,我们就知道圆形剧场型话语结构(如马戏表演、公共节日和舞蹈表演)的存在。我们也认识到这

[①] 英文为"technocrat",意思是技术统治论者、专家政治论者、技术统治,指具有科学知识或技术,能够对现代社会或组织的决策、管理、运营发挥重要影响力的人。——译者注

种结构制造的是一种可以不负责任地传播的事实。这同样适用于网状对话结构(如自言自语的以色列少年,人们接收的信息变得世俗化并以舆论的形式出现)。我们还知道这一事实,即圆形剧场型话语结构和网状对话结构的共时性(synchronisierte,德语)在很久以前就出现了。如果举例进行说明,可以引用法老(Pharaoh)统治的埃及、古希腊的集体政治,以及罗马帝国中官方话语与传言(流言蜚语)的协作。然而,现在圆形剧场型话语结构与网状对话结构达成协作,即大众媒介及其协商的共时化,从整个前历史和历史来看也不存在共同点。我们不认为圆形剧场型话语结构是剧场型话语结构的延续,它是科学和技术惯用的树状话语结构的延续。我们的协商由起初的村落闲谈变成了全世界性的信息扩散,人们通过科学和技术开始进行具有可操作性的闲聊,并将分配的信息变成"感知化的存在"(Sensationalisieren,德语)。

我们不应该贬低这种新出现的事物。电视呈现的虽然是技术性的马戏表演,但它也只不过是马戏表演。同时,舆论正如过去被描述的那样,是为了把所有信息都变成"粥"给人不断咀嚼,但如果这种东西正在全世界范围内同质化,那就没有意义了。大众媒介不能以马戏表演这样的概念去分析,而是应将其视为激进地被创造出来的一种新的传播结构。并且,舆论调查机构也不会研究那些空虚杂谈之物,而是会研究那些网状对话结构的具有新形式的人类态度。媒介节目的制作人员并不是民众煽动家(虽然他们是煽动家出身),公共关系的经理也不是"拍手部队"①的主妇们(虽然他们具有相似的功能)。

如今,大众媒介的共时化和协商突破了时间与空间的限制,这只不过是激进的现代化的一个侧面而已。借助这一发展,所有的事件无论在世界的什么地方都可以同时发生,并达成一致的意见。无论发生在世界什

---

① 使用某种手段动员观众中的一部分人,以获得其他观众的好评。在古罗马时代已经有这样的做法,就像纽约大都会歌剧院一样,现代的一些剧院甚至会给这一群体支付一定薪金。——译者注

么地方的事件,都能够通过记忆被召唤出来,所以人们说,在媒介的刺激下,无论在什么地方都能看到相同的反应产生。不过,更重要的事实是事件与反应的共时化,即通过激进的方式形成一种具有新形式的符号(通过技术图像实现)。在大众媒介与协商的共时化中,崭新的符号化世界通过照片、电影和电视图像被具体地呈现出来,为了柔和地制造出这一世界内部的认知、价值和体验的新范畴,它们克服了空间和时间上的困难。我们所处的激进的新世界的本质是通过圆形剧场型话语结构和网状对话结构的共时化使世界的符号发生转换,继而转换我们人生的程序。因此,新的存在形式出现了。

这就是本书的基本主题和主要动机。此主题和动机考察的就是现在通过大众媒介实现的程序化,以及通过网状对话结构出现的新形式。可以说,通过科学和技术来实现观察和管理功能的圆形剧场型话语结构,不仅激进地转变了我们的程序,改变了社会的结构,更为重要的是,为了让我们的人生获得新意义,它在我们内部创造了崭新的,而且是从未存在过的意识维度。

我们能通过大众媒介对人们进行的程序化符号去认知与这一主题相符的新意识维度。科学管理的圆形剧场型话语结构的支配,所传送信息的技术图像符号化,以及传播和仍旧处于原始性的网状对话结构的共时化,将其他所有传播结构无情地从属化,或通过排斥的方式将所有过去的社会结构分化成无形的、纯粹的集体大众。不仅如此,它还将以前所有的意识结构(范畴)都进行符号化。如果我们坚持这样的范畴,那么可以将其称为"大众陌生化"或引领大众的疯狂①(Massenwahnsinn,德语)。如

---

① 疯狂一词对应英文词汇"madness",指的是消极、非理性的癫狂状态下的精神病。 由于笛卡尔将人之为人的标准定义为理性,故"疯狂"一词仿佛更具有贬义的色彩。 但从历史角度来看,疯狂也与艺术相关,与想象力、创造力相连。 如柏拉图在《文艺对话集》中提出灵感的"迷狂说"。 受到尼采的影响,鲁迅创造了"狂人""狂气"等意象。 这表明疯狂也是一种力量,同时蕴含着危险与机遇。 ——译者注

果我们进入现在已被符号影响的符号中去观察,就可以认识到人们记忆中的程序是如何被储存的。根据这些程序,在不远的将来,在超越时间而存在的意识中所描写的千年王国①(millennium)、人间的天堂、神国的漫画(caricature)里,简而言之,我们能够参与时间的终结,即实现完全的去政治化。特别是虽然人类从信息的源泉中被切断而出现了决定性、后历史性以及极权主义的陌生化现象,但是从另一方面来看,现在的情况中包含的其他可能性也逐渐出现。我们认为,新的意识范畴借助技术图像的符号诞生了。这种新范畴超乎以往,并且通过排斥的方法引导人们成为后历史性的存在。后历史性(posthistorischen,德语)的存在能够使人们体验到目前为止完全难以想象的生活方式、社会形态、认知方式和活动样式,并在其中实现自我。当前大众媒介和网状对话结构的共时化(同时使其他所有的传播结构从属于此)不至于产生后历史的极权主义,而是产生了人类传播方式的新阶段。这两种可能性也在现在的传播革命中变得可视化。我们可以想象极权主义,因为它的征候正在人们周围盘旋。我们也可以分析这些征候,同时思考另外的可能,因为这些可能性的种子已经随处可见了。

第三节 三种典型情况

到目前为止,纵观传播结构的范畴,我们可以作出如下总结:现在所有的剧场型话语结构主要是指家庭和学校,但它们正处于危机之中。这些结构自工业革命以来诞生于字母符号,而这些字母符号却正被超越。与之类似,圆形对话结构也处于危机之中,究其原因,如果在树状话语结构中排除了圆形对话结构,那么圆形对话结构在工业革命之前就已经因

---

① 在《圣经·新约全书》启示录中,凡虔诚的基督徒将与耶稣在地上统治一千年。——译者注

为文化的全方位发展而被超越了。这带来的结果就是剧场型话语结构和圆形对话结构(如学校和议会)的共时化,使人们几乎无法在自由中享受有责任感的生活。金字塔型话语结构和树状话语结构,特别是技术浪漫主义的金字塔型话语结构和以科学、技术为中心的树状话语结构,无论在过去还是在现在都是重要的传播结构。无论如何,新生之物正如"科学危机"这一标语所暗示的一样,并非树状话语结构,而是功能性的金字塔型话语结构,它的真面目正逐渐展现。这种话语结构现在展现出的作用与以往的情况是不同的,因为这些话语结构与圆形剧场型话语结构进行了结合。权威型金字塔型话语结构为送出信息而使用大众媒介,并自动地将自己置于圆形剧场型话语结构之下。与此相反,向权威型金字塔型话语结构发展的以科学和技术为中心的树状话语结构现在逐渐作为圆形剧场型话语结构而发挥功能。这更加凸显出我们当前正处于宇宙性的马戏表演(这种圆形剧场型话语结构)中。同时,这些圆形剧场型话语结构与具有原始性和世界性的网状对话结构一起进入共时化状态。概括而言,我们现在正处于利用科学、技术进行包装的、更加精致的"马戏表演"和前历史的、具有原始色彩的"喋喋不休"的共同支配下。同时,粗糙地运转着的人类整体性发展亦从属于圆形剧场型话语结构与网状对话结构的协作。

  这里介绍科学的圆形剧场型话语结构,以及借助符号引发的传播革命之前的传播结构。

  如果没有相应的文本资料作为参考,人们会认为图1-8与图1-9的相似性十分明显,唯一的差异是连接两条直线的箭头不同:图1-8中的箭头是双向的,而图1-9中的箭头是从上到下的单向指示。与图1-8、图1-9的情况不同,在图1-7中,三个维度的关系比较复杂。实际上,对于我们的处境,很多人通过观察作出了判断:现如今,我们的传播结构与印刷书籍发明之前的中世纪具有相似性。从本质上说,现在的传播革命是以书籍的印刷和对文盲的"清除"作为开端的,仿佛是对被中断的文明

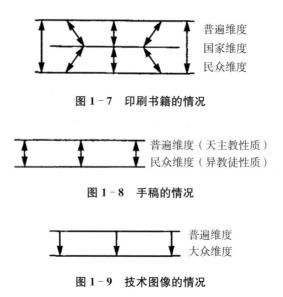

图 1-7 印刷书籍的情况

图 1-8 手稿的情况

图 1-9 技术图像的情况

的回归。彼时,我们命名的新时代(Neuzeit,德语)在经历了 400 年的非常状态后再次回到被中断的正常状态。换言之,这种转向中世纪的回归与如今传播结构中产生的剧烈变化有明显的相似性。

不过,我们不能将现在符号转化过程中出现的向文盲化的回归和媒介化革命(一方面是印刷物的膨胀,另一方面是图片对人的支配)的现象单纯地视作文本的没落。如果我们要从毋庸置疑的中世纪谱系学中逃离,那么就十分有必要细致地考察谱系学现状。

一、印刷书籍

我们认为,这种状况可被视作与历史性概念新时代(印刷书籍时代)和传播理论(Kommunikologie,德语)具有统一的价值。由此,我们可以认识到,如果说历史学者主要对工业革命感兴趣,那么传播学者则更对一般学校体制的确立感兴趣。此时,讨论两者中的哪一个更处于优先地位是没有意义的,或可以说是比较幼稚的——因为不是现代人发明了书籍的印刷,也不是书籍印刷的发明使现代人得以出现;不能说工业革命促使了一般学校体系的确立,也不能说一般学校体系的确立使工业革命成为可能。诚然,历史学者和传播学者以不同的视角去考察现象,但他们各自的视角与这些现象密切相关。

然而,如果我们采用传播理论的观点对新时代进行考察,现象的变化就显现了。并且,从历史的视角来看,隐藏在黑暗中的观点也得以呈现了。此时,最重要的一个观点就是新时代。实际上,是口语在书籍印刷时代出现了问题。这其中的理由不言自明,在文字符号的意义中能够轻易被发现,字母符号虽然以非常复杂的方式运作,却仅代表着口头语言的声音。印刷书籍出现之前,字母符号的使用是祭司阶级的特权,彼时很少有人能认识到口头语言的问题。当语言被书写出来的时候,特别是拉丁语、希腊语和希伯来语,要使用与它们相对应的特殊化字母。所以,学习语言,就是学习它们特殊的字母。与之对应,符号和意义让人感觉是统一的(如数字和数学的符号)。当然,精英不仅使用文言,也使用方言,但他们没能认识到方言在文字符号化过程中存在的问题。随着印刷书籍的普及,新的情况又出现了——书本变得更加便宜。换言之,不仅是祭司阶级,资产阶级也可以使用书本,但不能期待资产阶级在买书之前就学习过拉丁语。资产阶级使用的方言不能被印刷成书,因为这种书的发行数量非常少——相对来说,只有很少的资产阶级使用托斯卡纳(Toscana)语、西洋语或海森(Hessen)语。因此,如果想要形成易于学习的语言,就应为使用方言的群体创造具有可接近性的语言;如果要确保发行量,那么就应该与方言保持距离。意大利语、法语和德语等语言履行着印刷文字的功能。

这种书面语在手稿时代已经慢慢形成,在书本的传播中,由文言逐渐变成口语的情况并没有引起更多的关注。一般的义务教育确立之前,资产阶级及之后的无产阶级不仅把这种书面文字当作一种外语来学习,而且当作口语使用。可被称为新时代特征的这种符号和意义间的神奇的关系转换(国语将文字转译成声音),对于判断我们当前的情况具有不可忽视的重要意义。

这里并不是说现代国家的建立是基于书面语言的,即国家并不是基于印刷书籍而建立的(虽然这一事实招致了惊人的后果,但不能否认对这种情况进行判断的重要性)。与这个事实相比,更重要的是印刷书籍的发明,进而言之,它是在一般义务教育被确立以来,与人们为了能够交流而必须学习文言(书面语)的情况相适应的。本质上看,人们不再进行交谈,而是开始朗读不透明(不熟悉)的文本。这从根本上改变了人们的程序——人们被线性的字母程序化了。换言之,人们获得了历时性的意识。这代表着口头性(神话性、魔术性、仪式性)的终结,而具有发展性的现代存在开始了。印刷书籍的革命性意义并不存在于国家、国家主义和现代战争的诞生。与此相比,印刷书籍的革命性意义存在于历史发展中。概括而言,这就是通过能够解读字母的精英们的特权意识使西方社会程序化。书面语言将资产阶级与无产阶级变成了能够意识到历史的接收者(基督教徒)。在这个意义层面,印刷书籍是所谓的"圣书",它的内容是真正的教理问答。

基于上述观点,如果我们考察一下图1-7,就可以作如下的阐释:在传播的基本维度(民众维度),信息依托前文字时代的符号(如方言、民谣、民族舞蹈、绘画等)被不断传播。在这种情况下,大部分对话(如村子里的一个场所)和剧场型话语(如奶奶讲童话故事)结构通过神话、前历史的方式发挥着功能。在民众维度之上,特别是通过线性符号(字母、数字、乐谱),信息在资产阶级(国家维度)中继续传播,并占据优势位置。在那里,起支配作用的传播结构是网状对话结构(如公众聚会、私人聚会)和剧场型话语结构(如学校和剧场)。然而,金字塔型话语结构(如教会、国家、劳动工会)依旧发挥着重要的作用。最后,信息在普遍性的符号中(如被印刷的拉丁语、意大利语、法语和与形式逻辑、象征性数学有关的文字)产生上位传播维度(普遍维度)。这种维度支撑了西方的历史,即支撑了科学、艺术、哲学、政治,同时也产生了风格(如巴洛克艺术、启蒙主义、浪漫主义)的差异。

这三个传播维度(民众维度、国家维度、普遍维度)通过比较复杂的反馈机制被支配着。毋庸置疑,首先是教会,其次正如其他意识形态中能见到的:金字塔型话语结构将信息从普遍维度翻译到民众维度;在圆形对话结构中,允许再将信息从民众维度翻译到普遍维度。该机制通过这种方式在民众维度中提供历史性的信息;普遍维度中的一部分信息是在民众维度中被创作出来的;国家维度部分地在普遍性的送信者和民众性的收信者之间充当中继,如普遍意义上的科学、艺术、哲学世俗化后形成的所谓民族文化。然而,国家维度部分地将自己变成金字塔型话语结构的送信者(如民族国家的送信者)。这种反馈流程如此复杂,从整体的情况来看,它在结构上是对话性的,因此对革命(从收信者的位置转换为送信者的位置)而言,它完全是开放的。所以,新时代是革命的时代,尤其是工业革命时代。

工业革命以后的时代,即义务教育确立之后,需要重新完善对图 1-7 的阐释。民众维度在报纸(首个从国家维度送信的圆形剧场型话语结构)的压力下开始衰落。由于字母符号的大规模渗透,方言被沙龙、民谣、人气歌谣替代,民族舞蹈被现代舞蹈替代,民俗艺术被"低俗的艺术"(Kitsch,德语)替代,民众本身被民俗音乐替代。因此,传播结构在民众的维度中崩溃,并让位于新兴之物,特别是金字塔型话语结构、圆形剧场型话语结构和闲聊、传闻等网状对话结构。概括而言,成群结队的机器涌入人群,伴随着神话性村落的教区在某种程度上的崩溃,民众慢慢地变成了大众。

与此同时,传播的普遍维度随着工业革命的展开也出现了重要的结构变动:以科学和技术为代表的树状话语结构的持续模糊性(多义性)获得了快速发展;在其他领域中,如在艺术或政治领域中,人们即使有模仿的想法也无法使用树状话语结构。因此,普遍维度中的两种文化,即自然科学的文化和所谓的精神科学的文化开始分化。在这个层面上,传播渐渐地变得更困难,因为这些符号逐渐变得模糊。传播崩溃的第一个征候便是从专家分科的群岛中显现的。

传播的国家维度由于在工业革命中以胜利者的身份登场,所以没有受到任何损失。然而,当国家维度与另外两种维度放在一起时,它的作用也发生了变化。作为中继的国家维度功能已经不能在完全的意义上实现了。同时,它慢慢地开始担当"过去-民众"指向的话语结构中的送信者角色。因此,国家的封闭倾向逐渐得到强化。随着革命的次数和可能性的降低,国家间的竞争频率也就变得更高。如果说工业革命以前国家维度是对话型(革命性)结构,那么在工业革命之后反而变为话语型(帝国主义性)结构。使用国语印刷书籍的功能在义务教育确立前和义务教育确立后是不同的:在义务教育确立前,书籍是国家性(资产阶级)对话的出发点;义务教育确立后,书籍则成为(无产阶级的)一个话语性信息的储存物。现在的革命兴起于前文提及的新时代传播结构的崩溃过程之中,这也可以成为我们考察当下的重要线索。准确来说,这种革命如今也正在爆发。过去的民众维度因为国家性话语结构下文盲的大幅度减少而消失了。正是在此时,字母符号看起来就像普通符号一样了,所以,结构完全不同的符号转变为信息载体的革命也蓬勃发展起来。字母符号正是在讴歌其完全胜利的那个瞬间,戏剧性地出现了倒退,可这却是我们常常忽略的。

这种认知的不足与以科学和技术为中心的圆形剧场型话语结构利用技术性符号接收来自宇宙维度的事实有关。换言之,圆形剧场型话语结构为了能够渗透到前字母符号遗留的领域,正在超越以印刷书籍和"去文盲"为基础的领域。因此,为了正视现在的革命带来的冲击,我们不满足于截至目前的所有分析。我们首先应该考察与西方印刷书籍登场之前的情况存在相似性的其他情况,以及在西方世界之外的主要情况。

二、手稿

图 1-8 展现的是欧洲印刷书籍出现之前,以及在第三世界的国家被

大众媒介渗透之前的主要传播情况。彼时,两种迥异的情况成为重要的问题,在下面的段落中,笔者通过展示两种情况在根本上的相似性,帮助读者理解第三世界的情况。

图1-8中有两种传播维度。民众维度实际上是由小的传播岛屿组成的群岛(溪水流过的村落、村落的教区、河川边的地区),并且所有的岛屿都具有固有的符号(方言、风俗、歌曲等)。这种维度在这里被命名为"异教徒"(虽然本质上是基督教式的),其理由是"异教徒的(社交的)"一词不是只与农夫和村落有关,作为符号它具有魔术性、仪式性,即传送将非基督教意识程序化的信息。另一个传播维度(普遍维度)实际上是具有统一性的,在这个维度中的人如果把欧洲当作故乡,那么无论他在哪里,都能够毫无困难地互相交流。这一维度在这里被称为"天主教的"①。因为,天主教教会实际上不仅是形成普遍维度的基本结构,它还拥有与拉丁语、圣歌②、亚里士多德的逻辑一样的普遍性(kat holos,拉丁语)符号。

这两种维度之间存在着紧密的、持续不断的反馈。根据基本的原则,普遍维度是面向民众维度(祝福信息的收信者)的,是传达教会信息的送信者。根据中世纪的意识形态,在整个的传播结构中,上位维度(祭司们)作为等级秩序的中继,通过金字塔型话语结构向民众进行送信服务。但实际上,因为祭司们以村落大会为基础,常常出现自下而上的信息流动。因此,手稿时代具有传播教会话语,并使民众逐渐成为基督教徒的特征。同时,通过从民众到教会的信息渗透,逐渐引起了信息再次被神话的属性特征。可以发现,其中的一个结果是,民间的艺术形式逐渐具有了基督教式的结构特征;另一个结果是,通过魔术性、神话性语言书写的手稿数量大大增加。

---

① "catholic"一词具有"普遍性"的含义,是指分成各种派别之前的总体基督教教会。——译者注
② gregorian music,欧洲大部分地区数个世纪以来一直被作为绝对教会音乐的格里戈里安音乐。——译者注

在前文提及的情况中，通过反馈机制形成完全的合意（协商）之时，以新信息诱导而成的对话便生成了，已有的信息（如圣书和苏格拉底的信息）就被原封不动地保存了，而增加的新信息（如天主教王朝时代、浪漫主义时代，以及哥特时代的艺术风格）就不断地被创造出来，从而为人们在当时的生活赋予非常特别的意义。从理论的角度来理解，这些行为都是人们为了永生而做的。从极端的角度理解这种情况，即它是在神圣的传播过程中，以象征性手段为固有的结构赋予现实形式。然而，两种传播维度之间虽然能够形成反馈机制，但不要忘了，从根本上讲，这种多样化的意识维度是互相对立的——通过字母符号而程序化的历史（祭司们）的意识维度和通过图像符号而程序化的魔术（贵族和包含资产阶级的民众）的意识维度是相互对立的。因此，中世纪即将结束之时的资产阶级革命（宗教改革、人本主义、文艺复兴、征服南美的西班牙帝国主义等）就被结构性地正当化了，即通过废除祭司们的特权，隐藏在资产阶级字母符号意识背后的意图成为重要的问题而凸显了出来。实际上资产阶级革命在印刷书籍的帮助之下取得了成功，并使情况发生了根本性的变化。

通过上文的陈述，我们能够解读出欧洲中世纪的一些被歪曲的历史，但这样的解读远远不够。在大众媒介兴起之前，通过对前第三世界的情况的意译，我们试图解释以上的陈述——以欧洲式隐喻来阐释。图1-8中所示的民众维度，准确来说，与第二次世界大战之前的亚洲和非洲的情况十分相似。在拉丁美洲的情况中，这种民众维度无法明确地被辨别出来。从结构和符号来看，第二次世界大战之前，欧洲之外的地方出现的大部分传播情况与中世纪欧洲大多数人的体验是非常相似的。与此相反，固化的祭司的、天主教的、字母化的普遍维度对于无论是中世纪的欧洲，还是第二次世界大战前的第三世界，已不再适用。历史性意识的字母化维度，在第三世界中并不再存在于手稿中，而是直接体现于印刷书籍的阶段。因此，历史性、字母化的普遍维度不再作为超越性的、神话性作者的中继，而是变成从属于帝国主义的西方国家维度的中继提供送信服务。

第一章 传播的结构

不过，欧洲中世纪的祭司和第二次世界大战前第三世界的知识分子间的较大的相似性是可以被确认的。两者都对不能一起分享他们意识维度的收信者（受众）具有感情，他们在与民众成功地分享对话时，原来想要送出的信息就有被曲解的风险。通过这样的比较，我们可以对发展中国家知识分子的悲剧性表现进行总结：如果发展中国家忠诚地停留在自己想要传达的信息（如基督教、历史性意识、革命等）之上，那它就会完全被拥有情感的受众疏远；如果它迁就自己受众的意识，那么它就会丧失想要传达的信息（如历史性意识、合理性分析）。换言之，发展中国家就变成了"异教徒"。

因此，我们在读取图1-8描绘的第三世界在第二次世界大战前的情况时，可以认识到，在第三世界国家中，字母化的问题比在中世纪的欧洲发挥着更为极端的作用。换言之，第三世界（除了拉丁美洲）的字母在结构和意义论上都是令人感到陌生的符号。从结构上看，字母对中世纪的民众维度来说与对第三世界的民众维度一样，都是比较陌生的符号。但是，从意义论的角度来说，字母符号的陌生就意味着即使第三世界能在欧洲发出声音，也是不被理解的。这是一个很有趣的问题。换言之，半导体收音机、扩音器和电视机在总体上吞食字母符号之前，一般的义务教育如果通过日报、政治性小册子等在亚洲、非洲、拉丁美洲把民众维度字母化，那么会发生什么事情呢？在那里，与欧洲和北美一样，一般来说，是成为历史意识的拙作（字母的符号化）发展得更好，还是对民众艺术的符号化更成功呢？

这便是现在传播革命蓬勃发展的情况。换句话说，西方普遍的字母符号化和其他世界尚通过魔术性符号化的民众维度在热衷地、自发地字母化的维度进行反馈的时候，呈现出了很多问题。大众媒介没有破坏任何"民众文化"。大众媒介与成为西方拙作的颓废派①（Dekadenz，德语）碰

---

① 19世纪末在法国和英国等欧洲国家流行的文艺现象。——译者注

撞之时，对其他的人类来说，他们便已经与受到威胁的民俗音乐的抵抗相碰撞了。前历史性的意识维度即使没有大众媒介，也已收到了死亡判决。大众媒介没有破坏任何线性的、历史的文化和资产阶级性质的文化。它仅仅是在那种文化爆发之后，与剩下的残渣相碰撞而已。

三、技术图像

根据上文所述，我们以其他角度再次审视图1-9。现如今的状况与中世纪具有很明显的相似性，并且不必回到修道院或黑暗时代，我们就可以感受到现在与中世纪的相似性——这并不是错觉。此外，我们还发现了现在与中世纪具有矛盾的地方。

在图1-9中，大众维度从结构上来看并不是中世纪的民众维度，而是能够与中世纪的普遍维度相比较的。现在的大众与中世纪的祭司阶级一样，具有宇宙内的普遍性（kosmischer Universalität，德语）属性。换言之，大众无论在世界的哪个地方都可以获得相同类型的信息，并且它们在世界任何地方都被统一地进行了符号化，即在技术图像中被符号化。在图1-9的普遍维度中可以找到与中世纪民众维度相同的结构。而图1-9的大众维度与中世纪的普遍维度一样，被分成了众多更小的传播维度。这种小的传播维度并不是中世纪的村落，而是由专家团体构成的。并且，现在的精英与中世纪的民众维度一样，需要依赖众多的符号。不过，他们如今依赖的符号并不是方言，而是个别化领域中不同的特殊符号。

由此可见，现在与中世纪呈现出一种对立的局面，而且这种对立能够在两者的关系中被发现，它并不仅是两种传播维度的反转。在中世纪，由于民众维度与普遍维度间存在反馈机制，所以民众维度能够对普遍维度送出的信息进行回答。不过，现如今这种反馈却被排除在外了。中世纪（可能是过去所有的传播阶段中）也存在与精英传播类似的人类团体（如使徒）。现在虽然也有精英水准（Eliteniveau，德语），但与该水准对应的人并不存在，因为专家只有在他的专属领域内才是精英，一旦脱离该领域，他们则不再是精英。在技术图像的情况中，这两种传播维度的差异并不存在于现在人类团体的边界，而是存在于个别人类的意识与程序的破裂之处。当今的普遍维度是一个模糊的维度，虽然精英可以由大众转化而成，但现在所有的人类都属于大众范畴。比如，一位专家在金属学或微生物学领域内是高度专业的专家，并且他使用自己专业领域的符号，参与了模糊性、多义性的传播。然而，当他处于自己的专业领域之外，在收看电视节目或吃汉堡之类的食物时，那么他就从属于大众文化。在有关技术图像的情况中，这两种传播维度之间没有可供反馈的渠道。对金属学专家或微生物学专家来说，他们没有将一种传播转译为另一种传播的渠道，即不存在允许两种传播进行翻译的信道或符号。因此，将一种传播与其他不同的传播进行关联也就失去了意义。但是，我们的社会结构与我们存在的状况并没有产生本质上的崩溃，即专家们并没有坠入疯狂（Wahnsinn，德语），这与科学性的圆形剧场型话语结构的焊接（zusammenschweißenden，德语）功能相关。如果由于某种灾难（如能源动荡）而导致报纸、电视、广播、海报、电影院的持续性程序流被长时间中断，那么其结果就不仅是会导致社会结构的解体，连我们自己也可能会发疯，因为我们不但不知道自己应该干什么，同时与世界的所有联系都将被切断。大众媒介的程序使我们变成大众，并使个人与社会连接起来。大众媒介的程序不但规定了我们日常的思考和行为的节拍（从早间新闻开始到晚间电视节目为止），而且在日常生活中不断地为我们提供更新的内容——充斥在我们脑海中的词汇、声音，以及吸引我们注意力的图像等。同时，电视等大众媒介无休止地播放着内容——无论是早上还是晚上，无论是在街上还是在家里，无论是在办公室还是在地铁里，无论是在田野还是在人潮拥挤的地方。犹如在加尔各答和巴西圣保罗复杂的街道上所呈现的一般——随处可见的大众媒介上的内容将美洲的中西部和东南亚孤独的农户都变成了自己的受众。在格陵兰、毛里塔尼亚、哈萨克斯坦和安达卢西亚，大众媒介发挥的作用是将统一的认知、统一的体验和统一的感觉传达给自己的受众,并将受众程序化。但是,我们不会发疯,社会也不会垮掉,因为科学性的圆形剧场型话语结构没有为我们的疯狂或崩溃提供相应的时间和空间。

大众媒介肩负了这种宇宙内的焊接功能(kosmische Verschweißungsfunktion,德语),因为大众媒介并不是结构完善的传播方式,其功能主要是为处于没落危机中的传播进行纠偏而发送信息。大众文化并不只是粉碎中世纪的民众文化,它还将碎片很好地融合在一起。斯洛伐克的服装和苏人①的战争舞蹈并不是被牛仔裤和摇滚取代,而是被制服和探戈替代了;热狗没有被法国的面包驱逐,而是被放进罐头盒,成了包装完善的食品;电视剧和色情电影没有把文学作品翻译成技术图像,而是以较为低廉的价格将其翻译成印刷制品的低俗小说。我们并不是从中世纪的民众文化或 20 世纪上半叶美国和亚洲文化的对立中来看待当今的大众文化的,而是在廉价的低俗文化和字母文化的解体背景下,在犹如法西斯一般的大众化中来看待大众文化的。

这样来看,我们并不是为了消除大众文化的描写性特征,而是为了解释我们从两次世界大战之前的那个时代的灰色光辉和残忍性之中被解放出来的这一事实。我们并不认为可口可乐瓶比果汁瓶更加漂亮(更华丽、设计得更好),也并不认为塑料制作的圆珠笔比用金属制作的钢笔更加漂亮,而是认为可口可乐瓶和塑料圆珠笔更具有实用性且价格更便宜。大众传播与过去的其他传播相比更具有体验的亲切性,并且更加容易发挥功能。但是,大众传播在实际上却让我们自身变得更加陌生化,因为大众传播本身的亲切性反而隐藏了大众媒介自身的危险性。洗发水与尼日利亚、印度尼西亚或鞑靼利亚的女性消费者并没有任何关系,也更不必谈及个别洗发水被使用的经济性、社会性和文化性问题。雷朋雨伞与热带雨林地区、苔原气候地带,或者与位于赤道地区的大都市的丘陵上空暴烈的

---

① Sioux,北美大平原印第安民族或民族联盟。——译者注

太阳光没有任何关系。并且,与使用这种雨伞的将军们、骑着摩托车的人或嬉皮士的实际生活也没什么关系。生产冰激凌不是因为人们喜欢冰激凌,而是能够使人们通过吃冰激凌而被程序化,如在阿拉斯加或米纳斯吉拉斯山脉生活的人们,通过在严寒或极度缺乏维生素的情况下吃冰激凌的方式而被程序化。综上所述,大众文化不是为了大众创造的;相反,大众是大众媒介的产物,是为了使大众文化被消费而创造的。

即使我们之中的少数者能够参与某个部分的精英传播,但因为我们所有人都属于大众,所以这种陌生化现象从根本上来说是令人吃惊的。那么,这种陌生化对谁来说会有好处呢?我们不期待在巴西种植咖啡豆的农夫在没有任何反抗的情况下就食用了原本为欧洲的渔夫们所做的披萨;也不期待巴黎的银行职员对原本为得克萨斯的牛仔们而做的帽子具有好感。农夫们在巴西吃披萨,银行员工在巴黎戴上了牛仔帽,这又给谁带来了利益呢?我们能够对这样的疑问提供经济性、政治性、社会性的回答,然而这些回答的内容无论在何种层面都是显而易见的(虽然它们大部分是矛盾的)。即使不质疑这些回答的有效性,从传播理论角度出发的回答也可以被描述如下,即所有的人都在变得大众化,并且谁也没有站在大众之上,因此大众化无论对谁都没有带来益处。这是由于我们所有人都为了变得大众化而接受了程序化,所以我们几乎无法对大众化进行认知。大众化成了高度自律性的存在,即大众化是自为的大众化,它自发地进行着,如果我们不想变得疯狂,那么我们就应该跟随大众化的步伐前进。

这种自律性源于中继信息符号的大众化属性。为了分析技术图像所内含的这种自动性和程序的自律性(为了避免在大众媒介中看到神话性的自动贩卖机或永久机关),我们需要进行详细阐释。在传播革命兴起之前,被圆形剧场型话语结构陌生化的程序化已经成为一种惯例。战争宣传被视作最具恶意的东西,是人类自身的腐败,并且日益变得程序化。这种程序化在当时是通过字母符号实现的,即牺牲者是为了牺牲而必须阅读战争宣传信息。字母结构为了使读者接收其所传达的信息,要求读者必须使用由印刷活字连接而成的线性结构。因此,读者在阅读的过程中去思考并解读信息。这是一种能动性的阅读,但如果读书隶属于煽动性的战争宣传程序,那么无论读者采取什么样的方式都必须对它负有共同的责任。读者作为参与者,无论采取什么样的方式都不是单纯地作为送信者的素材,而是伙伴。

所以,这种情况与吃披萨的咖啡豆种植者或戴牛仔帽的银行职员的情况是完全不同的。他们看到的是披萨和帽子在海报上的图像,看到的是电视里的节目,是通过电影院、展览馆、图画杂志看到的。他们是在相对孤立的状态下观看图像的,这种观看行为是处于与其他图像的关系中,是在所有的技术性颜色中进行的观看。同时,他们不分昼夜地看,甚至还从别人那里看。他们或消费或放弃消费,但同时都不得不表明他们对图像的立场。他们不需要任何思考就自动地隶属于这种程序(他们也只能隶属于该程序)。换言之,因为他们觉得应该购买,所以购买了不需要的东西。由此,他们就觉得自己需要那些东西。

线性文本的读者与文本相对而视,但线性文本的读者超越了文本。这里的超越指的是思考的超越,即通过后退一步、向思考对象低下头而达到超越,就像读书的人站立在阅读对象之外。据此,阅读者在阅读时,在某种程度上可以对自己进行反思。然而,在技术图像时代,这种反思是不可能实现的。技术图像包围了受众,受众存在于技术图像之中。巴西的咖啡种植者和巴黎的银行职员,他们思考如何吃披萨和如何购买帽子,同时他们看不到自身。也就是说,他们的参照物是图像,他们只能通过围绕着他们的图像而观察自己。他们会看着自己并思考自己如何被送信者观看。那不勒斯的渔夫或得克萨斯的牛仔,他们除了以这样的方式看到自己,其他的什么也做不了。所以,这可以被视作图像的反思。那些图像作为镜子的镜子,即技术图像成为符号化世界的镜子。这一情况不仅适用于大众,它对制造出这种程序的设计者来说也是适用的。设计者与那不勒斯的渔夫和得克萨斯的牛仔并无二致。这正是技术符号的自律性和自动性导致的——它们具有自动反射性。

那么,这是如何成为可能的呢?或者我们换个方式表述,这些变化中增加了什么呢?同时,如果要与它对抗,我们又可以做些什么呢?虽然前文提到,在圆形剧场型话语结构中的送信者和收信者之间①不存在任何反馈机制,但圆形剧场型话语结构和网状对话结构是同时进行的。从图像符号、声音符号和文本符号中接收到的大众媒介信息可以被网状对话吸收,并且这些符号的转化是借助口头语言、手势等原始时代的符号来实现的。网状结构形成了圆形剧场型话语结构的基础,且两者之间能够互相传播,但它们并没有结合在一起。尽管如此,网仍旧生成了,因为收信者围绕着圆形剧场型话语结构的个别松散的终端(如电视画面、电影院、报刊亭和海报)形成了半圆,进而通过相互编织而生成了网状结构。换言之,网状结构的线(接收到的信息碎片被翻译成原始时代的符号)的移动是为了使收信者能够从圆形剧场型话语结构的个别松散的终端转移到其他终端(如从电影院到电视画面前),并且这些线能够交织在一起。因此,即使具有偶然性,但这些多样化的线通过相互交织黏着在一起,从而导致如下的事情发生——网状对话结构成功地发挥了作用。

当然,实际的信息交换与在圆形对话中一样,它并不是重要的问题。网状对话的所有参与者原则上拥有统一的程序。然而,将接收到的信息进行转化却并不是重要的问题。原因有二:一是,这些信息被从技术符号转译为原始符号;二是,当通过对话将这些信息从一个收信者转译给另一个收信者时,原来的信息产生了变形(制造了传闻),即其他的噪声渗透了进来。这就是现在我们所说的"舆论",即共识被创造出来的机制。为了能够更有效地对这一机制进行生产,网状对话结构在我们传播情况的普遍维度下可以随时使用邮局和电话网。我们把这种机制叫作传播模型的固定化(Stereotypisierung,德语)。网状对话结构的传播模型在全球范围

---

① 即技术图像情况中的普遍维度和大众维度,参考图1-9。——译者注

内通过持续的交换而发挥着同化功能。被圆形剧场型话语结构不断创造出来的新信息通过网状对话结构被传播出去，而网状对话结构在不间断的传播作用下产生震动效果。这种震动可以被视作舆论的张力（Dynamik，德语）。

如今，在测定这种张力的振子运动中，即在科学性的树状话语结构（如市场调查研究所、社会学的实验室、舆论调查机关等）的内部，存在着特殊的圆形对话结构，并且它们掌握了使圆形剧场型话语结构的传播机制运转的方法（如选举、公民投票、问卷调查等）。对于表象性的观察者来说，说不定某一天也可以看到大众维度和普遍维度间的反馈——舆论要求战争，要求新的肥皂，要求新的政府。然而，实际上重要的问题并不是对接收到的信息进行回答，而是送信者对大众的反应。换言之，从全局来看，重要的问题不在于反馈，而在于从圆形剧场型话语结构中出发的圆形剧场型话语结构与网状对话结构的共时化。因为送信者与收信者的关系并不是主体与主体的关系，而是主体与客体的关系。同时，这种关系在虚拟的反馈中才能够被看出来，即舆论仅仅是为了满足需求而被生产出来。当消费成为可能并被呈现之时，才可以要求战争、新肥皂或新的政府。概括而言，共识的本质是要求协商所要求之物。

如果进一步观察这种共时化，我们就能更加轻易地看出如今大众化呈现出的自律性与自动性，即看到现象背后的问题。舆论要求战争，原因在于武器工厂对战争感兴趣；舆论要求新肥皂，原因在于肥皂厂商要使用新的原材料；舆论要求新的政府，原因在于精英们想要决定政府的更替。这显然是一种正确的分析。然而，即便如此，这一分析并没有指出该情况的本质，因为武器生产者、肥皂生产商和舆论制造者（对应专业人士）通过使用圆形剧场型话语结构的程序在大众中创造出战争需求和其他需求。同时，这些生产者在创造这些需求之前，自己也因为这些需求而被程序化了。武器生产者对战争感兴趣，是因为他们事先在圆形剧场型话语结构中已经被程序化了。在圆形剧场型话语结构中被发动的程序实际上是事先进行圆形剧场型话语结构程序化的结果。因此,精英维度的传播也只是实施了特定的程序而已,精英或专家本身也仅仅是这种圆形剧场型话语结构的一个功能组成部分而已。如果将它图式化,则可以参考图1-10。

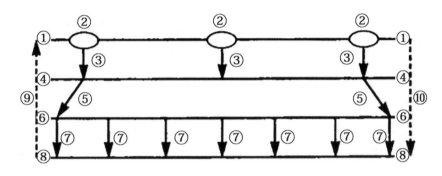

图1-10 技术图像的功能

普遍维度:

① 以科学和技术为中心的树状话语

② 专家与技术专家(Technokraten,德语)的对话

③ 面向基于科学和技术的行政的信息传播

④ 行政(金字塔型话语结构)

⑤ 圆形剧场型话语结构的程序化

⑥ 圆形剧场型话语结构(大众媒介)

大众维度:

⑦ 大众媒介的程序(如电影、海报、报纸等)

⑧ 网状对话(舆论)

⑨ 通过普遍维度的间歇性出现

⑩ 舆论调查(通过协商后的操作)

如图1-10所示,这一体系对理解我们当下的处境是有益的。其中最重要的是箭头⑨,它将大众文化与精英文化相结合(科学与装置相结合)。

由于这个箭头的作用，技术专家与行政专家（从实验室的实习生到总统）每天晚上降至大众维度，每天早上又在结构中上升到精英维度。

图1-10中存在具有缺陷的圆形对话结构，对于人道主义的观察者来说，这一点具有不确定性，因为如果持有"左倾"的倾向，那么他会将大众文化隐藏在精英立场下，而仅将其当作程序化的结果来理解。但是，如果我们试图改变这种情况，就需要将这种圆形对话结构隐藏的面具给剥离，因为这种人道主义的批判者将图1-10视作大众媒介神话化的产物，并对它的反动性进行了批判。此时，批判者也犯下了一个错误——从普遍维度来看，决策是被部署了，但那种决策并没有被隐藏，由于存在特殊的利害关系而正被使用着。换言之，如果我们需要剥离这种利害关系的假面，就要观赏执行大众媒介程序化功能的电影、电视节目和海报。但是，被部署的决策是在圆形剧场型话语结构中发挥作用的，触发动机的利害关系是在大众文化的网状对话结构中被事先程序化了，否则（如果自由的决策存在于普遍维度中）就无法说明为什么图1-10中的结构无论在何处都发挥着同样的功能。无论在美国还是苏联，无论在古巴还是安哥拉，无论在英国还是乌干达，技术图像的功能都是统一的。它的统一性表现为不允许产生任何自由的决断，这就是为何无论在哪里，技术图像的功能都是统一的。

我们当下的自动性和自律性是具有缺陷的。在我们能够尝试改变这种特性之前，我们首先应该承认它的存在，因为我们没有反抗程序化，并且处于技术图像的结构中。这种符号的创造以自由自在的圆形对话结构无法奏效为前提，正如决策部署中心（如政府会议、党支部会议、参谋部会议）所呈现的，所有的对话都是干部或专家之间的对话。在树状话语结构中插入的对话，它特殊的符号中包含的仅仅是部分信息，所以无法作出决断。如此一来，这种对话只能以其他的圆形对话或结构化的圆形对话来引导可以被继续传达的新信息。技术专家、官僚主义、无意识形态的行政等在圆形剧场型话语结构功能中并不作决断——它们发挥着价值中立的功能。这种方式被称为极权主义的去政治化。

我们的现状是通过不断发展的专业化生成的，这是为了能够创造出把我们变成刻板大众的技术符号。如果我们想要改变这种符号，就应该先对它进行研究。

第二章
传播的符号

第一节 符号的含义

本书的绪论指出,人类传播原则上是源于象征形式的符号(Code,德语),并指出人类是非自然动物。人类通过由符号构成的外壳(Hülle,德语)在自然中将自己保护起来。这种被称为文化(Kultur,德语)的外壳在本质上具有辩证法特性(Wesen nach dialektisch,德语),即它一方面指出了世界是为了人类而存在的,另一方面指出了这一外壳将人从世界之中分离,并在人与世界间发挥协商的(vermittelt,德语)功能。"把……放在前面"(vorstellen,德语)这一词汇具有两层含义,即"介绍"和"放在中间"。通过上述分析,我们可以解释符号化世界的功能。不过,需要强调的是,文化作为外壳同时也是横亘于人类与世界之间的墙壁(Wall,德语)和桥梁(Brücke,德语)。

在进行具体的分析之前,我们首先要确认本书所采取的立场,因为象征性世界不应该被说明(erklärt,德语),而应该被阐释(gedeutet,德语)。换言之,对人类的传播现象进行解读需要使用阐释方法,而非生物学上的说明方法。同时,这里包含一个假设,即在动物中最高的(höchsten,德语)

维度和在人类之中最低的（niedrigsten，德语）维度间存在深渊。在深渊之上发生了质的飞跃，即从人类中创造出全新的动物。这种动物会有目的地储存获得的所有信息，并为了否定世界而有意地将象征整合（ordnet，德语）成符号。

这里的象征是指根据某种规则指代其他现象的所有现象，符号是把象征整合起来的所有系统。这种定义赋予这两个概念与一般通用意义完全不同的内涵。例如，基于这一定义，象征便不再适用于动物性的态度，而是指向传播的过程，是从人类有意图地创造工具的这一角度出发的。所以，生物遗传学上的概念与这里定义的符号概念不再具有相关性。综上所述，符号是一种假设，是人们在寻找意义的过程中人为创造的系统。简而言之，我们在这里选择的阐释性立场，以及基于此立场而作出的定义，使人类传播从方法上成为有别于其他传播形式的传播，并且这一定义源于人类传播的内部，生发于人们对自由的向往，以及人类为此而作出决断的过程。

人类传播与其他传播的差异体现在它并不是基于客观性而被观察到的。虽然我们在此处探讨的是质的飞跃，但这种差异需要通过主体间性（intersubjektiv，德语）才可以被确认，即只有作为参与协商的观察者主体才可以确认它。同时，这些观察者需要做好相应的准备，即接受将现象组合成象征，将象征整合成符号规则的准备。由此，我们可以对作为新动物的人类的根源进行再次确认，即作为新主体的人类并不是客观的观察者，而是具有主体间性的观察者。人类学家（Anthropologen，德语）发现了堆砌成圆形的石头和用熊的骨头包围起来的类人猿骸骨，这些骸骨大约是200万年前的。众多人类学家极力地想要从这些骸骨中观察到最早的人类（erste Mensch，德语），并不是因为这些骸骨从解剖学上来看与我们的骸骨十分接近，也不是因为这些类人猿整理了从自然界中发现的对象物，而是因为人类学家要把由这些石头或熊的骨头组成的圆形解释成一种符号化世界①(Knochen-Stein-Kultur,德语)。换言之,人类学家假设这些石头和骨头是被故意整合成圆的形状,人类渴望通过这种努力重新认识自己,其目的是为向死而生的人类赋予意义,即为人类存在的无意义和孤独赋予特殊的意义。进而言之,人类将自己所在的世界与外部分离开来,通过堆砌的方式构筑意义之墙,从而实现意义的赋予。那些人类学家通过圆形结构背后隐含的意义重新对自身进行认知,并将之前谈及的类人猿称为最早的人类。换言之,这些人类学家并不因为客观上呈现的一致性意见而将这些类人猿称为最早的人类。

我们在这里并不是为了挖掘爪哇猿人(或者无论我们称这些类人猿是什么)的历史,也不是为了确认这些类人猿是否在自然中实现了最早的飞跃(这些飞跃并不仅兴起于中非,当一次移动开始具有象征的意味时,或当我们使固有的动作朝着意义赋予的方向移动时,这些飞跃往往会再次出现)。这里我们需要对这一发现进行确认——这种从自然之中的飞跃是一种对世界的疏离(陌生化),而我们论述的完整程度将取决于对这一发现的确认程度。在哲学领域,我们将这种原始世界解释为存在(ek-sistere,丹麦语);在神学领域,它可以被解释为原罪(从乐园中被驱逐)。从人类的根源(Ursprung,德语)上而言,深渊②将人与世界分开,而象征就是将分开的深渊连接起来的工具,即桥梁。所以,象征就是一种调解(Mediationen,德语)机制。虽然人类学家没能进一步认识到石头和骨头对原始人类的意义(解释这些符号的钥匙已经消失不见),但他们借助石头和骨头重新认识了自己。他们将石头和骨头视作象征,并认为它们具有连接深渊并发挥桥梁作用的人为性(künstliche,德语)意图。

---

① 德语原意为由骨头和石头建构的文化,即"骨石文化"。换言之,将熊的骨头或石头这些自然的象征物视为一种符号,组合成一种符号文化,从而形成一种符号化的世界。——译者注
② 指的是人类文化发展过程中的障碍物。而新媒介及新的与媒介相应的知觉(意识)能力则是化解障碍物的关键。正如尼采在《善恶的彼岸》中说:"当你远远凝视深渊时,深渊也在凝视你。"人要成为超人,就必须勇敢地跨越深渊。——译者注

因此，从规则上来说，由象征组合成的符号（如石头堆砌的圆、口头语言、书写的文本、画的草图等）的作用是作为横贯于人类与他们所跃出的世界间的桥梁——符号就意味着世界。然而，这些符号也是人与人之间的桥梁，它们也可以意味着别人的世界。进而言之，这些符号通过协商而指代世界。不过，意义形成过程中的所有协商本身都必须具有意义。例如，摩尔斯电码就是从英语符号系统中提炼出来并在一定规则下被使用的。从约定到约定，随着人们嘴巴的一张一合，人类便从世界中分离出来（我们为了给人生赋予意义而使用了多样化的符号），不过这超出了我们此处的讨论框架。深层的（tiefen，德语）象征（如梦与神话的象征）在第一次出现时就提出了关于人与象征的关系的问题：词汇是我们的工具，抑或我们是词汇的工具？

原则上，所有的现象都可以被协商为象征，并且有多种方式将这些象征整合成符号，如用石头、骨头、绳结，以及图画、数字、铜钱、声音、手势、颜色等这些人为性现象。无论它们是具体的还是抽象的，根据协商，它们都能获得一个具体的意义。据此，诞生的象征都可以被整合为符号，如点的形状（马赛克类）、线的形状（字母类）、波浪线状（阿拉贝斯克①类）、平面形状（漫画或绘画类）、立体的（雕刻或建筑类）、四维的（舞蹈或姿势类）、空间的（电线类）、时间的（音乐类）或多种复杂维度的结合（电影、戏剧、电光广告等）。人类为了储存获得的信息并为人生赋予意义，而将它们编成象征的织物，即通过将信息编制成符号化世界，使这个世界具有不能被完全透视的复杂性，并逐渐包裹人类。同时，这种不完全透明的复杂性是内含于这种织物的意图的。

因此，将符号化的世界，即文化的世界以任何形式（仅从传播理论的观点来考虑）进行范畴划分都是错误的。例如，民族学家（Ethnologen，德

---

① Arabesque Croisée，芭蕾舞中的一种技巧。舞者表演芭蕾舞时，单脚站立，手前伸，另外一只脚和一只手向后伸展，也称为"阿拉贝斯"。——译者注

语)使用结构主义方法在本质上整合文化,并解读它们,进而将象征性的逻辑、菜单和骑士名誉等种类的符号置于一般分类下,但这些意图都是不正确的。此外,将符号按照听觉、视觉或类似的感觉来进行分类,也并不是多么好的方案。例如,按照这种分类方法,将非洲的假面符号、分子物理学符号归入视觉性符号这一范畴,这肯定不是一个好的方案。

本书不会进行这种分类尝试。不过,本书直面符号化世界的危机,并探求其发展的方向。所以,本书将选取那些最能显示危机的典型符号,然后对它们进行研究。选择的标准并不能体现人类传播中已经被使用的符号的意义,我们只能直接从当前的危机中探寻它们的意义。

第二节 三种典型符号的诞生

如果我们站在远处,或以鸟瞰的视角来分析人类传播,那么便可以观察到口头语言起到了十分重要的作用。实际上,很多观察者认同所思与所说是非常相似的过程,并且这两种事物常常是没有其中一个,另一个也就不会发生。所以,他们也认同人类的存在是根据自己所说的语言而被广泛地事先程序化的。口头语言创造的象征(特别是所谓的"话"这种声音形态)在我们拥有的符号中发挥着本质的、突出的作用。

所有的口头语言都是由同一类型象征构成的,即由声带、舌头、牙齿、嘴唇、上颚等特别的器官创造的声音形态构成的。虽然创造声音的方式有所不同,但所有的口头语言都具有同一个象征类型。总体而言,将语言象征整合为符号,可以分成三种不同的规则类型。第一种符号类型是在系列(Serien,德语)中为象征指定特别的位置(名词、形容词变化或动词变化等),并将象征整合成系列(把词汇变成句子),然后变成模型。这种符号类型被称为屈折语(flexionierende Sprachen,德语),如阿拉伯语、梵语、英语等就属于这种类型。第二种符号类型使象征成对,或以一种马赛克的形式将它组织起来,同时这一类型通过发声的变化而实现差别化(有三到四种发音),所以所有的象征都可以互相区分(通过音节进行限制)。这种符号类型被称为孤立语(isolierende Sprachen,德语),如汉语。第三种符号类型虽然不是被最多人使用的,但它在所有口头语言中的占比是最大的。在这种符号类型中,象征通过并列与连接(前缀、中缀、后缀)从而具有新的意义,最终整合成一种超象征(Ubersymbole,德语)。这种符号类型被称为黏着语(agglutinerende Sprachen,德语),如因纽特语。

大部分语言学家将上述口头语言的分类视作不实用且单纯化的分类,但在将个别语言与其他所有语言进行关联时,从符号的角度来看,这种分类又是具有开放性(offen,德语)的。从西方的视角来看,西方人是被屈折语程序化了。换言之,我们几乎认识不到这种程序化的程度,所以是被彻底程序化了的。例如,屈折语在句子的秩序中需要区分主语与谓语。这种语言特征就能很好地映射出世界关系中的主客体关系,但使用这种语言的人们并没有从根本上识别出在其语言范畴中出现而在其他语言范畴中没有出现的这种关系。比如,在西方语言中,可以联想到两种其他语言类型的结构。第一种,如英语具有孤立语的结构特征,"put"这个词在形成组合之前是没有意义的(或者说意义正在酝酿之中)。换言之,"put"在变成"put on""put off""put in"的组合之后才具有相应的意义。第二种,如德语具有黏着语的结构特征,"意义"(Bedeutung,德语)这一词汇具有前缀"Be-"和后缀"-ung",而只有添加了前缀与后缀之后,才能赋予核心"-deut-"以意义。以上两种特征都展示了语言是使我们从根本上被程序化的符号。不过,语言作为范畴在符号化世界中没有形成固定的方向(Orientierung,德语),而是具有开放性的特征。在这里需要强调的是,口头语言在唱片发明之前仅能储存于人们的记忆之中,不能储存在人工的(künstlichen,德语)记忆中。虽然口语是我们能够使用的所有象征中历史最为悠久的,但它的根源大多已不可寻,最多只能追溯数千年的痕迹。对于其他的符号类型,如壁画,因被很好地保存下来,所以有助于我们追溯它的发展历程。

虽然口头语言属于重要的符号,也可能对我们的程序产生了重要的影响,但将它作为符号化世界方向标的起点却并不十分合适,因为口头语言非常复杂地混合在一起,并依赖空气进行传播。口头语言符号与其他所有的符号一样,同我们现在面临的危机密切相关。不过,它并没有动摇我们如今传播的本质。

即便如此,在这里首先对口头语言进行简单的研究对把握我们的主体有重要帮助。符号化世界的本质不在于口头语言能够储存信息,而在于它储存信息的方式。换言之,与我们所说的内容相比,我们是使用英语、汉语还是因纽特语则更为重要。如此讨论似乎不甚明了。那么我举一个极端的例子,如果想要进行信息传播(如"着火了!"),我们首先会对信息本身和信息能否被接收感兴趣。并且,信息被接收时,似乎重要的是信息本身而非承载信息的符号。比如,无论谁听到了"着火了!"或警报声,于我们而言,更为重要的是我们获知了这样的事实——我们处于可能被烧死的危险之中。在这里,我们对口头语言进行简单考察的目的是希望能为克服传播的单纯性贡献一点力量。

在一个符号内部,整合象征的规则能够将信息变成由信息组成的网。在英语(或与之相似的)语言中,这种网是依赖主语、谓语的规则被建构的,因为所有的信息在符号系统内只有与主语、谓语相关,才能成为信息。在英语中,人们根据主语、谓语的关系,对要表达的世界进行体验、理解、评价。据此,通过英语这种语言形式可以形成信息交换的宇宙(Universum,德语)。因此,说汉语和说因纽特语的人通过信息的传送与接收,形成了不同的信息交换宇宙。我们在这里有意选择了极端情况"着火了!"这一例子。从表面来看,英语、汉语、因纽特语对应的三种宇宙是一致的,因为这与主语、谓语关系或其他别的规则无关,而是与被火烧死的危险相关。这种与动物的咆哮警告相似的极端情况可以视作人类传播的极端情况,但我们可以从中认识到符号结构的根本意义。人类传播与

第二章 传播的符号

动物传播是不同的，因为当我们听到"着火了！"之时，我们不仅听到了这一警告，同时也接收到了与特殊的结构化情况相关的信息。因此，"着火了！"这种呼喊式的口语传播中包含的信息与由经过钟声警告等转译传达的信息是不同的。

在程序化符号网络中，我们体验、认知、评价着世界和其中的生活。如果能够接受这一基本主题，我们就获得了理解人类当今所面对的危机的方法。西方的符号化世界（我们都参与其中，并且它的危机存在于与我们相关的世界中）始于大约 3500 年前，而字母符号则承载着被称为历史（Geschichte，德语）的这一主要信息的正式（offizielle，德语）符号。人们通过字母符号的范畴去体验、认知、评价世界。并且，我们的社会、政治、艺术和哲学都是通过字母符号的范畴被认知、评价与体验的。字母符号以世界中的西方式存在（westliche Dasein in der Welt，德语）为特征，但当这种符号受到其他符号的驱逐时，它就处于危机之中了。现在，我们的认知、体验和评价都发生了变化，所以我们可以通过分析字母的变化来把握这种变化中的方向。这无疑是一种好的办法。

本节一共分为三个部分。第一部分，我们将尝试分析多样化的字母在地中海东部地区的形成和发展过程［以"前历史"（Vorgeschichte，德语）来命名这一时期，大约公元前 4000 年—公元前 1500 年］；第二部分，字母与前字母符号之间的斗争，以及字母所取得的最终胜利［以"历史"（Geschichte，德语）来命名这一时期，大约公元前 1500 年—公元 1900 年］；第三部分，尝试描述照片、电影等革命性新符号的出现，并试图通过这种符号数量的剧增来展示它们位于字母之上的形成过程［这一革命性时间被称为"后历史"（Nachgeschichte，德语）时期］。

通过对西方历史的这种描写，从支配性的符号立场出发，我们可以发现四种批判性契机。不过，这些契机在其他的同类型描写（在其他条件下）中并没有如此强烈地出现过。例如，大约公元前 1500 年的米诺斯文本（minoischen Texte，德语），大约公元前 800 年的荷马和预言者的文本，大约公元1500年印刷书籍的扩散,以及公元1900年技术图像的发展。在第一次与上一次的重大危机的转折点(历史的开始与历史的终结)上,问题被描述了出来,两种不太重大的危机在历史的高峰期出现了问题。在下个段落,我们将对这四种危机进行具体的结构化描述。不过,我们的目的并不是要谈论西方的历史,而是捕捉当下危机的方向。我们不能忽视这个重要的事实。

一、前字母

"alphabet"被命名为字母表,它是由20—30个简单的几何学图像构成的符号系统。字母表意味着口头语言的特别声音是根据正字法(Orthographie,德语)来命名的,并以被称为线性的顺序整合成象征。所有的口头语言均由比字母表中所包含象征数量更多的声音构成,所以字母表与发音的关系并非音素标识和声音标识以1比1的关系对应,而是一个字母对应着一个以上的发音(如"Gebet"①这个单词中的"e"具有两个以上的不同发音)。与此不同的是,在字母表中,同一个发音可以用不同的字母来表达(如"k"和"c"能够用相同的发音来标识)。如果从全部内容②(repertoire),即从包含全部内容的象征角度来看,字母表并不是被良好协商的符号系统。

---

① 意为祷告。——译者注
② 其含义通常具有两个方面:一是指一个演员或剧团随时准备表演的全部歌曲、戏剧、歌剧、读物或其他作品,也指保留剧目;二是指个人的全部技能和本领,某人的一系列技艺、才能或特殊成就。由此可见,这一词汇的两个方面兼顾传统知识的储备和个人的才艺,同时强调了传统性和创造性。美国民俗学家乔治斯(Robert A. Georges)教授指出,大多数民俗学者将"repertoire"概念化为在性质上基本是定量的,而且由文化决定并被文化限制。他同样注意到了学界倾向于接受最初由俄罗斯研究者提出的这种观念:"一位调查对象的'repertoire'越大则越好。"最后,他向学界呼吁,不论以什么方式使用这个术语都须审慎,而且应当加以系统分析。他还发现这个术语几乎从未出现在教科书和相关手册中,也未得到更多的讨论。参见Robert A. Georges, "The Concept of 'Repertoire' in Folkloristics," Western Folklore, 1994, 53, pp.313-323。——译者注

第二章 传播的符号

　　从结构角度(整合象征规则的视角)来看,字母表就更不是完善的符号系统了。字母表的基本规则是十分明确且简单的,同时字母在线中(常常是从左到右,从一个平面的左上角到右下角)以点的形式并列。这好比被线串起来的珍珠,或被串起来的算盘珠子。从字母表的功能上看,它失去了几何学的形态特征,却增加了与字母顺序和行间矛盾的、不完整的、任意空置的正字法规则。例如,众多语言的正字法(特别是英语的正字法)仅仅间接地与文本的发声结合在一起。

　　进而言之,字母表的缺点是一系列象征被嵌入不具有任何字母意义的全部内容,一旦字母表没有这种陌生的要素,它就无法再发挥功能了。例如,"?"这种象征是口头语言的语调,","这种象征是正字法的规则(符号本身的一个方面),"2"" § "和" $ "这样的象征是由其他符号(如与算数、法学和纸币有关)转译成字母的表意文字。综合来看,由于以上或其他众多的原因,字母表在传播过程中是作为具有众多缺陷的混合(hybrider,德语)符号而被使用的,所以应该将字母视作复杂的符号系统。

　　综上,在得知字母是作为相当稳定的符号在数千年间一直被使用的时候,我们就不得不为之惊讶了。从根本上来说,字母在取得支配性地位以来(从大约公元前800年起),它历经的变化并不多,并且连字母的顺序(ABC)等表象也很少发生变化。字母与符号(如算数符号)相比,它的变化很少;与口头语言相比,字母的变化就更少了。所以,伊特鲁里亚人①(Etruscan)用字母书写的文本虽然几乎被全部遗忘,但解读它是相当容易的。虽然我们认为字母的发音几乎被忘记了,但它仍旧很容易被解读。不过,我们也应该认可它具有一些无法完全被认知的显著特性。

---

① 也可译为埃特鲁斯坎人或伊特拉斯坎人,是古代意大利西北部伊特鲁里亚地区的古老民族,居住于台伯河和亚努河之间。他们的语言伊特拉斯坎语不属于印欧语系。公元前6世纪时,他们的都市文明达到顶峰。伊特拉斯坎文化的许多特点都被继伊特拉斯坎人之后统治这个半岛的罗马人吸收。——译者注

原则上，所有的儿童都能够很快地解读字母象征并学会与它有关的书写方法（但与中国文字相似的符号却并非如此）。虽然字母具有明确的前历史特性（如果我们稍微有点想象能力，就能在"X"或"O"这种字母的协助下识别石器时代的一些形象），但它与现代技术（如打字机）也是非常契合的。这些论述没有任何问题，类似的例子还可以一直罗列下去，但我们却无法通过这些论述完全地分析字母对人类丰功伟绩的描述。

字母的根源和数千年间所有字母的发展过程都是众所周知的，但与字母发明有关的全过程却被埋没在隐秘之中。公元前 2000 年的前半期，人们开始在地中海东岸和之前居住的岛屿上书写字母。字母的名字被原封不动地保存着（实际上到如今也是），它们变成了阿拉米语①。例如，第一个字母"阿尔法"（Alpha）在阿拉米语中是"黄牛"的意思，第二个字母"贝塔"（Beta）是"家"的意思，第三个字母"伽马"（Gama）被称为"骆驼"。这种名字显示出它们并不只表示原来的发音，也指代对象。实际上，如果想要考察字母"阿尔法"，我们就应该明白，即使岁月流逝也无法掩盖埃及象形文字形态的不变性，所以反复循环的系谱学能够被重构，如对一头牛的描写。即使从共同的根源出发能够追溯字母及其发展历程，但思考字母在发展过程中留下的痕迹也足以令人眩晕。通常而言，字母的发展过程可以分为四个阶段：一是图画文字阶段（Piktogramme，德语），二是表意文字（Ideogramme，德语）阶段，三是象形文字（Hieroglyphen，德语）阶段，四是字母（Buchstaben，德语）阶段。图画文字是针对对象的简单描写，所以它意味着对象；表意文字与图画文字相同，但它并不意味着对象，而是指向与对象有关的一般情况，即意味着与对象有关的观点（Idee，德语）；象形文字与图画文字相同，它也不意味着对象，而是指代表现对象的词汇

---

① 又称为阿拉姆语，是古代中东的通用语言和波斯帝国的官方语言，近代通常指叙利亚的一种语言。它属于闪米特语系，与希伯来语和阿拉伯语相近。——译者注

(如画出的一个脚指头能够代表一种韧劲);字母也不意味着对象,而是意味着对象的词汇的第一个发音("A"意味着阿拉米语中表示黄牛的字母"alpha"的第一个发音)。

然而,在转变为字母前的这三个阶段,重要之处不在于它们向着字母阶段演变,而是各个阶段在世界中走向了不同的方向。换句话说,这是陌生化出来的其他形式,即要克服陌生化本身的尝试。所有的阶段都是由不同的高潮、不同的存在形式、不同符号化却高水准(陌生化)的世界或文化来引领的。这些阶段从字母(自西方帝国主义开始)发展的角度来看,可以被视作为字母到来而进行准备的前阶段。

但是,这里有一个重要的问题,即字母出现前的三个阶段与字母本身的存在是融为一体的。换言之,线性符号的重要作用日渐凸显,把象征整合成线状或点状的符号成为重要的问题。字母在词语的严谨性和固有意义中与文本具有相关性,这一事实让我们不必追溯到遥远时代的字母前历史,而只需追溯到刻在旧石器时代洞窟石壁上最早的图画文字即可。所以,如果我们试图分析字母的根源所具有的本质,那么将公元前5000年前出现的美索不达米亚的壁饰碎片作为出发点就十分充分了。虽然该壁画迄今为止具有6000年以上的历史,但对那些细心的观察者来说,上面描绘的表演依旧令人震惊——在一个表面上形成线性展开的图景。我们从这些画作中可以看到,蓄须的王周围跪着投降的敌人,或具有神性的英雄正驱逐神话动物。同时,在画的旁边(主要是竖着整理的)也有一些直立的象征。

这种情况可以简绘成图 2-1。

被框架围起来的这个图像①(Bild,德语)与它右侧的线性文本包含相同的信息,它们(壁饰上的图画、文字)虽然指向统一的象征,却各自表现着不同的世界。

---

① 指代静态的绘画、图画、图片,也可以指代动态的影像。——译者注

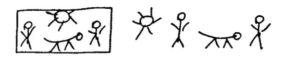

图 2-1　壁画上的图案(简图)

图 2-1 左侧的图像描绘了这样一个场景——大约正午时光,两个人和一只狗在散步。图中的象征虽然是将四维的世界抽象为二维的维度(使深度和时间抽象化了),但平面上的一切还是如四维世界中的对象一样,具有明确的主客体关系。该图是缩小而成的平面,即它指的是"放在前面"的四维世界的场景。图 2-1 右侧的文本同样表达的是左侧的场景。文本中的象征根据构成线性符号的规则而建立关系,它们像珍珠串上的珍珠一样彼此串联。其中,看不见的线为了要解释(表达、计算)图像包含的象征而分解它们(展开、解释、发展)。右侧的文本对左侧的图像进行表达、计算,从而解释了它代表的是这张图画中的场景的一个故事(如两个人在正午时分遛一只狗)。因此,文本是一个过程,是历史。

如此来看,从象征到计算,从场景到历史,人类实现了高度的飞跃。下文将对此进行更为详细的研究。图 2-1 的左右两部分已经能够让人充分感觉到其中显现的实存性深渊了。左侧呈现的是人类诞生以来的庄严的数千年,右侧呈现的是我们一起宣告了的西方历史的终结。

二、字母

从字母的发展角度来看,在阿拉米语中,字母描写的是它最早对应的对象的意义,并能通过各个词语的发音去追溯字母本源的意义。但是,这种发生学(genetische,德语)(而非功能性)的说明是极其不正确的。例如,认为阿拉米语的"阿尔法"和德语的"A"具有相似发音的看法,其本身就是错误的,因为在德语中,通过并不存在的字母"A"来指代辅音,并且说阿拉米语的闪米特人的字母从原则上来说是不存在元音的。

第二章 传播的符号

需要强调的是,发生学上的说明与字母的功能几乎没有任何相关性。"什么意味着拉丁语字母'C'?"这个问题从根源上说与对骆驼的描写没有任何关系。字母"C"在西班牙语、捷克语、意大利语中有不同的发音。同时,这个字母在所有的语言中并不指代实际上的声音,而只是指代一个声音的习惯。这种意义是按照语音学的习惯来进行正字法约定的结果,语音学的习惯是在口头语言变成书面语言之后形成的。字母的意义基于某些习惯而形成,并且它们是极度抽象的符号。这种符号仅间接地代表着口头语言及其指示的宇宙。需要进一步强调的是,如果我们认为字母的线性结构使口头语言的结构发生了变形(字母的书面语言与口头语言是不同的),那么这就表明我们对字母的印象是十分抽象的,同时也就证明了字母是一种不同寻常的(einzigartige,德语)发明。

这种发明实际上仅有一次,即在公元前1500年左右,在地中海的东岸得以形成。这并不是一件多么令人惊讶的事情,因为在世界上,互相没有相关性的图画文字符号不计其数,而且表意文字符号分布的地区更加广泛。象形文字并不是仅存在于墨西哥、埃及和远东地区,它在任何地区都曾经出现过。但是,所有的文字应该具有一个共同的起源,而导致这种非正常发明的情况应该被指出。大约公元前2000年代中期,人们在克里特岛和叙利亚发现了书写有字母的数千种壁饰。壁饰上的字母一方面指代着古代的希伯来语,之后被称为"线性A";另一方面指代着古代希腊语,之后被称为"线性B"。而这种文本几百年前在荷马的叙事诗和《圣经》中就已经成为完善的主题。如此来看,以下事情的发生就不会再令人感到惊奇了。尤利西斯①和亚伯拉罕②在根源上指向同一个人物,特洛伊战争和希伯来军队的组织者是同一个王子。在相同的时代,从地理上看,两

---

① 又译为俄底修斯,是罗马神话中的英雄。在希腊神话中对应的是奥德修斯,是希腊西部伊塔卡岛国王,曾参加过特洛伊战争。——译者注
② 原名亚伯兰,是《圣经》之中的人物,是犹太教、基督教和伊斯兰教的先知。——译者注

种相邻的文化其实是紧密地连接在一起的。也就是说，整个西方文明都是从一个根源上发展起来的。换言之，西方文明是从学习希腊语的米诺斯①闪族发源的，我们首先应该接受这一事实。在基于字母的符号化世界中，我们形成了希腊人与犹太人是同根同源的认知，并由此形成了对哲学与语言学具有内部统一性的认知。

当时，这一具有支配性的非常状态被从这种极度混乱的语言（extreme Sprachverwirrung，德语）概念中分析了出来。像在乌加里特②等相对来说比较小的区域内使用以下相同的语言。与叙利亚克语③、迦南语、阿拉米语和古代希伯来语相同的北部闪族语言，与巴比伦语、阿卡德语、阿西利亚语相同的东闪族语，与埃及语相同的科普特语④，与雅利安语、葡萄牙语、赫梯语⑤等相同的印欧语；与吕底亚语和米诺斯语一样的语源不明的语言。如果试图分析这种情况（《圣经》中描写了建设巴比伦的巴别塔⑥时出现的情况），就不能与我们现在的语言混乱（如非洲和印度）相比较。在当时，即使面对着极度混乱的语言状态，但由于精英居民的存在，他们为了人们的生存创造出了可被共同使用的符号。这也是当时人们为了生存所必须面对的难题。在创造共同符号的意图下，如果硬要使用巴比伦语、阿拉伯语或米诺斯语（如在印度使用英语），那么其结果往往也是失败的。使用混合语⑦的意图也是不成功的，如使用已经消失的

---

① 米诺斯在希腊神话中是克里特之王，米诺斯文明又被称为克里特文明。——译者注
② 古代腓尼基沿海城市。位于奥伦河口之南，即今叙利亚拉塔基亚城北 11 千米的拉斯沙姆拉遗址。——译者注
③ 即古叙利亚语，简称叙语。——译者注
④ 古埃及语言发展的最末阶段。——译者注
⑤ 属印欧语系中已消亡的安纳托利亚语族。——译者注
⑥ 巴别塔被记载于《圣经》的《创世记》中，当时人类联合起来兴建希望能通往天堂的高塔。为了阻止人类的计划，上帝让人类说不同的语言，使人类因语言不通而无法沟通，计划因此失败，人们自此各散东西。此事件为世上出现不同的语言和种族提供了解释。——译者注
⑦ 混合语，即作为意大利语、法语、希腊语、西班牙语、阿拉伯语的混合语在地中海沿岸的黎凡特（Levant，埃及和希腊之间的东地中海沿岸地区）地区使用的语言。——译者注

语言(tote Sprache,德语)(如中世纪的拉丁语)——苏美尔语。因此,人们采取了一种过激的对策——发明字母。

通过对壁饰的观察,我们能够了解事情发生的经过。这些壁饰被统一的字母来符号化,包含由六种语言书写的文本,且这六种文本的信息是统一的。人们如果想要阅读它们,(精通字母的精英)只要能够熟练地掌握这六种语言中的一种,就可以进行沟通了。这些壁饰上的文本在当时根据相应的发音提示被书写出来,所以它们既是字典,也是旅游指南。此时的精英具有十分重要的意义,因为这种交流方式具有高度的抽象性。虽然当时存在如图画文字、通用希腊语①或与世界语类似的符号(这里没有提到手势语言),但由于它们并不十分完善,所以沟通的作用发挥得并不充分。所以,只有字母符号是符合精英需求的。那么,重要的信息具体是指什么种类的信息呢?

我们逐渐知道了这个问题的答案。字母化的精英通过贸易活动形成,而重要的信息与商品的库存目录、船舶的装载目录、明细书及数量和重量的计算有关。我们所谓的气质(Mentalität,德语),即所谓的西方式存在(westlichen Daseins,德语)并不能充分地对上述发现进行评价,因为西方式的存在已经被广泛地程序化了。这使得了重病的字母符号也变成计算与数字的工具。这种变化了的符号是为了适应对数量和重量的计算。字母文字并不是如象形文字一般是为了祭祀并依赖祭祀而存在的符号,也并不是为了王、战士或手工业者、艺术家(与农夫或牧童一样的民众被排除在论述之外)而存在的符号,它们是为了商人而创造的符号。数百年来,字母符号与其他符号间的持续斗争,即荷马和社会通过字母程序化的过程,以及在神圣文本《圣经》的创造过程中兴起的斗争逐渐达到高潮。这是商业与非商业的斗争。如果预言家将图像创作(Bildermachen,德语)视为偶像崇拜(Idolatrie,德语),并加以禁止,那么

---

① 古代希腊地区方言的统称。——译者注

这种行为也算是为了防御那些对抗图画文字和象形文字的商人符号而产生的。同理，哲学家对神话的攻击也可被视作逻各斯对想象性符号的防御。字母中包含的这种世俗化一如我们当今目睹的西方社会的整体历史。

自公元前 800 年，字母开始变得神圣化（如《圣经》和荷马），因此它的世俗化功能便被隐藏了起来。这种世俗化功能后来随着印刷书籍的发明再次现身。我们并不习惯于把从《圣经》到路德①，从荷马到古腾堡②的庄严时代视作封闭的时代（如手稿时代），因为这中间也包含其他重要的时期（如基督教和伊斯兰教的诞生或从东方到西方的中心移动）。雅典的一位市民、卡尔大帝③时期高卢的一名农夫、独裁征服时代格林纳达的一位知识分子，他们的实际生存状况看起来并没有什么共同之处，但从传播的观点来看，他们之间的情况是可以相互比较的。这可以视作字母符号（精英符号）与图像符号（民众符号）的斗争，即计算的（历史的）意识与想象的（魔术的）意识的斗争。对抗仪式的计算、对抗想象的概念和对抗图像的字母是这一时代的支配性主题，这一时代从苏格拉底前的哲学开始，经过经院哲学的进一步发展，最后到达人文主义时代。这就是历史的核心（Kem der Geschicht，德语）。

在这一时代（历史时代）的初创期，字母化的精英还完全没有意识到字母中隐藏的可能性，因为他们还没有学习书写。文人、文学家、诗人和思想家正在慢慢地出现。渐渐地，不但人们对商品目录的记录成为可能，而且对事件、思考和凤愿的描写都具有了可能性。人们不仅使用字母来

---

① 指的是马丁·路德为抗议罗马天主教而进行的宗教改革运动。——译者注
② 指的是约翰内斯·古腾堡，西方活字印刷术的发明人。他的发明导致了媒介革命，迅速地推动了西方科学和社会的发展。——译者注
③ 即查理大帝（742—814 年），也称查理曼、查尔斯大帝、卡尔大帝，法兰克王国加洛林国王，罗马帝国的奠基人。他建立了囊括西欧大部分地区的庞大的查理曼帝国。他在行政、司法、军事制度及经济生产等方面都有杰出的建树，并大力发展文化教育事业。他引入了欧洲文明，被后世尊称为"欧洲之父"。——译者注

描写场景,还使用它来讲述历史。行内字母的鲜明性和差别,以及行发展的直线性,慢慢地渗透到人们意识的内部,并将人们的意识程序化。此时,拥有这些意识的主要是犹太人和希腊人。此时一个重要的现象是,使用字母符号进行书写的最初的文化出现了。例如,与埃及和美索不达米亚平原的文化不同,人们依靠不同的符号形成文化。从通过字母符号生成文化的意义来看,犹太人和希腊人是天生的叙述者(geborene Erzähler,德语)。

更为重要的是,计数和讲述两种方法出现了,即存在两种不同的历史事实。塔木德与亚里士多德的说法不同,柏拉图的乌托邦与神的帝国所记叙的文字具有不同的圆满结局,三段论(Syllogismus,德语)的逻辑和皮尔普尔①(Pilpul,德语)的逻辑也是不同的。我们将历史的核心通过两种不同的信息渠道合成新的信息,并将它们视作两种叙述的对话,如基督教、伊斯兰教、科学和特殊的政治价值等。因此,与其他的文明相比,西方文明具有内部的分裂性和外部的张力。这是犹太人元素与希腊人元素间不断进行(今天仍在进行)内部对话的结果。

但是,我们不能忘记这些字母文本间的对话行为是发生于极少数精英中的。现在来看,这种对话发生在《圣经》和古腾堡之间由沉默和愚钝点缀的长达2 300年的背景下,发生于以魔术的方式生存的大多数人出现之前。文本的斗争仿佛根本无法撼动这些受教育程度不高的民众,实际上这种对话自然是发生在其他的关系之中。异教徒大众(heidnische Masse,德语)不但支持论争的文学家(不断支撑他们并在论争之初赋予论争者意义),而且经常对论争提出疑问。但是,历史没有结论,这并不是因为犹太人和希腊人无法找到应对自己创造的这种历史变形的对策,而是因为支持这些文学家的大部分民众享受那种没有历史结构的存在。

不过,这种情况于公元1500年开始发生变化。从这时起,大多数民

---

① 一种通过大量文本分析来研究犹太教法典的方法。——译者注

众开始接受教育，渐渐进入消除文盲的阶段，即借助印刷书籍的功能，文盲被历史吸收了。由此，在西方文明化的过程中，内部的分裂性与外部的张力进一步强化，西方文明在此后的400余年逐渐席卷全球。这种趋势通过多样化的视角可以被观察到，本书采取如下视角进行解读。首先是资产阶级，其次是无产阶级通过字母化过程被吸收到字母意识中，于是文字内部隐藏的可能性逐渐显露了出来。此外，被字母结构程序化的社会也逐渐展开字母符号的最后结构，即科学和借助科学出现的技术逐渐发展，并成为完全无法被解读的话语，即奇迹（Wunder，德语），从而给人类带来了制约和压迫。此时的人们无法对抗科学与技术，因为他们并不持有可以解读被科学和技术面纱遮盖的字母符号的钥匙。人们在科学与技术面前所产生的无力感，通过字母化的气质，即从西方征服世界的事件之中就可以进行确认。比如，小规模的西班牙人与数十万墨西哥人组成的军队进行战斗，并取得了胜利。这并不能说明西班牙人的枪就比阿芝台克人①的箭更为厉害，只能说明阿芝台克人完全无法理解西班牙人的思考方式。由此，令人无法置信的事件就在现实中上演了。

被称为新时代的这个时期相对来说具有一定的非生产性。具体而言，在工业革命之后，地球表面（Oberfläche，德语）发生了巨变。其结果是生活在18世纪的人与生活在19世纪的人相比，反而与生活在公元前18世纪的人更具有相似性。不过，这种表面之下的生活与手稿时代的生活一样，并没有产生断节。在字母和前字母斗争开始之时，人们常常试图将以前的信息转换成字母符号（如将神话转换成历史）。其结果不仅是宗教和哲学、逻辑学和数学、诗和文学、法学和政治学的程序具有了合理性，更重要的是，在更广泛地区展开的神话性存在为了使意识具有合理性（rationale，德语）而常常更新，并因此进行冒险性的革新。与字母的胜利同时进行的是，科学话语中信息的雪崩开始爆发。科学话语的这种信息

---

① 墨西哥原住民。——译者注

浪潮的源泉,也就是前历史性存在的源泉,是借助印刷书籍的发展而产生了倾泻。从本质上说,被称为新时代的现代性(Modernität,德语)与表象下的倾向,即发展性相反,它迅速变化的结果是为了改变表象(对象、意识形态、风格,即流行①)的形式。在手稿时代,历史的核心呈现出一种缓慢而具有创造性的过程。在这一过程中,被字母符号结构化的新意识维度努力地实现了登顶。与此相反,在印刷书籍时代,这种字母符号化意识试图将世界同化进自己的范畴,但紧接着却走向了预期中的反面,即历史的鼎盛时期出现了。

这里谈及的情况并不仅是对现代性气质的批判,也是一种追悼。从20世纪末的视角来看,前现代的气质正在不断受到神话的威胁,从而使它具有了生产性。现代性本身在说明、理论、历史、尺度等方面具有安全性。这种现代性的自我安全性,即对科学和发展的信任,以及对能够改善世界和生活的理性能力的信任,使人类忘记了现代性。历史意识在自身的鲜明性和差异性中受到了魔术性存在的威胁(如中世纪修道院的僧侣们受到了"魔鬼的诱惑"的威胁),是历史性意识直面世界并赋予了自身开放性。历史性意识的内在安全性(如对掌握了科学方法的科学研究者的信任)也直面世界,但其自身却产生了偏执的封闭性。历史意识的字母化赋予的总体的善意和对前字母符号的克服,使历史时代隐藏的问题再次显现了。这一问题包含两个事实:首先,字母是商人为了自己而发明的符号,用来计数、计算,测算物品重量和数量;其次,字母是世俗化的符号。

这是追悼辞,因为我们的时代对说明、理论、计算、历史、尺度、价值的良好信任已经丧失。我们的历史性意识如同前现代性意识一样,受到了威胁。因此,我们与其从20世纪上半叶的科学家那里去认识自己,还不如从中世纪修道院的僧侣那里去更好地认识自己。换言之,人们对科学

---

① 流行与反流行是社会、政治、经济发展之间的内部分裂性与外部张力相互角力中形成的表象。——译者注

和发展的信任,以及他们能对世界和人类生活的持续改善的理性能力的信任正在弱化,即这些信任的根本正在动摇。人们虽然被字母符号程序化了(或至少我们之中的年长者是如此),却带有恶意(rschlechten Glaubens,德语)。这些恶意能够在某种程度上使人们洞察现代气质的前字母倾向(如心理学分析、社会学分析、统计学分析等)。这就意味着我们能够自己进行观察,因为我们已经站在历史的终结之处,即历史性的存在在我们内部已然破碎不堪。然而,我们依旧站在历史的内部,并且在我们的前方,新的意识维度还没有明确地显露出来。即便如此,能使我们在迷雾中去想象另一维度的断面和深渊已然张开了血盆大口,而这正是我们的危机所在——我们并不是在历史意识之中受到了神话的威胁,而是受到了虚假神话的威胁。如同印刷书籍的发明一样,并不是传统图像侵入了我们的字母程序,而是技术图像渗透了进来。我们的课题并不是将传统图像翻译成字母,而是将字母翻译成技术图像。

三、后字母

我们在美索不达米亚的壁饰上发现的符号是对线性符号根源的探索,同时也是对飞跃这一问题的重要性的凸显。我们用人文的眼光来考察,大体就能够理解为什么作者会对图画进行描写,并且为什么我们必须从传统图像①中飞跃出来。我们也就能明白怎样从传统图像的世界跃入概念的世界,从而与世界相对,并通过飞跃改变自己站立的位置②。如果我们思考这种存在论革命(ontologische Revolution,德语),那么我们会看到一个不可能的结果似乎正成为一个重要的问题。在第一次需要发明概念和概念的行的地方,我们如何实现从传统图像到概念的行的飞跃呢?我们第一次要与符号进行协商时,是如何顺利地将一个符号翻译成另一

---

① 指的是壁饰上的绘画等。——译者注
② 即立场。——译者注

个符号的？以及我们在发明新符号，即发明具有指代其他事物的符号之时，又站立在何处呢？当我们为了描写传统图像而发明文本之时，我们就无法继续存在于传统图像中了，那么我们是不是处于文本中呢？不幸的是，我们知道，在日常体验中，那些不可能的过程并不是重要的问题。但是，我们每天都体验着那种不可能的过程。与站立在历史根源的那些作者一样，我们也需要飞跃，只不过我们朝向不同的方向。我们需要继续发明线性文本，并将线性文本重新翻译成不同的结构符号。我们在翻译的同时也是在发明翻译符号，而且我们并不会丧失原来的一维线性意识，仅仅是跃出这种意识去创造另一种新的意识结构。如果这些是不可能的，那么我们可以说，我们正处于历史的不可能之处。因此，我们与我们的祖先类似，他们能够适应线性文本的出现，同理，我们也处于相似的存在论革命中。

线性文本的发明者为了赋予人生以新的意义，必须适应新出现的情况，因为他们受到了人生无意义的威胁。毋庸置疑的是，他们丧失了对原有意义的信仰。从我们的视角来看，他们无法参与传统图像的符号化世界，这无疑是丧失了对魔术与宗教仪式的信仰，丧失了对想象中存在的意义的信仰。因此，他们需要寻找新的意义，因为旧有的意义不再奏效。同时，从传统图像的世界中跳跃而出并不是多么困难的事情，这导致传统图像的世界也失效了。此时，人们遭受的威胁正是来自无意义。所以，线性文本的发明者从无之中跃出，克服了这种威胁，并用新的线性符号描写图像、说明魔术、谈论宗教仪式。这些符号将赋予图像世界一种新的意义。如此，新的信仰便诞生了——从历史、计数、计算、发展中诞生的新信仰。然而，对线性符号的发明者自己来说，使他们坠入无边深渊的危险是一种无法摆脱的魔力，他们无法体验自己发明的新意义、新信仰。此外，这种信仰对于他们来说是根本无法被触及的。线性文本的发明者无法想象这种发明如何导致了理论与技术的发展和世界的变化，这些概念对他们来说根本无法被理解。简言之，虽然他们为了赋予人生新的意义而发明了线性文本，但那些新意义却是他们自己根本无法使用的。

我们如同过去的创造者那般寻找着新的意义，同时也受到人生正变得无意义的威胁。我们也丧失了对传统意义的信仰，丧失了以线性符号化世界为背景而形成的习惯，我们不再认为发展内部的某一个存在是具有意义的。因此，从文本的世界中跳脱出来是一件相对容易的事，因为传统的意义已经不再奏效。我们所面临的危险是从无意义，以及从无之中的飞跃，所以我们要创造新的意义，即通过技术图像为文本赋予新的意义。不过，如果这种图像成功了，我们实际上就不能体验、分析、评价这种意义了，因为我们再也不能为了我们不相信的程序，如科学性真理的有效性、技术性物质，即历史中的那些程序而被事先程序化。相对而言，我们可以比较容易地从字母印刷的文本中跳脱出来，继而跃入照片、电影、电视画面和红色的信号灯中，但我们试图跃入的世界对我们来说根本不具有任何意义，因为我们试图基于过去的程序而对现在的世界进行程序化。虽然我们不再存在于历史之中，但在历史之外存在的我们，即使每天都在使自己程序化，这种程序化对我们而言也是根本不会奏效的。

我们习惯了对符号化世界的信任，但对世界和人生的线性过程的信任从19世纪中期开始就已经逐渐崩塌了。不过，对它的形成原因进行探讨超过了本书研究框架的设定，所以我们在这里只需要厘清以下事实。一方面，对科学的批判是一项重要的工作（如从观察和对观察的理论性话语的相关关系中来看）；另一方面，对西方文化的基础性前提条件进行批判也是一个重要问题（如对发展的存在论的批判）。作为神圣过程而发展的信仰（在马克思主义中达到最后的高峰便开始走向衰落）也是慢慢地开始对说明和论证等方式产生兴趣的。概括而言，人们失去了对文本的兴趣。这种对故事和历史的兴趣的缺失，从根本上说是在印刷书籍的膨胀下伪装成了奇观现象。在字母开始作为支配性符号的瞬间，由印刷着字母的纸张引发的浪潮便开始席卷而来。从表象上来看，这两种观察似乎是矛盾的，但实际上，这两种观察可以互为佐证。具有价值的文本逐渐变

第二章 传播的符号

少,这不仅预示着报纸、杂志、书籍等的价格会慢慢回落,也预示着说明、故事等以字母为基础的符号化文本的增值空间将逐渐缩小。

在19世纪中期,人们不只是逐渐丧失了对符号化世界的有效性信仰,同时对这个世界进行解读时的典型困难也开始出现了。从那时起,关于故事、说明、讨论,以及围绕着我们的文本的论争逐渐变得令人无法想象。我们借助科学文本逐渐将人类生活的世界破坏殆尽。我们越深入文本内部,就越是无法理解字母化程序的世界观。这对字母来说是一个灾难性的事件。从本质上说,字母是意味着图像(传统绘画等)的符号,是展开、阐释图像的符号,如果字母无法说明图像,无法使图像出现在对应的位置,换句话说,如果字母越是试图阐释这个世界,这个世界就越是让人捉摸不透,那么字母作为传播符号的功能就处于崩溃状态了。

通过对文本进行批判而使人类对文本的世界失去信任,以及文本对图像的阐释功能变弱,这两个事实是互为补充的。我们越是批判《圣经》,那么《圣经》与世界就越不一致;而《圣经》越是与世界不一致,我们就越发批判《圣经》。同理,我们越使用认识论,我们从科学文本中解读出的社会万象就越混乱;科学理论(理性)变得越发无法被想象,我们就会越多地使用认识论。对文本信任的丧失是文本功能弱化的结果,而文本功能的弱化则是人们在信任丧失过程中对文本批判的结果。与此类似的过程出现在字母发明的早期,对想象世界的信任的丧失毫无疑问会引起人们对那个世界批判。这种批判无疑会导致我们在传统图像中观察到幻想之物的扭曲。概括而言,无论在当时还是现在,符号化世界(当时是传统图像的世界,现在是文本的世界)都变得更加具有幻想性了,世界的调解能力变得更弱,从而生出了众多借口。由于当时人们难以实现对传统图像的解读,因此试图努力地分析它们。如今,由于对文本的想象变得难以实现,所以我们应该发明允许将文本变得更有意义的新图像。

文本变得具有幻想性,由此消磨了意义(当然这并非偶然),也因此使文本变得能够被想象,同时使新图像得以发明。这些新图像是照片、电影,是如今越来越被集中地程序化的技术图像的鼻祖。从"革命"一词的真正含义出发,我们有必要对这些新发明的图像进行确认。新图像是重要的问题,无论是基于存在论上的意义,还是基于发生学上的意义,它们都与前字母时代的图像(传统绘画等)没有任何共同点。从发生学的视角来观察,前字母时代的图像是人类最初面对世界后退一步的结果。借助这种后退,人类才成为人类。前字母时代的图像表明的是从世界中陌生化的人类为创造一个人为的世界而进行图画绘制。与此不同,从发生学视角对技术图像进行观察可知,技术图像是面向文本(特别是光学与化学文本)后退一步的结果。换言之,技术图像是科学发展的产物,单纯从技术图像本身出发是无法得出这一事实性结论的。因为这种新图像并不是摄影师试图制造一个与世界有关的图像,他试图创造的是一个与图像有关的概念。前字母时代的图像指示世界,而技术图像指示的则是文本。世界与人类创造的三大媒介——(传统)图像、文本、技术图像的关系如图2-2所示。

世界 ← 图像 ← 文本 ← 技术图像

图2-2　世界与人类创造的三大媒介的关系

摄影师站在作者的背后,作者站在画家的背后,画家站在世界的背后。如此来看,我们与世界之间本就存在距离。如果我们试图描写世界(文本创作),那就必须与图像(传统绘画)保持距离;如果我们试图拍照(技术图像创作),那就必须有用于描写的句子(文本)。所以,技术图像的符号是后字母符号,没有字母就无法发明技术图像。照片的发明这一重要的革命事件渗透进西方人的存在结构,从而使这一事实逐渐凸显。将照片的发明与印刷书籍的出现进行比较,我们会发现无法对它们进行恰当的评价,只有把照片的发明与文字的发明进行比较时,我们才可以如实地评价。但是,到目前为止,我们还没有确认上述事实。如果我们试图认

第二章 传播的符号

识技术图像带来的革命性,那就必须考虑到认知技术图像所需要的学习时间。我们借助拥有100多年历史的照片、电影等语言来讨论什么?如何讨论?我们一次也没有学习过这种语言,它与字母时代的文本语言或与前字母时代的传统图像语言的关系是什么?这样的学习哪怕一次也没有。目前,我们还没有明确技术图像的潜在能力。但是,如果我们能够完全发挥技术图像的潜在能力,在此也就没有必要继续讨论它了。我们在了解技术图像所具有的意义的可能性的那刻起,就洞察了我们所处的文字符号化世界与这种被导入的新符号一起形成的巨大震撼力。我们当前世界到处都有的霓虹灯广告、海报、电视机画面并不能使我们明确技术图像革命的震撼性,但通过观察,无论是第一次还是第二次为我们的人生赋予意义,只要它们能引起我们对这种新描写的反思,就有可能使我们明确这种革命的震撼性。

学习新符号时出现的困难绝对不是技术性的困难,拍摄电影不比写文章或画画更难,难的是如何把握存在于电影与拍摄者(还没有正确站立)的立场之间的维度关系。为了正确地拍摄电影,摄像师应该在观众面前拿着设备、胶片筒、剪刀和黏着剂,站在滚动的历史后面。摄像师不仅应在历史的外部进行观看,而且应该拿着剪刀和黏着剂从外部投入这一历史的内部。然而,摄像师本身是被字母程序化了的,即他也身处历史之中,为了能够在历史中行动而接受了程序化。如果摄像师曾作为一名演员出现在电视剧中,那么如今他应该在外部对演员和电视剧进行操作(编辑)。他不能叙述任何历史,而只能把历史剪裁后再进行分解、组合,然后粘贴在一起。这种行为应该被称为合成。这个过程是十分困难的,倒不是因为裁剪和粘贴十分有难度,而是因为对习惯字母化程序的人来说,从历史中跳跃出来是相当困难的。

同理,对原本的作者来说也是需要学习的,因为关于字母符号,对他来说最重要的不是使用新手段进行描写的问题,而是口头语言的问题,是如何从被口头语言程序化的习惯中跳跃出来的问题。由此可见,在技术图像中，重要的问题不是使用新手段进行描写的问题，而是通过学习来认知新的意义维度的问题。对作者来说，重要的是使用线性符号对场景进行阐释，要知道字母也正是为此而被发明的。对处于技术图像时代的我们来说，重要的是使用电影、电视、投影设备等技术性、想象性符号去展开电影故事，因为这些新符号实际上是在故事与历史出现问题时才被发明的。对于作者来说，在与字母交手的实践中才可以使字母的实质（Wesentlichen，德语）逐渐凸显。换言之，与对场景的解释相比，更重要的是能够生成更多可供实践的具有鲜明性和差异性的线性符号本身。对于现在的装置运行者来说，在与技术图像交手的实践中才可以使技术图像的实质凸显出来。换言之，与讲故事相比，更重要的是能够完成更多任务的、具有新维度形式的符号本身。我们现在能够预感到技术图像可以完成所有的实践，这种预感是充分的，因为我们确信这种新的符号形式能够赋予世界和这个世界内的生活以新的意义。

这种确信在我们的时代（技术图像慢慢地开始替代字母）以隐藏的形态悄悄地支配着西方文化的氛围。第二次世界大战（技术图像开始在圆形剧场型话语结构中被使用）以来，这种氛围就正式被人们接受了（如在被字母程序化的年长一辈和被技术性、想象性程序化的年轻一代之间出现的传播困难扩大了）。由此，我们突然跃入了后字母时代，具体的情况分析如下。

虽然字母文本被创造出来，并且具有与相应解读方法匹配的学习过程，但它正逐渐变得廉价，这成为当前的重要问题。虽然文本世界与过去相比传播范围更广，但这个符号化世界再也无法成为典型。不同的是，技术图像的世界正在逐渐变得强大，并将我们裹挟，因为这个世界包含着新的信息。然而，到目前为止，几乎没有人能够洞悉这种新符号的本质，也没有人学习这种新符号的创制方法。我们的意识还没有达到与这种符号相匹配的意识维度，所以这种符号是十分危险的。换言之，在还没有从本质上明了这些新符号的情况下，我们就已经被它程序化了。同时，这种符号不是将我们与世界连接起来的可视化桥梁，而是作为不透明的墙壁，使我们处于危险的境地——这正是我们当前面临的危机。

第三节　符号的功能运转

过去,人们为了将自己从世界中分离出来,在深渊上架设了一道桥梁,现在如此,将来亦复如此。因此,我们可以看到众多的符号和符号类型(Codes und Typen von Codes,德语)。为了赋予人生以意义,人们在过去、现在、将来都能够把意义投射到自己面对死亡时的虚无缥缈的孤独之中,并且这些意义的数量和类型并无明显的限制。人与他人进行意义协商并交流的可能性巨大,且似乎永远不会枯竭。基于此,我们选择三种典型的符号和意义类型(Bedeutungstypen,德语)分析人们面临的危机。换句话说,在传播人生意义的人际交流过程中,如果仅选择三种类型,那么本书所要论述的重要问题显然并不是一般的符号理论,而是重点强调传播的几个方面。

本书选取传统图像(绘画、图画等)、文本和技术图像这三种符号类型,从发生学角度转向功能性角度,对它们展开论述,并进行完善。本书不再观察这三种类型在数个世纪的连续性和相互影响的情况,而是观察它们如何将我们符号化,以及是否与我们固有的程序重叠。因此,本书不再考察字母的兴衰更替,而是讨论在围绕着我们的符号化世界和我们的意识中,传统图像、文本和技术图像的功能是如何发生变化的(图2-3)。

如果从历史世界观出发,我们可以对图2-3作出如下解读。人类从世界中被驱逐(陌生化1)出去,并通过图像(传统图画、绘画等)的投射试图在裂开的深渊上架起一道桥梁。之后,人类通过存在(Existenz,德语)与图像之间的反馈,获得了对世界的认知(拥有了魔术性意识)。当图像的调解(Vermittlungsleistung,德语)作用受到了妨碍,人类便再次离开(陌生化2)图像的世界。此时,人类又试图通过文本在人与图像的深渊上架

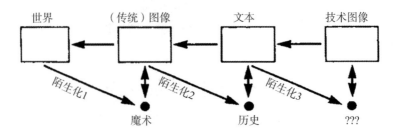

图 2-3 人类传播的陌生化①(Verfremdung,德语)过程和各传播阶段的意识维度变化

① 从词语的角度来看,"陌生化"及与该词有关的词汇均会给人一种疏离感,即陌生的感觉,如外语(Fremdsprache,德语)、外来词(Fremdwort,德语)、排外(Fremdfeindlichkeit,德语)、崇洋媚外(Fremdtuemelei,德语)等。这些词汇的共同特征是均含有"fremd",意为外国的、外地的、异乡的、别人的、他人的、异样的、少见的、陌生的、不熟悉的。而与传播理论相关的有异化(Entfremdung,德语,即马克思理论中重要的"异化劳动"概念和他者(Fremde,德语,西方后殖民主义理论中的重要术语)等。要想阐释"陌生化"的内涵,则无法绕开德国戏剧革新家贝尔托·布莱希特(Bertolt Brecht)的戏剧理论——陌生化效果(Verfremdungseffekt,德语),也译为间离效果、疏离效果。布莱希特指出,"对一个事件或一个人物进行陌生化,首先很简单,把事件或人物那些不言自明的、为人熟知的和一目了然的东西剥去,使人对之产生惊讶和好奇心"。参见[德]贝尔托·布莱希特:《布莱希特论戏剧》,丁扬忠、张黎、景岱灵等译,中国戏剧出版社 1990 年版,第 62—63 页。从布莱希特的《辩证法与陌生化》提纲中可知,他的理论深受黑格尔哲学思想的影响。比如,"人类具有一种能力,在虚构的现实面前能够产生和在现实面前同样的感情";"一般来说,熟知的东西之所以不是真正知道了的东西,正因为它是熟知的。有一种最习以为常的自欺欺人的事情,就是在认识的时候先假定某种东西是熟知了的,因而就这样地不管它了"(黑格尔语)。但是,此处的"陌生化"并不等同于黑格尔所言的"异化"。"陌生化"原指情感上的疏远和冷漠。经过布莱希特的发展,"陌生化"可以作为"破除生活幻觉的技巧"(黄佐临语),不但具有指向戏剧作品的美学功用,而且直指社会生活,从而与马克思所说的"哲学家们只是用不同的方式解释世界,而问题在于改变世界"的实践精神相契合。弗卢塞尔在本书中使用的"陌生化"一词也与黑格尔、马克思和布莱希特等人的理论在精神上一脉相承。每当人类与世界(无论是自然世界还是人为创造的文化世界)变得过于熟悉而沉浸其中,被世界的幻觉、泡影笼罩,即人类与世界之间横亘着黑暗的深渊(障碍产生)之时,"陌生化"功能便开始发挥作用了:一方面,它使人脱离"日用而不自知"的习以为常的状态;另一方面,通过在深渊上架设桥梁(机遇产生),使人类产生新的意识维度,继而进入新生成的文化,对自己展开救赎。所以,人类陌生化的过程就是人类从自然世界中独立并进行人为性的文化生产(人类传播)过程。弗卢塞尔将人类传播过程从前史时代到当下划分为四个世界,分别是自然世界、传统图像世界、文本世界和技术图像世界。同时,人类通过三次陌生化过程从自己生存(产生危机)的世界中分离出来,并跃入下一个世界。与新世界相对应的意识维度分别为魔术性意识、历史性意识和图 2-3 中右下方的"???",即有待技术图像时代的人们去创造的新意识维度。这一新的意识维度被命名为"技术想象的维度",本书的第三章将针对它展开论述。——译者注

起一道桥梁。之后，人类通过存在于文本间的反馈获得了新的认知（拥有历史性意识）。然而，随着时间的流逝，文本开始变得不透明，即文本变得不可被想象，人类因此选择离开（陌生化3）文本。在无边无际、无立场之处，人们试图利用当前的技术图像重新与文本建立联系，并返回文本。这种解读方式允许我们在图2-3中插入时间的决断（Zeitbestimmungen，德语）。其中，魔术性意识大约到公元前1500年为止，历史性意识大约存在于公元前1500年—公元1900年。然而，有趣的是，在人类与世界间起调解作用的历史辩证法可以借此被解读出来。具体而言，人类存在于世界时，他们并不直接属于该世界，而是把世界放进了"括号"中①（可以把世界放进括号，也可以取出来）。人类的意识试图通过否定世界来克服图像中的矛盾。但是，由此诞生了一个新的矛盾——图像与意识的矛盾。在这个新矛盾中，图像的功能为了意识而后退，即它并不是为了调解人类与世界的关系，而是挡在世界前面，把世界隐藏起来。人类的意识是为了否定图像的世界，同时想在文本符号中克服这一矛盾。由此，第三个矛盾诞生于文本与意识之间。在第三个矛盾中，文本的功能为了意识而后退，即文本并不是为了调解人类与世界的关系，而是如同意识与图像世界间的墙一样发挥着作用，目的是让想象变得不可能。被文本程序化的人类意识因为图书馆中墙壁的阻碍作用，就再也无法渗透到世界中了，并且他们也没有必要对失去的世界进行渗透了。此时，意识成了镜子，开始否定它固有的文本。这就是当前的现状——人类通过对技术图像的投射来调解文本矛盾，从而拥有了否定性意识。

这种辩证法（黑格尔的精神现象学、马克思的历史辩证法、叔本华的意志和表象的世界）出现于19世纪，是一种非常有意义的解读方法，即通过自身意识到结构的思考方式。因此，对历史的高度评价意味着历史意识的巅峰，同时也意味着历史意识开始衰落。这里提供的解读方法在

---

① 现象学术语，指的是将问题悬置，不带偏见地再去认知。——译者注

图2-3中命名为"陌生化3"的箭头处再次出现。如果我们跟随箭头的方向,到问号为止,并向前移动视线,即追溯到当前,那么就能摆脱这种历史性的世界观。同时,我们如果能到达图2-3箭头最右端下方的中心位置,就可以作出大体如下的解读。

从我们站立的地方(我们的立场)考察文本,文本会使想象无法成为可能。此外,我们对文本的故事和列举的内容(对理论、具有某种意识形态的说明)失去了信任。我们的文本从此不再能起到调解的作用,因为我们无法在文本背后看到图像。文本并不意味着图像,而我们把自己视作文本的创作者(在古典物理学的另一面,我们看到的不是自然之象,而是牛顿;在黑格尔哲学的另一面,我们看到的不是人类之像,而是黑格尔;在卡拉马佐夫兄弟的另一面,我们看到的不是人类的灵魂,而是陀思妥耶夫斯基)。正是基于此种意义,文本变得透明,但它们的意义(指代世界的图像的意义)却变得不透明。于我们而言,文本的世界变得陌生了,原因是我们将世界变成由自己创造的世界来进行观察了。

当然,一旦抛开文本,我们就能够试着使被它隐藏的图像世界(想象的世界)回归。不过,即便如此,我们认知的那个世界也将不再是我们能够把握的了,因为为了把握世界,在对世界进行想象之前,我们已经被程序化了。因此,除了(通过利用服用大麻或其他具有类似作用的物品后产生的效果)超越文本并奔向魔术的姿态,在人类与想象世界间的深渊之上,只有利用概念才能架起桥梁。超越(Überspringens,德语)深层次意识维度的入侵(Eindringens in tiefere Bewußtseinsebenen,德语)等文本的问题由此变成将一个符号再次翻译成元符号(Meta-Code,德语)的问题。换言之,从我们的情况来看,想象已经不再是为了看到世界并从世界中后退一步的问题①,而是在文本中后退一步的问题②。准确来说,它们是

---

① 指的是拥有魔术性意识。——译者注
② 指的是拥有技术想象意识。——译者注

正好相反的意识运动。

由此,如果我们试图远离概念,并转向想象的方向。那么我们把图像放进括号,或从括号中将它取出来,或讨论超越所有传播而试图跳入具体的世界(konkrete Welt,德语)。以上这些行为都是没有必要的,因为它们都是我们所面临的危机的特征。不过,同时从否定人类存在的这种形式(实存形式)来看,歪曲和不合理的现象明显地出现了,即我们不是意欲得到(wollen,德语)非自然的形式,就是意欲得到神与人类灵魂的神秘一致性。

如果从共时性的视角进行其他方面的考察,那么在图像和世界的方向(如在幻觉状态或印度教祷告的形式中),我们就需要对这种意图进行特别的理解。因为,从悲观的角度来看,我们正试图进一步将自己推向图 2-3 右下角的位置——我们即将掉入疑问的深渊,并且这实际上是我们所能选择的唯一解决方案。具体而言,我们在符号化世界面前遮住了自己的双眼,并且在大多数情况下都是这么做的。这样一来,我们就不会被符号化世界调解,只能任由错误的技术图像掩盖我们,我们再也不能想象、不能把握我们在世界中的生活。不过,我们生活在不能想象、不能把握的世界并不是因为我们站在奇迹般哲学性战栗(philosophischem Schauder,德语)的世界面前,而是因为世界通过没有任何意义的概念与图像遮掩了我们。这种概念与技术图像形成一块银幕,技术图像作为第四个被标识的世界(如图 2-3 中显示的)被投射在银幕上。换言之,意义正逐渐消逝,在当今的符号化世界中,享受没有意义的人生成为可能——这正是极权主义的未来。对此的解决方案是,将技术图像符号握于自己的手中,通过掌握它们而共同投射出新的意义。技术图像的符号化世界除了指代它本身,不指代其他任何事物,因此我们无法了解如何从一个存在于个体或团体的疯狂之中逃脱出来。对此,我们如果不甘于被无法渗透的无意义壁垒困住,就要想办法创造一条贯通这个图像世界的桥梁。

一、图像

本书为图像设定了一个特别的、具有限定意义的概念,即图像是由象征覆盖的平面①。如此一来,这个概念就比日常生活中语言意义涉及的范围更加宽泛,如地图或二维模型之类的平面也适用于此。但是,三维对象,如雕塑或关于舞台的图像就被排除在此意义之外了。换言之,这里的图像指的是一个平面,在这个平面内,所有的象征与在四维空间内的象征具有同样的意义,并且互相具有明确的关系。进一步而言,图像是将具体的四维关系缩小成平面上的二维关系。

自然会存在与上述相反的意见,不过我们可以说,这里的图像并不是指具体的关系,而是试图描述图像中可能存在的关系,即图像并不是要展示实际的、原封不动的世界,而是展示可能的世界或理想的世界。在图像的世界里,不仅有道路地图,还有机械设计图,并且正是这种投射式的图像构成了想象力和想象的本质。对此,我们可以继续探讨下去。具有想象力并不意味着原封不动地观察事态(Sachlagen,德语),而是要考察事态是什么、它应该如何,以及我们应该做什么使该事态成为它应当呈现的样子。

这种辩驳是正确的。不过,它的说服力体现在对具体图像的描写上,并且需要举例论证。我们可以观察到,拉斯科洞窟②中的壁画是有意图的投射。壁画图像的意图不是对具体的实像进行描写,而是对希望的实像的设计(如人们对狩猎的魔术寄予的希望)。这些图像并没有原封不动地描绘矮马,而是描绘了为了猎捕它人们需要做的事情。与此相反,道路地

---

① 这里的图像一般指的是传统图像,是二维平面,如传统壁画、绘画等。——译者注
② 拉斯科(Lascaux)洞窟壁画于 1940 年被发现,位于法国的多尔多涅省(Dordogne)。其中的壁画大多描绘的是对成功狩猎和富足生活的祈祷,用红色、黑色和黄色等色彩描绘了如马、鹿、野牛等动物。它和西班牙北部的阿尔塔米拉(Altamira,1870 年被发现)石窟壁画被称为最有名的旧石器时代的石窟壁画。——译者注

图无法令人感受到任何的魔术性。它并不是给人们展示这些道路应该是怎样的，而是向人展示这些道路实际上是什么样的。当然，这并不是说道路地图不具有价值，它展示的是汽车驾驶者试图从一个城市行驶到另一个城市时应该如何规划路线。如果这份道路地图帮助了驾驶者，那么它就是"好的"图画；如果它表达的是实际路况，那就给驾驶者作出了贡献。同样，这个道理也适用于拉斯科洞窟里的动物壁画。如果这幅壁画对狩猎者的运气有帮助，那么它就是"好的"图像；如果能够表现矮马的身体构造，那么它就对狩猎者的运气作出了贡献。

因此，我们认为大部分（可能是所有）的图像背后隐含着义务论（deontologisches，德语）方面的动机。这一义务论动机给人展示的是图像应当呈现的样子，其中也自发地包含认识论方面的动机。如果不展示这些事物间实际上是否具有关系，我们就不能展示它们应该具有怎样的关系。当然，相反的主张也是正确的，即如果不跟随着使实像变化的愿望去行动，那么我们也无法展示这些事物间实际具有的关系。如此看来，从认识论层面剥离想象的义务论色彩的所有意图就只剩失败了。虽然根据情况来看，所有的图像只能从两种情况中选择一种作为支配性理论，但实际上图像可以既是地图，又是狩猎的魔术。

与上面提出的图像定义相反的另一种激烈的驳论大体如下。很多图像既不是地图，也不是狩猎壁画或住宅建筑的设计图，从创造者的目的来看，它们是令人满意的平面。我们在一般意义上会将这种图像称为绘画。一位画家不是几何学家，也不是设计者，他并没有创造具有效率的工具，而是创造了自己感兴趣的平面。这种驳论我们可以称为具有美学偏向（ästhetisierenden，德语）。与前一种驳论相比，它少了些许正当性，因为为了美丽（或独创性等）的努力可以被视作想象开始没落的象征；因为认为某物是美丽的，并不是要将它变得更美丽，而是要通过美丽的象征将想象力表现出来。对于这个驳论，我们要正视它。

艺术（Kunst，德语）和技术（Technik，德语）的分离是印刷技术发明导致的结果。当图像不再是支配性符号的瞬间，它就变成了艺术作品，即当图像不再是"好的"，不再具有真理属性的时候，它就是美丽的。如此一来，这些图像就变得不透明了。从此，图像不再是为了世界而透明，图像的目的不再是世界，而变成了它本身。当图像在之前还处于被描绘的位置时，它们既可以是"好的"，是具有真理属性的，也可以是美丽的，正如一幅地图和住宅建筑的设计图都可以被认为是美丽的一样。拜占庭时期的圣像并不是因为它是艺术作品而美丽，是因为它被祈祷的人崇敬而美丽。同时，由于这些圣像描写的是超越性（transzendente，德语）的状态，所以如此被人崇敬。字母在压倒图像取得胜利之前，它的美学维度还没有从义务论、认识论的维度中剥离出来。换句话说，所有的图像因为是"好的"设计，是具有真理属性的图像，所以才美丽。

  然而，现在这些图像自身处于衰退中，由于它们一方面转化成艺术作品，另一方面堕落成庸俗艺术作品，所以美学偏向的驳论也就无法站稳脚跟了。那些图画仅仅是被挂在了墙壁上，它们大多也是美丽的，因为它们是人们体验多样化世界的模型。我们不能掉进浪漫主义的意识形态中，而应该将艺术家视作人类的感知器官。进一步而言，我们应该从戈雅①的画作和马蒂斯②的画作中找到观察世界的不同视角，应该将认识从艺术转移到对现实的揭露（Enthüllen der Wirklichkeit，德语）上。今天的图像功能正日益衰退，因为它是体验的模型，所以具有伦理、认识论（以及所谓的抽象性）的属性。例如，当我们谈论低俗的图像时会认为它们具有欺骗性，所以很难涉及什么美丽、独创性、兴趣等方面。然而，无论这些意味着什么，它们都是与信息有关的。对于图像而言，它（所有的东西）提供的信息越多，那么它就越美丽。所以，到目前为止，虽然涉及驳论，但作为从四

---

① 戈雅（Goya，1746—1828），西班牙浪漫主义画派的画家。——译者注
② 马蒂斯（Henri Matisse，1869—1954），法国著名画家、雕塑家、版画家，野兽派创始人和主要代表人物。——译者注

维缩小到二维的关系,图像的描绘却被坚持了下来。我们对世界的意识变化促成了这种变化,而我们对美(信息)的向往也诱发了这种结果。如果我们认可这个观点,那么我们对图像的定义就是没有瑕疵的。换言之,如果我们认可图像就是试图在人与世界间的深渊之上架设桥梁的说法,那么我们对图像的定义就更加无可指摘了。

于我们而言,这种绘制图像的最重要的功能是重新界定了我们熟悉的概念——想象。想象代替了想象力,因为图像(Bild,德语)的意义绝对不包含象(image,德语)的含义。这里所说的想象是一种将四维时空关系缩小到二维空间关系(绘画)的能力,以及将缩小的二维关系再还原到四维关系(解释图像)的能力。当然,这两种能力好比一枚硬币的两面。想象是一种通过图像进行加密,并可以对图像进行解读的能力①。虽然对想象的这种理解与一般的理解相比似乎没有什么共同之处,但它却从本质上证明了我们对想象的定义的正确性。这种定义展现的是与想象及符号有关的一种能力,因此它具有重要的意义。

我们可以通过图 2-4 考察想象是如何发挥功能的。

图 2-4　想象发挥功能的示意图

图 2-4 中有四个象征:一个太阳、两个人、一只狗。这些象征根据图像假设的意义方式,在其中确立的关系如同在四维时空中建立的关系一

---

① 这是一种编码和解码的能力。将四维的时空关系变成二维的关系是一种编码能力,而将二维的关系还原到四维的关系是一种解码能力。——译者注

样。这种关系可以被表述为两个人在太阳下方,一个人在另一个人的右侧站立着,等等。为了使这些象征的相互关系不陷入象征类型(图画文字的重要问题)的诱导,这里需要借助图2-5。

$$H\text{-}O\text{-}H$$

图 2-5 水的化学式

在图像包含的象征中,最重要的并不是图画文字,而是表意文字。图2-5的象征中有两个氢原子和一个氧原子。即便如此,图像中的象征根据它假设的意义方式的不同,在四维时空,即在水分子内产生关联。因此,图像的表现性(repräsentative,德语)特征,即描绘具体关系的事实,是无法通过象征及其意义的有效性而被掌握的。因此,想象创造了相似性,但没有形成解读能力,所以想象是指向想象世界和对象物关系的一种能力。进一步而言,想象是人们对平面上象征物之间的关系进行想象的能力。当我们将图2-4和图2-5翻译成文本(线性符号)时,象征的关系就变得更加明确了。例如,"两个人和一只狗在正午时分散步"和"$2H+O=H_2O$"。一经翻译,上方、右侧、中间等想象的关系在被"去""2""+""="这样的概念性关系替代后就消失了。我们把这种用概念关系替代想象关系的方式称为说明。因此,对想象的疑问也就变成对关系的想象的疑问了。

对于这个疑问,我们可以进行如下的回答,即想象是协商的提出和对协商的肯定。根据协商,当具体的四维时空关系被描绘成二维平面关系时,这种关系就可以被认知了。但是,这种表述令人头疼的原因是人们不能直接认知这种具体的关系。如此一来,这种关系就无法被调解和传达。如果我们不对现状进行绘制也能知道事物处于何种状态,那么我们就不会再去绘图了。想象就横亘于不可知的世界和想要认识世界的人们之间的深渊之上,是通过绘图来架设桥梁的一种调解能力。因此,我们不是为了模仿（imitieren，德语）已经知晓的情况而绘图，而是为了能使人想象无法被知晓的情况而绘图。通过协商的提出和对它的肯定，我们要思考如何表达上述功能。由于具体的情况（konkreten Verhältnissen，德语）不能成为图像的基础，所以那种画稿也就不是与具体情况有关的协商。因此，"具体的"这种词汇也就只能放进引号中了。

这种表达令人绞尽脑汁，因为超越图像去思考它的意义，去思考"具体关系"是十分困难的，是痛苦的。思考实际（Wirklichkeit，德语）的不可能性和思考的必然性是我们在这里要讨论的对象。当我们与集中建构的图像符号进行协商之时，也就避开了这种实际。协商情况如下："实际"是我们将"深度"抽象之后变得形象化了的平面；在"实际"中对"时间"进行抽象之后，就会形成静止的形象。想象就是这样一种描绘实际的能力，而实际指的就是充满具体关系的世界。通过协商，人们被拉进这种关系中，他们因此与原本的自己变得陌生了。概言之，想象来自可以操作的象征和相关的协商，想象是创造特殊符号的能力。因此，正如我们在这里下的定义，想象并不是人们在孤独之中做出的行为，也不是与天赋的才能（Gabe，德语）有关。相对而言，想象是人们为了赋予世界和生活以意义，并与对方进行沟通而使用的方法。我们需要学习这种方法，即学习绘制图像的技巧和解读图像的技术。

我们很难认识到这种技术的人为性和协商的可能性，这种悠久的技术已经把我们深深地程序化了。当我们观照图像时，我们还没有认识到，为了解读图像，我们站在一个与解读更加表象化的符号相似的课题面前，就像使用摩尔斯电码或化学公式一样。我们还没有认识到，在我们整合的图像中，象征"左""上"的这种想象关系就与摩尔斯字母间的关系一样，是一种协商（习惯）的结果。我们在解读图像时也没有认识到这个事实。因此，意识到这一点是十分困难的事情，因为我们已经被程序化了，很难意识到图像自身的协商性、人为性和技术性。图像已经把我们程序化了，并且这好像并不是图像在进行调解，仿佛它们并不是从我们的视角出发指向世界，而是从世界的视角出发投射向我们，即我们不是通过图像来观看世界，而是通过将世界作为图像的背景来观看捕捉到的（与世界有关的）图像。人们就这样被程序化了，同时，在我们意识到这种程序的瞬间，它也就崩溃了。

对于还没有认识到图像协商性的人类来说，世界就好似图像描述的那样。这一认知的内涵就是世界是场景性的，因此人们区分不了实际的世界和想象的世界。对人们来说，图画的世界是经过二维抽象后的实际世界，这个世界是凝固了的（erstarrte，德语）实际的表面。想象的世界在被说出来的瞬间，想象也就受到了威胁（如果柏拉图谈论神话，那么神话就受到了威胁），因为这种人（如幼儿属于原始文化的人）与我们相信的东西不同，他们认为实际是不具有生动感（lebhafte，德语）或丰富（reiche，德语）想象的。然而，与之正好相反的是，通过对酸和碱的图像及文本进行批判的想象（如科学家的想象），它们即使不能溶解，也是更具生动感且很丰富的。对于那些还没有被图像符号的程序妨害的人而言，他们的想象受到了威胁，因为想象对他们来说是在把自己从世界之中分离出来的深渊上架设桥梁的唯一能力。图像的世界对他们来说是调解本身，所以图像的世界发挥的是一种保护（schützend，德语）功能，但它同时使人惊骇（entsetzlich，德语）。

图2-3并不是魔术的立场，对位于右下方的我们来说（因为对被图像符号程序化的人来说，隔着无法到达的距离观看图像的世界），解读图像并不能引起我们多大的兴趣。因此，当我们要研究想象的功能时，我们固有的想象不能忘记这样一个事实，即我们的想象与最早制造图像的人、儿童、原始文化圈里生活的人和文盲等的想象是在不同维度中产生的。

图2-4展示的是我们应该对能够被解读的图像进行描写。从整体的角度观察这一图像，可以看到它是一个包含信息的平面。这些信息是那些持有密钥、对平面上被处理的符号进行解码的人所使用的。我们把这种类型的信息称为共时性信息，因为构成这种信息的要素可以被同时使

用。为了使用这种信息,我们应该分解并分析它们,即要使这种信息的共时性历时化(diachronisieren,德语)。例如,我们为了发现连接这些要素的关系,首先要观察一个男人,其次是太阳,最后是第二个男人和狗。我们可以把这种观察命名为(在电影中为人熟知的)触摸(Betasten,德语)。我们越是经常用眼睛在平面上扫描,平面上被追溯的路就越是弯弯曲曲,我们就越能更好地解读那些信息。我们最初在整体上进行观察时,获得了对可使用信息的印象,随后信息越被反复分析,这种印象也就越被深化。从信息解读的角度来看,图2-4是对想象功能的描写;从信息符号化的角度来看,历时性的共时化成为重要的问题——为了使信息共时化,我们要在平面上将要素组合起来。

为了更好地对想象的功能进行考察,我们需要认识到这种独特的时间结构,即一种回归式时间结构。导致图画组合(Komponieren,德语)的历时性的共时化,以及允许破译(entziffern,德语)图画共时性的历时化,从本质上来看是一种特别的时间体验——时间一边循环(Kreisen,德语),一边旋转。对被图像符号程序化的人们来说,这种特别的时间体验是唯一的时间体验。对他们来说,具体体验到的时间是循环的、回归式时间,即组合与分析的时间(Komposition und Analyse,德语)。

图像内的时间的作用是将平面上的要素联结起来,所以它是平面上(场景内部)流转的波涛。图像的框架则是它内部时间流动的器皿,所以框架本身的功能意味着图像的一个场景,并且它不是时间性(zeitlich,德语)的,而是时间(行动与苦恼、行为与事件)的具体场所。因此,在平面上循环的时间并不是按照时间性(如前、后、其间)而是按照空间性(如左、右、上、下、更大、更小)来整合要素的。时间在这里属于场所的范畴,我们说图2-4中的太阳在狗的前面或在狗的后面都是没有意义的,因为从绘画者的视角①(kreisenden Auges,德语)来看,太阳在狗的前面出现过一

---

① 在绘画者绘画时,他们眼中的图像时间是循环的。——译者注

次,在狗的后面也出现过一次。而试图将线性关系导入解读图像的运动,比如,说第二个男人走在第一个男人的前面,这仅仅证明了将线性思维从我们的想象中排除是一件多么困难的事情。

图像中的时间是循环的想象的时间,播种和收获的时间,黑夜与白天的时间,诞生和死亡的时间。总而言之,从历史的角度来看图2-3,它展示的就是永恒的(ewig,德语)时间,即时间呈静止状态。然而,在想象中使用链条(如因果链条)是没有意义的,因为正如播种是收获的原因,收获便是播种的结果;正如我们用白天来区分夜晚一样,用夜晚也能很好地说明白天。因此,说一个要素在另一个要素前面是没有意义的。正如我们说太阳升起,鸡便鸣叫了一样,我们也可以说鸡鸣叫了,所以太阳升起了。太阳与鸡的关系是历时性的共时化,即共同存在(Zusammen,德语)的意思。换言之,只要其中一个要素不在,人们就无法对另一个要素进行想象。所以,我们同时观察所有要素就会发现,场景内整体存在的所有要素间具有相互的完善性,并通过循环的时间进行空间整合。这些要素都是通过魔术性意识得以实现的,即在场景的整体氛围中体验实际。

如果我们观察图2-5,那这种不能直接接近的意识维度就变得更加明显了。图2-5是循环的时间通过空间来整合所有要素的一种框架,换句话说,我们可以用两种方式将这些要素展开,即"$2H+O=H_2O$"与"$H_2O=2H+O$"。前者表明氢原子和氧原子是原因,后者表示水分子的结果是氢原子和氧原子;前者是把图像代表的场景视作一个综合过程的终点,后者是把图像视作分析过程的一个结尾。这两种方式都是将要素按照时间来整合的。然而,在这种事态(场景)中,与H、O、H这些要素的空间(不是过程)关系有关的信息(本来包含在图画中的信息)则消失不见了。

如果我们将图像的平面与将图像按照线性来说明的行联系起来进行比较,那么我们还是没能把握住"保护和惊骇"(Schutz und Entsetzen,德语)所意味的魔术性意识的氛围。为什么图像具有隐藏性的同时,又是具有危险性的呢?换言之,为什么它们一定要是神圣的?如果没有任何说明，我们则无法看透这个问题。文本"$2H+O=H_2O$"则恰恰相反，它不是神圣的，而是神圣的世俗化。当我们认识到图像中的支配性秩序具有与文本秩序完全相反的属性时，我们才开始感知到想象的神圣气息，即图像的秩序并不像文本那样具有说明的秩序，它具有的是一种权威性秩序。"上"和"右"的关系是一种绝对关系，并且这种关系是崇高的（erhaben，德语），是正确的（richtig，德语）。如果我们辩证地看待这种关系，那么在对"上"和"右"进行探讨时，图像中包含的信息便消失了。图 2-4 中，太阳并不是在狗的上方，而是位于图像的上方，并且太阳所处的位置与狗相比"更高""更崇高""更灿烂"。在这个图像中，太阳与狗具有绝对的关系，并且事先就已经建立好了它们在关系中的确定形式（位置）。换言之，两者都位于正确的位置，循环的时间将图像内的要素正确、妥当地整合起来，即在图像中，按照崇高与卑微、正确与异常、支配性与服从性的位置对要素进行整合。

图 2-5 中，"O"元素处于中心位置，发挥着重要的作用，并支配着整个场景。但是，在化学式"$2H+O=H_2O$"中，我们却无法感受到这种伦理性、美学性（神圣）的气息。

通过图像将自己与世界联系起来的人，借助场景来体验图像的人，是维持在魔术性维度的人。简而言之，对于通过想象来生活的人而言，世界是正确且可怕的。世界是神圣的，因为我们所有人非常频繁地站在这种维度上［我们通过锚定（verankert，德语）在这个维度来强调或排斥其他维度］，因为我们所有人都拥有想象，我们能从图像中感受到世界和人生的神圣。我们将世界作为圣象（Hierophanie，德语）（使神圣感得以体现之物），将世界视作完全神圣、充满价值的。但是，我们对世界的这种看法并不是原始就存在的，而是借助历史藏在说明文本的世俗观念的背后或下方。同时，这些看法不具有图像性。如果我们相信"原来就有的"并不比"之后出来的"更好，"悠久的"并不比"新出现的"更接近真理，那我们就错误地解读了线性符号整合出来的信息关系——这是我们通过解读图像而获得的信息。从历史性来看，魔术性立场并不比历史性立场更差，也并没有更坏，它仅仅是更加悠久而已。相反，那些（尤其是第三世界国家）主张以"更高维度的意识"来征服历史的人，实际上处于意识的魔术性维度，所以他们认为历史性意识是错误的意识，并主张返回魔术性意识。

如果认为所有的树都是一个神，所有的泉眼都是一个妖精，所有的人都被一个灵魂掩盖着，那么从本质上看，这与认为所有的东西都是以看不见的形式结合在一起是一样的。换言之，这种关系使一个图像诞生了。神、妖精和灵魂都具有绝对性，是永恒的，它们都存在于循环时间的整体，是为确立事物之间的关系而起的名字而已。因此，神、妖精或灵魂是永恒的，并且一个图像的要素是能够互相交替的（循环时间能够驱逐这些要素），但这些要素之间的关系都具有不变性。图像世界中的关系具有不变性，这种永恒性将世界变成一个被隐藏的环境（我们可以相信这一点）。把科学对数学基础结构的信任或辩证法哲学对辩证法逻辑学的信任，当作历史意识内部的魔术性遗产来分析，这是十分有趣的。与此相反，世界事物的易变性（Variabilität，德语）、时间迷宫中事物的变形（Wandlung，德语）和徘徊（Wanderung，德语），这些事物的现象性（Phänomenalität，德语）都是令人惊骇并十分可怕的。在这样的图像世界中，生活不停地违背规律，因为生活是变化的。这种变化指的是事物离开图像中自己所处的正确的位置。但是，这种不停违背规律的行为是应该受到惩罚的，即人脱离这种场所（位置）的行为是要遭到报复的。因此，"人生"（Leben，德语）这个词汇的语源性意义中含有"可怕的""令人惊骇的"（entsetzlich，德语）意味，即人或事物从正当的位置上离开，代价就是接受相应的（正当的）报复。如果我们紧跟这种思考过程，那么我们就能追溯到令人吃惊的想象能力。首先，为了认识这不可知的世界，人们调动想象设计了图像（地图），这样就可以通过图像来体验世界，即开始投射图像的范畴。因此，从图像的整体脉络来看，在被图像事先形式化的场景中，人生是可怕的。然而，从可怕之感产生的瞬间开始，图像便服务于人们想要躲避"这种可怕"

的战略。图像（通过有预见性的投射）被当作具有前瞻性的工具（prospektive Projektionen，德语）发挥着作用。不过，即使图画为了使世界变化（使世界具有想象的属性），它也仅仅服务于魔术，即发挥工具性功能。但是，就算这样，想象之路依旧没有终结。如果魔术师仍拿着图像来取悦鬼神并向它们起誓，那么想象的世界仍能作为人类与世界间的一种调解。当图像开始丧失这种魔术性维度（伦理性维度）的时候，它便开始变得不透明。只有人们在通过图像进行祈祷的时候，想象的功能才会终结，即符号化世界把人类从体验的世界中分离出去，并使自身具有了幻影性和幻想性。虽然试图正确地确认某些时间点是十分困难的，如想象变成幻想的时间点、被魔术诱惑的人变成狂人的时间点，以及不再相信披着袋鼠外皮的神婆而相信实际的袋鼠的时间点。但是，毋庸置疑的是，这种从想象到幻想的转换是实际发生过的。我们能从一些文化（如阿兹特克文明）中认识到这种转换，从一些部落中的个人［如偏执狂（Paranoiker，德语）］身上也能看到这种转换。

如此一来，通过从想象到幻想的转换，在危险的集体中和个人坠入疯狂的情况下，线性文化的发明作为救赎的可能是可以被明确地感知的。线性文化的意图就是让变得不透明的图像再次透明。在被预言家称为偶像崇拜（Idolatrie，德语）的现实中，概念性符号的转向是将人类从危险的疯狂（如法西斯时代的疯狂）中解放出来的重要方式。图像世界里的这种骇人变化具有梦幻般的氛围，虽然图像本身不会再作为魔术来发挥作用，但这种氛围通过强制性的仪式越发僵化了，图像的这种氛围也变成地狱般的氛围了。对这种氛围进行探讨是必要的，因为想象的功能性变化是一个重要的问题。

二、文本

第二次质的飞跃在图 2-3 中被命名为"陌生化 2"，但这次的陌生化与起源（Ursprung，德语）即"陌生化 1"阶段不同，它并不是极端

(Radikalität,德语)的。我们在未来能够更加明确地体验到第二次质的飞跃,但我们无法从存在论上接近第一次质的飞跃的图像制造者(Bildermacher,德语)。这是因为当我们曾经是图像制造者时,我们是无法观察到自己曾经做过的事情的。反思(Reflexion,德语)是从第二次飞跃开始才成为可能的。此时,我们能够相当准确地回想起第一次成为作者的时候,因为在那时(在小学一年级我们画细线和粗线时,即当我们已经被字母符号化时),我们能够观察并反思我们做过的事情。第一次质的飞跃产生于传统图像时代,如果试图对想象变为幻想的发狂的过程进行陌生化并寻找新的意义,就只有越过深渊,实现第二次质的飞跃,进入图2-3所示的第二个世界,即跃入文本的世界(图2-6)。

图2-6　从传统图像世界到文本世界的飞跃

图2-6展现了儿童天真烂漫(而不是说与儿童一样幼稚)的单纯性。这并不是说图2-6呈现的象征很幼稚,因为图的右侧是为了描述图的左侧,即为了生成文本而进行规则的整合。然而,这个过程具有儿童般的稚嫩气质。将图2-6左侧的象征顺序打乱,然后按照任意顺序从左到右排列成行,显示为整合的结果,即对象征物进行明确的分离。从习惯上来看,对图像进行描写是更为复杂的,因为描写的文本象征与被描写的文本象征不存在任何共同点,而且描写的文本的正字法规则比图2-6展示的例子更为简练。

图2-6展现出如此的单纯性,是为了让人们对从传统图像到文本的飞跃过程一目了然。在飞跃中,最重要的是独特的姿势,即飞跃并不是通过人的两条腿实现的,而是通过双手去行动的。换言之,就像将毛衣的线全都拆开一般,我们使用双手将图像撕破,然后从图像中实现飞跃。具体

而言,通过双手将图像的平面展开成文本的线,并将其发展、延长,按照线的进程加以扩展、说明;或者将这种平面变成一条条的线,从而将场景变成碎片,并且为了能在说话的过程中进行分析,我们也可以选择某些动词。

从理论上而言,一个平面上可以存在无数条线,所以存在这样的驳论,即认为展开平面其实是不可能的事情。但是,试图展开平面的意图并不是将平面变成行,因为将平面中包含的所有线变成行并不是核心的问题,为了将指代要素关系的线变成行所进行的符号转换才是重要的。这个问题并不具有几何学的性质,而是具有意义论的性质。换言之,这种转换是将想象的关系变成概念的关系。为了解读它而设计的图2-7就是在意义论的框架下对图2-6进一步单纯化处理的结果。

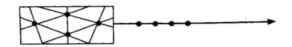

图2-7　从想象关系到概念关系的飞跃

图2-7的左侧描述了图2-6中四个象征要素的关系,右侧直线部分则展示了图2-6的文本是如何将这些象征关系解体,以及如何解开文本中的秘密的。这种从左侧到右侧的转变,是尝试通过寻找对策来摆脱由左侧部分生成的疯狂的威胁,即通过右侧文本的鲜明性和差异性来摆脱左侧疯狂的威胁。图2-7还展示了为了通过概念(概念性符号)的鲜明性和差异性来摆脱(由想象变成幻想而带来的)疯狂的威胁,人们是否要付出代价,以及是否要持续地付出代价。这种代价指的是意义的枯竭(Bedeutungsarmut,德语)。

与二维符号相比,线性符号能传达的信息更少。因为,其一,线性符号只能通过一种维度来整合自己的象征;其二,与二维符号指示的关系相比,线性符号指示关系的参数(Parameter,德语)更少。我们从描写的经验中可以看出,描写一个小图像时,即使进行不完全的描写也无法保证在几页纸内极好地把它表述出来。我们也可以想象一下,若对地理学的地图进行描写,如果将与它相关的所有信息都描写出来,那么用文字印刷出来的图书需要多少本啊!图2-6左侧的想象性关系代表着上、下、左、右、中间、侧面等,右侧则仅包含一个概念的关系,即"然后"(und dann,德语)。我们对图2-6可以进行如下解读:左侧部分可以解读为"两个人和一只狗在正午时分散步",右侧部分可以解读为"太阳和男人,以及男人和狗"。当然,我们也可以针对图2-6和图2-7提出驳论,因为通过将图像翻译成文本,意义的枯竭性就呈现了出来。例如,如果我们将图2-5拆解成"$2H+O=H_2O$"进行考察,那么作为想象性关系的"右""中间"和"左"就被不具有任何意义的概念性关系"+"和"="替代了。同时,正如我们这里所举的例子一样,对没有被符号化成图画文字或表意文字的文本进行考察,如字母文本,我们就不能讨论意义的枯竭,因为字母文本承载的是文本蕴含的口头语言的意义[1],并且这种意义在所有的口头语言中都是相当丰富的。

我们可以对上述例子进行如下的分析。如果将一个图像翻译成字母文本,即要对图像进行说明,那么理论上我们是要将图像包含的所有意义都转移到文本中。只要我们能够充分地书写,在文本语言中尽可能地发现或创造与之相应的词汇就可以。但是,此后如果要对我们所写的东西进行考察,可以确认的便是,图像包含的所有维度都会在我们手中消失。换言之,正如前文所说,"神圣的维度消逝了"。具体而言,如果我们对图2-6中的太阳和狗的关系进行说明,那么就必须将"上""庄严的""下""崇高的""耀眼的"等词汇置于字母文本。虽然我们能够将这种词汇任意地拉长并展开,但想象中蕴含的关系却消失了。图2-7试图将文本的逻辑性分析展示为概念所要指向的东西,并呈现为展示图便于人们观看,即

---

[1] 在作者所举的例子中,文本承载的是图像的意义。——译者注

试图将线性关系缩小成更小的类型（将线性关系变成一种单一类型，如"如果……，那么……"）。即使线性符号利用它指代的口头语言的丰富性来隐藏意义的枯竭，但从结构上来看，与二维符号相比，线性符号具有的意义更少。

要想从图像想象的疯狂中将人们救赎出来，仅从意义枯竭的角度来确认我们所要付出的代价是不充分的。线性、概念性符号是平面的，是想象性符号枯竭的表现。同时，这种枯竭存在于线性符号的意图中。线性符号[笛卡尔话语式（diskursive，德语）符号法则使用的算数符号]的鲜明性和差异性是对想象性符号的混乱和泛滥进行对抗的方法论结果。因此，概念性（被文本程序化）的思考正如一些浪漫主义者欣然主张的那样，与想象性（被图像程序化）的思考相比，并不是以一种更为枯竭的方式进行的思考。正好相反，只有在想象性思考如癌细胞扩散般猖獗时，概念性的思考方式才开始在实际中运作。所以，从图像到线的飞跃是为了救赎那些经历着想象的泛滥并饱受其折磨的人们。此外，这种飞跃是制约（质疑）固有想象的一种方法。所以，我们不能说笛卡尔比画画的人具有更少的想象，而只能说他具有更丰富的想象。正因为如此，笛卡尔才能将二维的几何学翻译成线性的方程式。由此可见，书写并不是缺乏想象的表现，而恰恰相反，它是想象丰富的表现。同理，鲜明性和差异性（如没有幻想的批评家所主张的一样）并不是枯竭的象征，它们只是"除掉了变得茂盛的杂草"。

我们可以简单地概括上述讨论，即所有的文本都意味着图像，没有图像就不存在任何文本；或者说，文本是对图像的描写、说明、解体。但是，这种简单的表达只是在没有其他补充说明的前提下才可以被提出来，因为这种表达看起来与我们的经验互相矛盾。我们书写和阅读的字母本书看起来似乎并不意味着图像，而是意味着思考（Gedanken，德语）的内容。或者我们可以进一步批判地说，字母文本看起来似乎意味着口头语言。基于以上的分析，这一事实就变得十分明确了——口头语言并不是字母文本的意义,但字母文本是为了使人们更好地理解图像的意义而形成的功能性符号。口头语言、图像和文本的关系可以概括为图2-8。

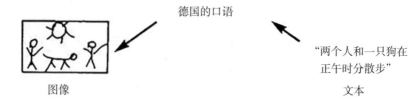

图2-8　口头语言、图像和文本间的关系

图2-8呈现了这样一个事实,即口头语言作为前文本促进了字母文本的生成。据此,我们可以得出两种结论:一是讨论这幅图像与描写这幅图像是完全不同的传播方式;二是字母符号与口头语言符号的关系比我们一般所想的更为复杂。

图2-6、图2-7和图2-8是"用显微镜"去观察图2-3中"文本"与"传统图像"间箭头所呈现的内容。传统图像与文本间横亘的深渊是我们用概念进行思考的瞬间,通过这些插图呈现出来。当然,这个深渊是需要我们长久反思的主题,并且这个深渊可能就是主题本身。笛卡尔的出发点正位于横亘在算数与几何学间的深渊,对于笛卡尔而言,要依靠神的帮助才能够跨越这个深渊;对于康德而言,他的出发点位于横亘在纯粹理性与实践理性之间的深渊。与上文的复杂论述不同,我们从功能性的形式中可以提出这样一个问题——我们是如何进行文本阅读的?

如果结合对图2-6的考察,那么我们的回答可能是人们在解读文本时采用的方式与解读图像时使用的方式并没有什么共同点。解读图2-6左侧的图像(平面)时,我们需要通过之前提及的方式(在绘画者眼前进行循环的方式),即一边循环一边旋转的方式;解读图2-6右侧的文本时,我们的目光沿着行延展的方向移动。换言之,图像在平面内将信息展开(共时化),但这个顺序在文本中是相反的。文本是依照顺序逐次展开各个元素,像石头、谷粒(Körner,德语)和比特一样,将信息在行内进行分配(历时化)。"读"[(Lesen,德语)在语源上与"挑选"(klauben,德语)一词同源]就是挑选谷粒,并把它们聚集在一起。同时,我们只有在行(Zeilen,德语)的末尾选择完所有的谷粒之后,信息才可以被使用。在这些信息选择行为中,比特的汇聚意味着分析,石头的累积意味着计算,而书写则与硬币的另一面有关,即它是为了分别将要素在石头、谷粒、比特中排列成行,并从想象的脉络中将要素撕碎(图2-6)。简而言之,构想(Konzeption,德语)就是把想象关系在由比特形成的行中进行解体(将这种关系历时化),并将比特进行综合(将比特再次共时化)。综上,对横亘在图像与文本之间的深渊可以进行以下说明:通过用上述方法重新共时化的比特来表示图像,但并没有重构图像。

我们在谈论想象的时候,会将一个平面的组合和触摸①(scanning)视为重要的问题。与此相反,构想是将平面碎片化(合理化),将碎片像线一样拉长(计算),并最终将这些碎片聚集成整体的信息(构想)。这种复杂的写作与阅读姿态无疑为人们更准确地进行现象学研究作出了贡献,它可以借助文本程序化的存在形式发挥作用。我们不但可以从现象学出发对文本符号进行体验,也能通过词源分析对文本符号进行体验。例如,对于与文本功能相关的德语单词"掌握"(begreifen,德语)、"书写"(schreiben,德语)、"计量"(zählen,德语)、"计算"(rechnen,德语),希腊语动词"书写"(graphein,希腊语),以及拉丁语动词"聚集"(legere,拉丁语)等,都可以从词源上被研究。掌握(对图像进行思考)的能力是通过研究更好地进行意识渗透(自己可以更好地掌握)。遗憾的是,这样的意图超出了我们在此处的讨论范畴,下面的论述仅集中在阅读和书写的一个方

---

① 触摸,即通过五感中的触觉进行感知。但是,作者在该词后补充了"扫描"一词。这表明他在此处论述的是一种视觉性的触觉,人们通过这种感知对想象力进行投射,最终形成想象性认知。——译者注

面而已。

我们阅读的时候依靠眼睛，书写的时候依靠手（笔、打字机或其他辅助工具），并沿着文本的行展开即可。但是，这是一种不太正确的描写，因为善于阅读的眼睛可以进行跳跃（überspringen，德语）式的阅读。这里指的是不需要阅读所有被罗列出的象征形态（如字母），眼睛就能进行一些推测。同时，阅读价值不高的文本实际上已经并不是重要的问题了，在文本数量激增并面向大众迅速没落的当下，为了成为主宰（Herr，德语），我们发明了允许眼睛迅速横穿页面到达底端［所谓的"对角线阅读"（diagonale Lesen，德语）］的阅读方法。然而，这对阅读的不正确描写（沿着行进行滑行），以及我们如何理解线性符号的功能的理解产生了决定性影响。这种描写是从原则上将想象的事态变成了一种经过（Vorgänge，德语），将想象的场景变成了一种过程（Prozesse，德语）。简单来说，就是将循环变成滑行（Gleiten，德语），这对我们理解文本而言是非常重要的。

我们能够把书写视作将循环的想象时间弯曲成一条射线，而阅读可以被视作跟随以线性推进的时间并到达时间的终点。然而，此时我们仍无法弥合图像与概念的深渊，因为弯曲成射线的时间已经成为另一种时间。这个时间不仅把画框炸开，而且完全抹除了它。文本也能被放入框架，但那种框架阻挡不了通过行而流动的时间（如悬挂在小市民家客厅中的刺绣上的格言不再是图像）。为了整合要素，弯曲的时间不再在平面上流动，而是清晰地、无界限地流动（从过去到未来），并在这种流动中对要素进行整合。整合要素并不是按照"上""右"这种时间范畴（循环的时间），而是按照"前""其间"这种时间范畴。这就意味着这种时间关系具有线性、链状的形式，并且这种关系不意味着位置，而是意味着事件。

我们不能认为文本时代（历史性时代）中存在的或多或少的具体时间形式就一定比图像时代（魔术性时代）的时间形式更重要。两者都是一种约定，我们现在已经开始从文本中分离出来了，所以我们忽略了这个事实——无论是不是具体被体验的时间（这里的时间是具体的，所以我们不能将它符号化），它不是线性的，而是来自四面八方的。这种时间不能从过去流向未来，因为它到达的是未来而非过去。"现在"不是时间光束上的一点，因为"现在"是所有时间的积累（ansammelt，德语），它成为的是"现在的场所"。从另一个视角来看，历史性时间并不比魔术性时间更抽象，因为历史性时间与魔术性时间一样，将我们具体的体验较好地事先程序化了。我们对魔术性时间和历史性时间都很信任（glauben，德语）。在两种时间结构中，重要的问题是两种互相不同的符号结构，即整合象征的规则。

然而，这种认识丝毫不能淡化线性符号化信息可能会给接收者程序带来的实际冲击，因为这些使用者生活在与魔术性氛围完全不同的环境之中。换言之，他们对世界的体验不再是场景性的，而是事件性的，这也意味着他们体验的时间是无法逆转的时间。丢失了的所有时间对他们来说注定是要消失的，无论什么时候也不能再回头，每一次收获都是收获链条上的唯一一环。如果"再生"是可能的，那么它也不是对第一次诞生的反复，并且死亡的唯一性也是无法被抹除的。隐藏（保护）与惊骇同时被替代，人生在文本构成的世界里充满了戏剧性，因为在这个世界中，为了防止人们离开所属场所而遭受报复并不是重要的问题，重要的是人们应跟随着时间，历史地走下去。人们也将此称为正义之路、治愈之路、发展或其他什么。历史性意识的范畴不再需要被更正确地整理——只要我们具有字母属性①，即使我们说我们认识到了这种范畴的习惯性，我们也依旧会与这种范畴共存。

因此，通过把图像翻译成文本，人们获得了完全不同的意义。由于想象的增长（Wucherung，德语），来自幻想的疯狂的威胁已经被规避了。我们一步一步（一行一行）地将所有的图像进行了说明。据此，我们不仅是为了将图像的时间变得更加透明，同时也通过被文本符号化的世界

---

① 指文本属性。——译者注

(Texte kodifizierten Welt，德语)对世界进行了全新但非想象的意义投射。文本世界不仅是作为图像世界与人类之间的调解者登场的，也是为了能更简单地指示世界进而粉碎图像世界。历史性意识是超越魔术性立场的立场，这意味着我们要将魔术性立场牵引到新的维度，从而赋予它新的意义。

在上面的论述中，我们悄悄地窥见了乐观主义，特别是在"新的"这种词汇中体现出的乐观主义。从根本上说，图2-3的陌生化箭头(陌生化2)对滑向图右侧深渊的人类来说已经不再适用了。这证实了构想已经与想象一样，正日益变得泛滥；证实了文本与传统图像一样，已经变成幻想的事实；证实了由书籍泛滥而导致的壁垒内已充满了疯狂。文本已经变得无法被渗透，被这种文本程序化的存在便逐渐疯狂。对这种疯狂的展示有众多的方法，例如，按照意义，我们可以从逻辑上分析文本，并且我们能像维特根斯坦一样展示文本的同义反复(tautologisch，德语)或矛盾性(自我矛盾)；我们能展示文本的假设意义贡献了语法的错误，即由符号错误操作的事实；或者，我们根据文本的意义进行意义论的分析；我们还能展示，自休谟以来无数的认识论都是如此，线性符号的所有规则(思考方式)，特别是因果链条的规则，都来自象征的前后排列(post hoc ergo propter hoc，拉丁语)，所有的文本从本质上说只不过是在陈述自己。我们要在文本功能中考察一种存在[书虫(Bücherwurms，德语)]的无意义，就没有必要像在哲学分析中那样使用锋利的解剖刀。当人类与文本的关系开始转向时，我们不再通过书籍来认识世界；恰恰相反，在我们将世界当作书(natura libellum，拉丁语)的瞬间，我们会从自身和他人身上体验到文本调解的中断，并且事实上壁垒就开始形成了。其征候就是，文本的信息变得不可想象了。

在阅读本书时，只要我们想象什么(想象指代着图像的文本)，文本就利用图像来调解什么，这种调解正是文本的意义。线性符号在它指示的图像中越独立，那么人们在阅读时制造的图像就越复杂(如读方程式时)，而且文本的意义也变得越具有不确定性。在阅读时,我们不仅无法制造图像,还在错误地制造图像的(如读物理学方程式)瞬间,这一文本的所有意义也就消失了。文本并不渴望去展示除图像外的其他之物(如具体的关系),因为线性符号除了图像象征之外,无法指代任何事物("概念的"只能意味着"想象的"),并且为了在线的内部解析图像符号的规则,才协商出线性符号的规则。正如康德所说,"纯粹理性的范畴"仅能被用作观照的形式。任何形式的论争都不能遮盖无法想象的文本不能意味着任何事物这一事实。

当然,针对上述内容,我们可以从多个视角提出驳论。相对而言,可以简化为两种:驳论一,线性符号的特点是图像逐渐走向自律,这并不是意义的消逝,而是意义的扩张,如"$\sqrt{2}$"的概念是不以任何想象为基础的新概念;驳论二,我们可以学习从概念中制造图像,因为想象不仅能刺激构想,还能通过构想受到刺激,比如,一个字母不能画出$\sqrt{2}$的图示,但数学家可以办到。驳论二虽然很重要,但它却脱胎于一个错误的想法。我们从概念处习得方法后,绘制出来的图像并不是概念,而是概念指示的意义。图像首先赋予概念以意义,并因为受到构想的刺激而设计出关于图像的想象——不是被放在概念与世界之间,而是被放在概念和与概念疏离的人类之间。因此,这种第二次(不是意味着场景,而是意味着文本)创造的图像与第一次创造的图像得以区分,把这种第二次创造的图像叫作技术图像会更好(图 2-3)。接下来,我们将讲解驳论二。

与驳论一进行关联后进行考察,我们可以得出一个结论,即驳论二仅仅是一个形式性的驳论。下面的论述才是真理:我们通过发挥不代表想象的概念的功能,获得了可以想象的意义,即创造原子弹的方程式是由无法想象的象征构成的。但是,我们无法将通过这种方式形成的方程式文本视作无意义。此时,当魔术师不再把图像当作地图(Landkarten,德语),而是当作魔术道具(magische Instrumente,德语)使用时,我们将位于这位魔术师所站立之处。换言之,原子弹发挥着功能,这意味着虽然魔术师生产的文本具有意义,但原子弹本身在非同寻常的(seltsamen,德语)意义上是不可能被想象的。同理,这也适用于电视机和汽车。简而言之,这适用于大部分现在及未来的技术产品,所有的这些东西都是黑箱(schwarze Kisten,德语)。因此,驳论一从本质上证实了矛盾的存在,即无法想象的文本意义便是"疯狂"。如果这种文本发挥作用(如技术性文本一样),那么文本就导致了疯狂的符号的出现,从实际产生的意义上看,就是使更加陌生化的符号(技术性客体)出现。

如果更坦率一些,我们就应该认同这里讨论的两方面正是我们所面临的危机的征候,即如果文本变得无法想象,那我们必须承认,面向世界的文本正变得不透明,同时这种走向不透明的倾向存在于线性符号的张力之中。不过,这种不透明性和纯粹概念性的倾向不能由于简单地使用了"疯狂"或"陌生化"等词而被忽略。我们应该承认,这是自文本发明以来,历史通过操纵它而达到的一个目标。

当然,在所有的线性符号中,字母符号是在历史中最具有影响力的,因为围绕着我们的大部分文本不仅是在字母中被符号化的,最根本的是字母鲜明地将我们的生活符号化了。在这里被我们诊断为具有危机征候的文本的不透明性(文本的不透明性持续增强),在文本符号中的程度是最轻的。如果科学的符号是由表意文字或由表意文字与字母混合形成的,那么这些符号比单纯的字母文本能调解的可以想象的信息就更少。即便如此,与其他所有的符号相比,字母符号都处于更明显地没落的阶段。因此,文本的不透明性并不是显示历史性意识衰落的唯一征候,它不能成为文本朝着幻想转变的唯一原因。

三、技术图像

人们自小学就开始学习,所以能够写作和阅读。虽然我们没能意识到这一点,但所有人都画过画,并对画作进行过解读。这是因为我们在还不能意识到这一点的年纪,就已经学会解读图像的方法了。与此相反,我们不需要任何的附加说明就能作出一个判断——我们之中,无论是谁都不能理解在技术图像符号中已经被加密(verschlüsseln,德语)的信息。这是因为我们都还没有学习过技术图像符号。即便如此,我们也相信,就算不去学习这种加密的信息也能解读它们,如理解电影、批判电视节目,甚至看懂 X 光片。然而,在这个世界中,秉持这样的想法是一个危险的错误。

这类错误伴随着以下前提,即世界中存在两种类型的图像,一是人们创造的传统图像,二是装置创造的技术图像。传统图像是人们想要将看到的场景捕捉出来而制造的平面,技术图像是在特殊装置的辅助下制造出来的捕捉场景的平面。我们可以对这两种前提作如下描述(图 2-9)。

图 2-9 传统图像与技术图像的对比

传统的图像是主观性的,即在场景中基于一个人的视角进行捕捉;技术图像是客观的,即场景是客体自己创造的。换言之,传统图像是象征性的(symbolisch,德语),我们需要了解图像中出现的要素的意义,是绘制图像的人为被描绘的场景赋予了意义;技术图像是征候性的(symptomatisch,德语),技术图像中出现的要素是被描绘场景的痕迹(征候),我们即使不学习也能理解这些痕迹。我们或许可以在此处作这样的总结:因为传统图像与它描绘的场景间站着一个人,所以场景与图像直接结合的可能被中断;技术图像与场景间没能被因果链条中断,所以技术图像就是场景的直接结果。

然而,这种单纯的错误是十分危险的,从围绕着我们的符号化世界一眼就可以推论出来:海报或电影杂志上的照片就与客观的图像类似,它们是实际情况的征候,并且它们就像描绘场景的结果①一样而被使用着。此外,我们认为在解读它们之前并不需要学习。这一想法为这些图像引起的陌生化作出了贡献。

当然,场景、图像与人类的实际关系比图 2-9 中展示的更加复杂。图 2-9 左侧的传统图像可以参考前文②对传统图像的论述,右侧的技术图像则需要借助图 2-10 来进行完善。

技术文本 ⟷ 装置-操作者复合体 ⟷ 技术图像

图 2-10　技术图像的生成

一个特殊的线性、技术性文本的产物是照相机。摄影师在阅读照相机的使用说明后就可以进行操作了。照相机的内部有一个镜子,对摄影师而言,他在镜子中看到的场景就像是对他所站立之处的再现。摄影师按照文本的指示进行操作,一张照片就是这一操作的结果。这张照片就像是摄影师在镜子中选出来的一样,照片中的场景就是他所描绘的平面。

这当然是对照相(创造技术图像)时主客体的实际关系进行的非常简单的叙述。然而,为了消除前文提到的单纯的错误,我们首先从下面这一点来展开叙述的理由是十分充分的。在技术图像中,客观性、征候性,或者说实际情况与图像的因果关系是不能成为讨论对象的。同时,很明显的一个问题就是,要解读技术图像背后隐含的协商是相当困难的。为了避免这种可怕的错误,对图 2-10 进行解读仅仅是一个出发点而已。

在图 2-10 中,我们能够试图考察图 2-3 中技术图像与文本相结合的箭头,并对它展开分析。此时的困难仅仅是图 2-10 在被放置于图 2-3 之前,我们面临着一个明显的问题,就是需要被讨论的另一个要素,即装置-操作者的复合体被悄悄隐藏起来的事实。为此,我们至少要对技术图

---

① 作者说的"场景的结果"是指传统图像。——译者注
② 详见第二章第三节"符号的功能运转"中的"图像"部分。——译者注

像的概念作出一个临时的(vorläufig,德语)定义：技术图像是由象征着线性文本的象征所覆盖的那些平面。

由此可知,技术图像是图像的一个种类(Gattung,德语)。在图像的认识论、伦理和美学层面进行的论述同样适用于技术图像。例如,人们在胳膊骨折时拍的X光片上的图像(地图)对于思考如何治疗胳膊的医生来说是一种模型,并且这一图像是真理,是"好的""美丽的"。又如,人们追求具有独创性(Originalität,德语)和自我表达意图的短暂审美效果。所谓的视频艺术(Videokunst,德语)是指录像带是"美丽的",因为它既是地图,又是模型。如果我们不能认识到这一点,也就无法认识技术图像符号的本质。总结而言,关于技术图像的定义就寓于其明显的特殊性(如这些图像的动态特征或视觉维度)之中。这里有一个重要的问题,那就是要证明技术图像是一种图像。

这种定义明确了在创造技术图像的方式(通过装置)、形成它的物质(如真空管)及其自身的结构中(如将若干部分轮流展开)都无法找到技术图像的特征,这些特征存在于它的意义之中。因此,并不是说多样化的技术图像的这些特征不重要;正相反,如果想要理解我们的危机,那就不能忽视这些特征。不过,由于技术图像与其他所有图像一样,都是一种象征,所以它们都具有意义,特别是具有与其他图像有差别的意义——技术图像并不意味着场景,而是意味着概念。从存在论上看,技术图像和传统的其他图像是处于不同阶段的。技术图像的起源与传统图像完全不同,它是具有革命性的一种新符号。

然而,我们在这里提出的定义并不是关于技术图像的创造,而是想要通过明确定义的解释标准,使技术图像得以升华。此时,"技术图像"这个词汇就具有了比传播学者(符号化世界的其他批评家)所协商的范畴更加广阔的范畴。它不仅指通过技术被创造出来的图像(如缩微胶卷、幻灯片、录像带、望远镜照片等),还意味着这个概念或多或少地包含传统图像(如图纸、设计图、统计曲线或文本中的图片)。一张照片被称为技术图像，不是因为它是通过技术被创造出来的。例如，一张照片中显示的月球表面不是通过精密的设备被拍摄下来的，也就是说它不是场景，而是概念；这张照片不是月球表面的概念，而是意味着天文学文本的概念，是作者在月球表面试图创作的图像的概念。简而言之，我们之所以提出技术图像的定义，是为了能够更简单地对这种符号进行操作，当前我们很难在本质上理解符号。这也说明了为什么这个定义是临时的，它只是一个论述的假设。

这一定义的暂时有效性是以技术图像和表意文字（Ideogrammen，德语）间奇特的有效性为前提的，两者都是代表着概念的图像。对于技术图像和表意文字来说，虽然通过明确的论述将"概念"一词包含的直观说服力翻译出来有些困难，但对于两者而言，"概念"并不具有明显统一的意义。换言之，虽然我们认为两者都意味着"概念"，但数字"2"是表意文字，与作为技术图像的内衣广告中的胸部照片是完全不同类型的象征。如果我们试图明确地将这种差异表达出来，那么可以进行如下的表述。"2"意味着"一双"，并且是某种场景的抽象。胸部照片则与此不同，如果这张照片意味着"请购买内衣"的命令，那么在这种差异中，我们感受到了一种被忽视的本质性的内涵。这就是我们现在所面临的危机的写照——虽然我们认为自己已经掌握了技术性符号的本质，但其实它已经在我们的指间不经意地融化了。

如果试图对表意文字和技术图像的意义维度进行详细的研究，那么我们可以进入文本语言的领域进行简短的讨论，这也是十分重要的。字母符号和表意文字符号在某种意义上是并列的，因为两者都是将图像翻译成概念。然而，这种"二加二等于四"的表述和"2+2=4"的表述看起来似乎并不通用。相对而言，第一种表述看起来是对第二种表述的描写，因此第二种表述便成为"图像"。所以，对表意文字来说，虽然它的符号是线性的，但我们依旧试图把它看成图像文本。两种表述都是在描写图像，所以我们觉得"2+2=4"是一种线性状态的图像。不过，这当然是一种错误，因为"2+2=4"这个表述是对场景的描写。下面这个例子也是如此，▇▇ 和"二加二等于四"的表述处于同一个意义维度。表意文字并不是图像，而是字母类型的象征，概念意味着传统图像；与此相反，技术图像意味着概念的新图像。

如此看来，我们好像什么结论也没有得出，因为技术图像的功能还是可以与表意文字的功能进行比较，两者都是超语言的（übersprachlich，德语）。"2+2=4"、"二加二等于四"或"Two plus two makes four"，以及广告中胸部照片上印刷的"请购买内衣""Buy a bra"这种句子都可以用字母表述出来。

与此相反，传统的图像是可以被语言描述的（Untersprachlich，德语），即从图像的意义来看，人们具体是通过图像互相进行交流的。然而，据此便认为图像符号通常是可以被解读的观念是错误的。所以，我们应该像学习其他符号一样去学习图像的符号。人们通过图像的符号进行交流，与通过语言进行交流并无任何关系。相比于用口头语言来描写对话，用口头语言来描述图像是更加合适的。从这种意义上看，传统图像是语言可以描述的，即口头语言成为这种传统图像符号的符号。

表意文字虽然属于口头语言，却被置于指向奇异的一边。表意文字"H_2O"意味着图像的一个具体场景（图2-5），但它也意味着"水""water"等词汇。这种意义关系可以通过图2-11来表示。

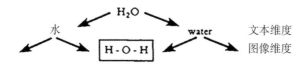

图2-11　表意文字的文本维度与图像维度的意义关系

通过对图2-11的考察，我们可以推论出为什么表意文字符号即使具有超语言性，也完全不会对字母符号的存在产生威胁。这是因为表意文字的象征即使在意义参数所代表的图像中是重叠的,但也与书写出来的语言具有不同意义的参数。与其说表意文字符号和字母符号是互相威胁的存在,不如说它们具有互相完善的关系。表意文字渗透到字母文字中,同时字母文字也渗透到表意文字中。简而言之,"H_2O"是水的意思,并与含有"水"的意思的"water"有相似的意义,所以这是一种翻译。与此相反,技术图像则与口头语言是完全不同的。具体情况见图2-12。

图2-12　技术图像维度与文本维度的关系

虽然象征"H_2O"和 🅿 似乎属于同一种符号类型(二者看起来似乎都是一种表意文字或图像),但实际上 🅿 是革命性的新象征,即随着时间的推移,这种符号类型包含的字母将逐渐被消除,因为这种符号类型随着时间的推移会逐渐成为一种新的国际性书面语言(Schriftsprache,德语)。

当文本是用手书写的时候,字母与口头语言之间也存在着不透明的关系。一方面,字母指的并不是特定语言的词汇,而是指很多语言共同约定的发音,所以同一个字母可以被用来记录多种语言;另一方面,大部分语言没有被记载下来,因为书写是少数精英阶层的特权,只存在极少数的书面语,如希腊语、拉丁语、阿拉伯语和希伯来语等,这些语言由于特殊的历史原因被用特别的语言(特别的字母)记录了下来。对当时的作者来说,个别的口头语言与个别的字母之间似乎存在着紧密的关系,即学习希伯来语也就包括对希伯来字母的学习。因此,虽然听上去有些奇特,但所有的字母都具有了普遍性,因为用这些字母写下来的语言具有超语言性,即民众都是处于他们所说的语言之上的。

这种情况随着印刷书籍的发明而产生了变化,由于字母的基本形态都已经固定了,所以仅一种字母(如拉丁字母)就可以被用作记录一系列语言的符号。印刷企业的实践经验虽然阐明了字母与口头语言的关系,但也产生了新的问题。书籍被多样化的语言出版是为了能获得带来相应收益的发行数量。然而,说拉丁语的精英是少数的,所以口头语言(世俗的语言)具有的读者数量不多。也就是说,使用某种语言(如黑森语、托斯卡纳语、普罗旺斯语),具有购买能力,并且对书籍感兴趣的资产阶级的人数是不多的。为了让潜在的读者能够更容易地学习,同时为了获得更大的印刷收益,与口头语言类似的语言被创造了。因此,德语、意大利语、法语等新时代的书面语言也就诞生了(虽然这种萌芽出现在中世纪结束之时,在印刷书籍发明之前就已经存在,但印刷业者与植字工①是在这些语言成为现代的国语之后才开始使用这些语言的)。

这种国语的创造(Erfindung,德语)带来的几种令人惊讶的结果并不具有引起我们注意的必要,因为通过小学教育而减少文盲数量的传播行为就像鼠疫(Pest,德语)一般,首先是在西方,接下来全人类都感染了国家主义(Nationalismus,德语)。其中,重要的是国语的出现使字母与口头语言的原初关系产生反转的事实——字母起初是为了记录口头语言经过协商而生成的,但现在,人们突然仅通过对字母的记录就能实现协商的意图了。这种国语与纸张相关的特征在工业革命后就消失了,当时取代了原有口语的国语,如今被贬谪为方言。在技术、想象性革命兴起之前,人们几乎只是用书面语来说话,并展示了这种口头的书面语是如何被协商好的字母符号结构渗透的。这一点是非常重要的(遗憾的是,这无法在本书的框架中展现)。国语与没有被记录下来的语言有着不同的规则,并且它们使用的是与自己生成的语言规则不同的规则。

国家主义的时代走向了终结,原因是国语在我们的符号化世界中丧

---

① 在活版印刷中,按照原稿选择活字并插到印版上的工人。——译者注

失了功能。印刷书籍的膨胀和符号的泛滥使国语倾注到人类身上,但国语的文本却不能正常地发挥功能,即在人类与世界间进行调解,并且国语文本自身也变得不再透明。这是因为我们尚未学会正确地使用技术性符号——技术性符号是未来的书面语。为了更好地进行说明,图2-13展示了图2-12将发生的变化。

图2-13想要展示的是文本维度从功能上被切断的事实。也就是说,即使不再拥有文本,我们也可以解读技术图像 🅿。然而,如果我们认为技术图像 🅿 与表意文字一样意味着停止的汽车,那就错了。这种技术图像是代表着图像的文本。换言之,技术图像诞生于字母文本,但它的内部却由文本的结构支撑着。所以,技术图像通过文本间接地代表着图像(见图2-13,在技术图像与传统图像的维度间存在着国语的文本维度),同时也含有对文本调解功能的排斥。技术性符号在所有可能的国语中都意味着文本,因此我们就没有必要创造多余的语言了,技术性符号也被称为国际化符号。这种符号不是绘画出来的图像,而是文本的图像。文本在技术性符号中升华为唯一具有普遍性的符号形式。技术性文本在这种文本的新意义中是书面语言,它并不是用字母记录的口头语言,而是代表着书写文本的语言,即它并不是作为符号结构的文本,而是作为这一文本意义的语言。

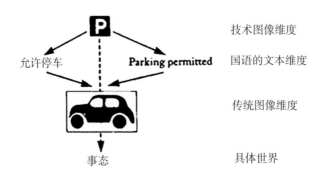

图2-13 技术图像意义维度的解读

第二章 传播的符号

在图 2-13 中,技术图像维度中描绘的象征属于被我们称为交通标志类的符号。这类符号不仅包含字母"P"的标识类型,还包含由红色交通信号灯、箭头,以及文本和哔哔声这样的警告信号构成的交通标志。因此,这些混合在一起的要素包含的很多方面在定义上与我们提出的技术图像很不一致。然而,交通信号灯的符号仅仅是众多技术性符号中的一种,其他的技术性符号,如电影、电视、超市、海报、照片、设计等都可以被列举出来。虽然我们可以把这些象征和规则关联起来进行观察,并尝试给这一意义维度下定义,但就目前的情况来看,只讨论唯一的维度似乎没有什么意义。通过电子显微镜生成的照片的意义与 🅿 这一象征的意义看起来似乎没有任何共同点。如图 2-13 所示,在这些明显混乱的革命性新符号的背后仍存有唯一的意义维度(我们从文本往后退一步就能到达的那个维度),但它对我们而言还是不可见的,因为我们还没有到达技术图像的维度。

如果为了表示"允许停车"而使用象征符号,我们就没有必要改变图 2-13 的结构,使用其他的技术图像作为替代也可以表示"允许停车"。我们只需要使文本维度中的文本和传统图像维度中的图像与新技术图像相适应即可。与此相反,如果我们用传统图像(如圣画、文艺复兴时的图像或地图)代替象征 🅿,那么图 2-13 就丧失了意义,因为这种情况是把技术图像维度的象征与传统图像维度的象征等同视之了。电子显微镜生成的照片所捕捉的内容与原子运动过程相关,是由特殊文本建构的关系;电影中的图像所捕捉的内容与事件相关,是由电影台词建构的关系;统计学曲线所捕捉的内容与经济动向相关,是由经济文本建构的关系。虽然这些象征与它们所属的符号类型不同,但它们都意味着文本,并具有共同特点——哪怕我们在这些象征中没有看到共同点,同时它们谎称不代表文本,而是代表着事态。简言之,图 2-13 是要撕下技术图像的面具,技术想象并不是对世界的想象,而是以使那些令人无法相信的概念变得可信为目标进行的想象。

我们要解读技术图像，就要撕下它的面具。这是一种神奇的尝试——符号化世界为了给我们提供信息而不断从四面八方裹挟我们。那么，如果没有插图（Skizzen，德语）的帮助，我们所有人就都不能解读这个符号化世界了吗？对这一问题的回答会将我们的讨论引向当下危机的核心。答案是否定的。我们不去解读将我们程序化的世界，就无法知道技术图像的世界意味着什么。即便如此，技术图像的世界将我们程序化的事实就是我们所面临的危机。

技术图像是如何将我们程序化的？若我们无法解读这些图像，我们是如何去使用信息的呢？技术图像又是如何运作的？对此，基于现象学的解答相对来说是比较简单易懂的。例如，我们会在看到红色信号灯的瞬间踩下刹车，在看到海报的瞬间会决定购买特定商品，在观看电影时会体验到特定的感官刺激，在收看电视节目时会投票给特定的候选人。此外，当我们观看电子显微镜生成的照片、统计学曲线或骨折的胳膊的 X 光片时，我们脑海中就形成了概念，即生成了关于"原子""经济动向"或"骨折"的意义。然而，我们应该如何解释此类回答呢？

实际上，海报与 X 光片的使用方式是不同的。X 光片实际上已经被解读了，即我们知道它所指示的概念。这说明，如果我们要解读这种技术图像，就必须先学习解读它的方法，只有这样才能获得其意义。实际也正是如此，只有我们掌握了电子显微镜生成的照片、统计学曲线和 X 光片的解读方法，才能正确地解读它们。也就是说，只有专家才能正确地解读相关的技术性符号。与此相反，对海报的解读则不同——它是不需要解读就能够被正确使用的。由此可见，技术图像有两种类型，即能够被解读（需要被解读）的符号和不用解读就能被使用的符号。我们把前一类称为精英技术图像（elitären Technobilder，德语），把后一类称为大众技术图像（Massentechnobilder，德语）。我们将在本书的第三章论述这两种类型的具体差异。

在下面的考察中，对精英技术图像的讨论将被省略，因为它们是不需要被撕下面具的——那些不能使用这些图像的人根本就不能解读它们，那些能够解读它们的人自然而然就能够使用它们。上述对有关技术图像功能的解答看起来似乎有些令人费解，但我们并不想陷入心理学的沉思。如果我们在看到红色信号灯的瞬间就踩下刹车，那么我们就能够解读它包含的意义（踩刹车！）吗？如果我们看到海报后就购买了内衣，那么我们解读出这个象征背后的命令了吗？如果从我们在这里解读以符号为基础的规则的意义角度来看，对技术图像包含的真正意义的解读并不是重要的问题，了解它的欺骗性才是真正的问题。正是因为我们错误地理解了符号的意义，所以我们才以送信者的意义为意义而进行解读。因此，大众技术图像是一种欺瞒（lügen，德语）。

我们所有人都是大众技术图像这种欺瞒行为的牺牲者，所以撕下符号假面这件事正艰难地走向我们。与最早的文本时代的文盲情况进行比较有助于我们了解当前的情况。摩西带着十条诫命下山时，以色列人拜倒在这一文本面前。同时，摩西击打磐石使它流出水来的部分显示了这样一个事实，即在谈论前字母情况[黄金时代（goldenen Zeitalter，德语）]的地方，"坚硬石板上的危险性词语"（drohende Worte von starrem Erz，德语）还没有被解读出来，人们也还没有跪倒在文本面前。那么，卑微到尘埃里的那些人是如何使用这些文本的呢？可能正如我们收看电视节目一样，他们错误地接收并使用了它们。这些人不能正确地解读文本，所以他们不知道摩西的十条诫命和《十二铜表法》（Lex Duodecim Tabularum，法语）是以过程的形式展开的魔术性意识。同时，这一律法（Gesetze，德语）的作者自己也几乎没有意识到，律法是为了撕下魔术性图像的面具，并按照行的规则进行展开的。这是因为律法的作者还不是优秀的作者。这种情况下产生的结果便是文本执行着魔术性功能，即文本就像图像一样。这种原始性文本的欺瞒不是立法者的意识形态（虽然这种意图可以视作附加因素），而是归因于尚未被理解的符号结构——它的线性意义维度（历史性意识）虽然已经被创造，但还无法被使用。因此，没有能力进行信息传播的作者阶层诞生了，作为文盲的受众无法理解信息，而只能被动地接收并使用它们。受众只能追随送信者传递的意义，这就导致了传播结构化的危险（实际上在埃及已经出现了）。当时从图像到文本的飞跃与我们现在从文本到技术图像的飞跃是值得进行比较的。根据技术性符号进行协商的意义维度，虽然我们自己看得到这种协商，却无法接近它，所以我们无法解读自己创造的这些符号。与当时情况的比较就到此为止，因为我们不会像使用文本那样去使用技术性符号的信息，而是像文盲使用魔术性符号那样去使用技术性符号。当时的文盲在阅读文本时，他们的意识是停留在魔术性意识维度的。与此不同，如果我们使用技术性符号，那么我们不是停留在历史性意识的维度，而是沉溺于魔术性意识中。当我们看到红色信号灯而踩下刹车时，我们仿佛并不是根据文本"踩下脚刹！"那样去行动，反而是像看到了脚踩刹车的图像般采取行动。简言之，这里的技术图像存在着欺瞒——技术图像犹如传统性、魔术性的图像那样发挥着作用。由于我们相信不再需要学习就能学会解读这些技术性符号的方法，所以我们掉入了它们所设的陷阱。这一陷阱使我们用解读传统图像符号的方法来解读这些技术性符号。

四、装置-操作者复合体

基于前文的考察，我们要返回图 2-10 进行讨论，在这里首先要补充关于"装置"和"操作者"两个概念的定义。从我们的角度来看，"装置"应该被定义为"创造技术图像时所必需的工具"。乍一看这个定义似乎与一般定义不同，但如果我们思考装置在普通语言中具有的意义（如测量仪器、外科手术器械或政党机构、行政机构），那么我们就能意识到它们在意义方面都有一个共同的核心。"操作者"在这种视角下可以被定义为"装置技术的使用者"（Techniker für Apparate, 德语）。

如果重新考察图 2-10，我们现在能够感知到它试图将装置和操作者视作一个不可分离的整体，即人类与工具的关系正如图中呈现的那样，并不具备两种古典形式——这也是我们当前的特征。换言之,装置不在操作者的能力范围内发挥它的功能(就像铁匠使用锤子一样),操作者也不在装置的功能下发挥自己的能力(就像劳动者在产业园区和机械的功能下发挥自己的能力一样)。相对而言,装置和操作者的功能融为一体了。摄影师在拍摄照片时把自己作为装置的一个功能(一部分),也就是把自己视作一种自动快门装置。这既是正确的,也是不正确的。又如摄影师将照相机视作一种获取场景概念(观点、立场)的照片的工具。这既是正确的,也是错误的。装置没有将摄影师解放出来(就像服务于人类的工具那样),也没有把摄影师变成奴隶(就像需要人类服务的机器那样),装置与人类互为条件。因此,正如马克思主义分析的那样,传统的价值分析不仅证明了非生产性,而且这种状况要求一种新的人类学概念——操作者(或官僚主义的干部)是新的、后历史意义维度的人类。这种人类既不是命令性的(施动者、英雄),也不是非命令性的(受动者、忍受者)。这种新人类是后历史性的存在,他们不仅是站在善恶、真假、美丑之外,而且也站在能动与被动的范畴之外——在数十年内从全方位(如高级指挥官、经纪人、将军等,概括而言就是权威者)将我们包围的这些范畴之外。然而,即使我们对这种新人类进行了彻底的分析,但这种新人类还没有被置于人类学的范畴,因为一旦我们将这种新人类置于人类学范畴,在我们成功的瞬间,历史存在也就终结了。

图2-10想要展示的是为了将文本变成技术图像,当前的装置-操作者复合体正在将文本复杂化。同时,这一复合体持续地通过我们程序化的信息源泉将线性符号转变成技术性符号,将历史的转换成后历史的。从功能上看,装置-操作者复合体是巨大的中继。历史为了给融合于后历史(平面符号内)的大众送信,使文本(特别是以科学技术为基础的树状话语结构中的文本)流入装置-操作者复合体(如具有圆形剧场型话语结构的电视、电影产业、广告、插图等)。我们当前的装置-操作者复合体在传播结构中就如同手写稿时代的有学识的人(作者、祭司、修道院僧侣)般发

挥着作用。在我们当前的情况中,新事物是指这种中继(金字塔型话语结构中作为中继的权威者是人类)——不是人类,而是人类与装置缠绕在一起的混合体。如果认为我们的传播情况正变得具有非人类的特征,那这就是问题的关键。然而,正流向装置-操作者复合体的文本不仅是从变得粗暴的科学与技术话语的激流中流出的信息,它们还提供了所有可以被使用的信息——提供了在过去被称为"政治""艺术""哲学""宗教"等的信息。为了通过符号的形式将整体的历史转变为后历史,这些文本指向并流入装置-操作者复合体。由此可见,图2-10中的装置-操作者复合体成了历史的大坝(Staudamm,德语),即一度由被称为乌托邦、被时间充满(Fülle der Zeit,德语)的神的国度、神的帝国等聚集而成的大坝。历史的目标是成为电视程序,而装置-操作者复合体的目标是成为历史的记忆。我们无论何时都可以在电影中重新看到凯撒①或宇航员登陆月球。为了描述这种情况,图2-10可以转化为图2-14。

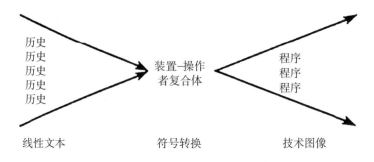

图2-14 历史的终结:所有的历史都转换为程序

如今,所有的历史活动的目的都是变成程序,并在装置-操作者复合体的功能下展开活动。如果说所有的科学研究、艺术家活动和政治行为

---

① 盖乌斯·尤利乌斯·恺撒(Gaius Julius Caesar,公元前100年—公元前44年),史称恺撒大帝,罗马共和国末期杰出的军事统帅、政治家,凭借优秀的才能成为罗马帝国的奠基者。——译者注

都通过转变为技术图像而在圆形剧场型话语结构中实现传播的目的,那么这不仅意味着所有的小说都是潜在的电影剧本,要特别指出的是,所有以政治家演说为开始,以革命或战争为结尾的行为都是被装置-操作者复合体决定的。如果说所有的历史性活动都是为了装置-操作者复合体而进行的活动,那么这就表明历史已经走向了终结,因为从技术性符号的角度来看,所有的文本都以转换为技术图像为目标。

我们针对精英文化和大众文化的关系提出的问题大部分都是错误的,一个画家应不应该参加电视活动,我们应不应该为艺术电影建造电影院,或者应不应该为《花花公子》这种类型的杂志发表文章,这些都不是重要的问题。重要的问题是,装置-操作者复合体吸收历史的功能,即在图2-14左侧(历史那端)能否发挥所谓的去意识形态化(entideologisierende,德语)功能,或者我们能否从技术图像的角度出发去关联这个去意识形态的功能。换句话说,在电视镜头前自焚的佛教僧侣与忠诚的哲学家相比,谁能更好地认识到正在发生的事情,这是当前的重要问题。

现在,关于图2-3,我们试着将"陌生化3"箭头指向的疑问符号与装置-操作者复合体关联起来进行考察,并将疑问符号与技术图像相结合的箭头作为从文本到技术图像的符号转换的假设性(hypothetische,德语)功能进行理解。我们敢于用以手触摸的方式去解读技术图像的功能。

这意味着文本从传统图像中独立出来并逐渐概念化后,又开始变得无法想象,这成为文本内涵的倾向。由于文本意味着传统图像,概念意味着想象,所以文本就逐渐变得没有了意义。文本不再以传统图像(以间接的方式面对世界)作为调解,而是成为矗立在人们通向世界的路上的一堵墙。这个决定性瞬间是存在的。对于西方精英来说,这个瞬间是19世纪中叶,是我们的理论与说明、意识形态与学说在对发展的历史失去信任之时。这个瞬间使我们在阅读文本时不再需要想象,所以我们再也无法从文本的背后看到世界。这样一来,创作文本的人类本身就明确地得以凸显。这意味着在决定性的瞬间,文本出现了方向的转向——它对世界来说开始变得不再透明,而对将文本进行符号化的人来说却变得透明了。

如果历史终结的瞬间到来了,那么一旦疯狂的深渊内部无法被人接近,所有人都会掉入无意义的世界,掉入虚无人生的危险之中(如维特根斯坦和卡夫卡所写的那样)。人类传播遭到破坏,而我们将直面孤独与虚无。从根本上来说,在这种情况下,我们有三条路可以走:第一条路,我们选择沉默(Schweigen,德语),在世界的具体性(Konkretizität der Welt,德语)中沉默,并放弃传播(如果我们对什么无话可说,我们就对它保持沉默);第二条路,尝试返回已经遗失的图像世界,即试图恢复魔术性意识(如传统图像时代的法西斯主义);第三条路,我们利用文本为世界和人生赋予一个新的意义——滑向图 2-3 中疑问符号的方向。但是,第一条路和第二条路是走不通的,因为阻止陌生化的产生(试图变得纯真)是不可能的。正如维特根斯坦所言,真正的沉默和希特勒的妖术都是没有办法强求的,它们是无法成功的。我们只能制造想象,并把握它们,所以只有第三条路是帮助我们克服危机,使我们从无意义和无价值的人生的疯狂中挣脱出来的希望。

这种意图是以新的方式将符号化世界置于人与文本之间,它的目标是建构赋予文本以新意义的桥梁。因此,这个目标是使概念可以被想象,并创造出能代表概念的技术图像。同理,我们可以把理论与说明、意识形态与学说设计成图像,这意味着过程的、一维的、线性的符号被结构的、多维的、图像的符号替代,即我们不再是对场景进行历史性的思考,而是对过程进行想象性的思考。就如同场景的变化,我们在历史的内部不再是通过观察的方法,而是从外、从上、从下进行观察,即从历史外部的维度来观察变化的过程。从本质上而言,在无法说明世界的装置-操作者复合体内部,能够通过人工智能的方式进行描写。所以,为了获得意义而将这个世界进行符号化的意图就成了重要的问题。

我们要讨论所有的东西是比较困难的,因为使协商成为可能的立场

第二章 传播的符号

还没有被表达出来,并且与这一立场一致的意识维度还没有到来(虽然科学、技术、艺术、政治等到处宣告着它的到来)。同时,从文本到技术图像,从概念到技术想象的飞跃也还没有成功。通过新方式实现符号化的世界已经将我们的人生从虚无缥缈和孤独之中解救了出来,并为了将我们程序化而进行了设定。如今,我们已经在各个方向进行着努力。这个世界为了不让我们看到文本的无意义而将文本都隐藏了起来。借此,这个世界再次将我们文盲化。从概念的世界到技术图像的飞跃是相当成功的,因为装置-操作者复合体借助从技术性话语结构中倾泻而出的信息洪流介入其中。这样一来,我们就在某种程度上自动地、无意识地存在于历史之外(jenseits der Geschichte,德语)了。

然而,以上讨论并不都意味着真理,因为装置-操作者复合体无法独占所有的技术图像,如精英性技术图像就是如此。这种精英性技术图像随处可见,在科学、技术、政治和艺术领域都可以被观察到。我们将其视作只有专家才能解读的图像,并据此与大众技术图像进行区分。这种精英技术图像试图使概念能够被想象,即通过新意义的赋予来克服由历史信仰的丧失(den Verlust des Glaubens an die Geschichte,德语)带来的问题。不过,这种试图仅仅是精英式的——存在于高度专业化的树状话语结构中的分支的边缘区域。在这种意图之下,努力提升得来的精英意识维度是无法通过意义赋予作用于日常生活的。借助技术图像设计出原子模型、发生学信息模型、战争引导(führenden Krieges,德语)模型或原始文化模型的专家,在出发前往电影院时,就无法维持相同的意识维度了。换句话说,当专家制作全息图像(Hologramme,德语)或考古(archäologische,德语)模型时,他们使用的意识维度与他们面对电视程序这种技术图像时使用的意识维度是无法共享统一的协商规则的。

因此,我们的情况仅适用于以下两种预测。第一种情况是,装置-操作者复合体为了将文本转换成技术图像而对符号进行转换并传播它们,这需要吸收所有的文本。此时,精英技术图像会被粉碎,以致消失。第二种情况是，精英技术图像能够完善出一个新的意识维度。在这个维度中，自律性和自动性的装置-操作者复合体通过双手解放了被技术图像符号化的世界。只有这样，它才能真正地为人类传播服务。

第四节　三种符号的共时化

图2-3中描写的关系可以视作对我们现在程序结构的再现。我们为了体验、认识和直接作出评价而使用信息，为了与他人交换信息并据此创造新信息，同时持续地传收和储存信息。这些信息都将被编码成符号并接近我们。同时，所有的符号都以自身特有的方式被积累（被解读）。图2-3展示了我们在接收信息时使用的众多符号中的三种。围绕这些阐释，我们可以提出以下两个问题：一是这三种符号是如何在我们的记忆中被整合的；二是这些符号在我们的程序中是如何产生关联的。

其中，关于第二个问题，我们还可以继续提出如下的疑问：在我们的程序中，现在的传统图像与文本是怎样的关系？传统图像与技术图像又具有怎样的关系？比如，水彩画与印刷书籍具有怎样的关系？水彩画与照片又是怎样的关系？对于细致地阅读了前文的读者来说，我们关注的重点问题是很明确的，我们并不关注如何把传统图像放进文本，也不关注如何把文本放进电影等这类形式（formale，德语）上的问题。我们关注的是为了揭开这些符号固有的真面目（Identität，德语）而提出的实存性问题，即如何在我们的体验、认知和行为中将存在的多样化维度整合起来。更为重要的是，在这里我们可以用形式上的陈述（以符号的形式）来回答上述问题。我们可以非常简练地回答以上三个问题。一是传统图像能够绘出文本，文本也能够描写传统图像，二者可以独立地发挥作用。二是传统图像能够合并技术图像，技术图像也能够合并传统图像，两者独立地发挥着作用。三是文本能够描写技术图像，可以在技术图像的内部发挥作用并对技术图像作出规定；技术图像也能够描写文本，并投射出文本规定的技术图像。二者以不透明的方式互相干涉，所以无法独立地发挥功能。不过，上述三种关系可以在我们的意识中产生交叉。

对上述关系的具体示例如下。第一种关系对应的是与绘画有关的教科书、画册、画廊和图书馆；第二种关系对应的是超现实主义照片、有关绘画的电视节目、行动绘画派（action painting）和相册；第三种关系对应的是天文学照片的说明、无声电影的文本、电影剧本、本书中出现的插图、缩微胶卷、带有文本描写的有声磁带、漫画书中的对话气泡、报纸上的电影评论等。通过对以上实例进行考察，我们可以发现，意识整合的问题，特别是关于第三种关系，即在历史与后历史意识的关系中，文本与技术图像的关系也就变得十分明确了。换言之，这个问题正好出现在图 2-3 中标有一系列疑问符号的领域。当然，这并不意味着该问题不会给其他关系造成影响。

一、传统图像与文本

想象与构想、想象与概念、魔术与历史之间的辩证张力（dialektische Spannung，德语），正如我们看到的那样，是历史的主题。文本是为了描写传统图像而被发明的，即它是在传统图像的功能内被发明的。这种紧张且强烈的逼真感、作者对传统图像的破坏，以及在魔术性维度中出现的焚书行为，在如今也不过是静悄悄的震动而已。我们可以将整个历史视为圣像破坏者的进军，可以将纳粹德国的焚书视作整体历史的失败。然而，我们更应该讨论的是，现在的符号变革正处于试图扩大极端敌对关系的时间点。

从历时角度来看，文本（如美索不达米亚的壁饰）的说明功能与传统图像（如中世纪的手抄本）的图解功能的摇摆成为理解意识结构的重要线索。如果文本在传统图像的功能内被使用（如入门书中的图文关系），那么魔术性的思考就服务于历史化（文字化），即在回廊中，基于（圣书式）文本,我们应该学习想象的方法。与此相反,在入门书中,我们应该学习把传统图像描写成概念的方法。罗马式①回廊和画家绘制的彩色手抄本在历史上是同时存在于某个时代的。这一事实证明了所有特殊的传播情况都十分复杂。

　　从共时性角度来看,这一问题就呈现出与历时角度不一样的方面。传统图像在符号化世界的中心被驱逐,即传统图像与罗马式回廊、画家绘制的手抄本一样发挥着作用,但它们不是相当昂贵,就是相当便宜。今天,在人们不断被技术图像程序化的意识中,想象和构想的紧张关系被质疑。在被技术图像包围的夜间城市街道上散步比在画廊中观赏作品更能使人存在于想象性世界中,这意味着人类意识中的传统图像与文本间的辩证结构发生了变化。想象与概念就像我们身处于用镜子制成的房间中,能体验的空间被无限缩小了,我们试图持续地想象概念,并在分析想象之后,再次尝试让概念能被想象。我们的想象与构想永远可以为彼此提供更多的东西,但继续下去就会使它们变得如同幻想了,即我们就变成超现实主义的(surrealistisch,德语)了。当传统图像不再是世界的中介,文本也不再是图像的中介,即两者变得不透明之后,它们就互为反射的镜子而发挥着作用。具体而言,此时的它们就好像被技术图像驱赶进意识的角落,在那里发挥着作用。当传统图像具有了构想性,即文本具有了想象性(如空想小说)的时候,构想之于想象,想象之于构想,它们彼此之间会过度地提供更多东西。这就是我们通常称为艺术危机(Krise der Kunst,德语)的重要层面。此时,准确来说,更为重要的问题是与文艺复兴的概念,即幻想(fantasia essata,拉丁语)正相反的概念。达·芬奇试图在文本和如波涛般涌来的科学胜利的瞬间,实现传统图像与文本的平

---

① 罗马式建筑(romanesque architecture)是10—12世纪欧洲基督教流行地区的一种建筑风格。罗马式建筑原意为罗马建筑风格的建筑,多见于修道院和教堂,是10世纪晚期到12世纪初欧洲的建筑风格,因采用古罗马式的券、拱(技术)而得名,给人以雄伟庄重的印象。这种建筑风格对后来的哥特式建筑影响很大。——译者注

衡,即他试图打破文本那无法令人想象的桎梏。对他来说,现象学的科学已经浮现在眼前,这种现象学科学的概念与频率(Schwingungszahlen,德语)无关,也与音韵学中鸟儿唱歌的纯粹关系(reine Verhältnisse,德语)无关——它成了意味着场景的图像。如今,文本已经使想象变得不再可能,科学也依据所有个别的决断自由地、滚雪球一般地处置了信息。因此,图像无法被分析的第二次雪崩与科学进行对峙的意图产生了。如果将这次尝试称为"艺术",那么艺术也正走向终结。

二、传统图像与技术图像

照片(最早的技术图像)被发明的时候,人们相信漫画和绘画迎来了它们生命的最后阶段,因为人们认为,与传统图像相比,如果要客观地再现场景,技术图像具有更强大的能力。然而,不久之后,人们便否定了自己。这并不是因为此后的传统图像不需要再现场景了,而是因为从纯粹的、美丽的、抽象的等意义来看,传统图像变得没有意义了,技术图像解放(befreien,德语)了它。随着时间的流逝,这两种想法的错误之处自然而然地浮现了出来。换言之,技术图像的本质被发掘得越多,它就会变得越明确。此外,当人们发现技术图像并不比传统图像更客观,技术图像的主观性(它们投射的立场)也被很好地掩藏了时,技术图像便开始作为艺术形式(Kunstformen,德语)与传统图像展开竞争(成为所谓的"第八""第n"艺术)。同时,这也体现出照片与电影并没有驱逐传统图像,因为技术图像并不是客观的。正相反,它们更具有迷惑性(trügen,德语)。一方面,从再现功能来看,技术图像是对传统图像的解放,它们具有相同的可解放性(befreibar,德语);另一方面,从意义角度来看,被解放的传统图像(人们称它为传统的或技术的)在符号化世界中看起来是非常边缘化的要素这一事实,正如我们在图片展览会或艺术电影院中观察到的,证实了它们仅仅是为相当特殊的种类的陌生化借口而服务的。

传统图像与技术图像的真正对立并不是被传统图像的创作者或技术

图像的创作者发现的，而是被科学家发现的。只有考古学家或天文学家、物理学家或生物学家才能正确地使用技术图像——技术图像被当作概念的象征而使用。传统图像或技术图像的创作者认为自己是艺术家，比如我们在谈论视频艺术时，结果是没有人会意识到其中这两种图像的差异，但它们之间的紧张关系却在讨论者的意识中凸显了。由此可见，认为传统图像是被圆形剧场型话语结构传送出来的观点并不准确。即使我们现在没有分析出圆形剧场型话语结构与技术图像的非常复杂的关系，但我们相信，圆形剧场型话语结构与技术图像是为了彼此而存在的——录像是为了电视机而存在，电影是为了电影院而存在，照片是为了海报而存在；反过来，电视机也是为了录像而存在，电影院也是为了电影而存在，海报也是为了照片而存在的。人们会有这样一种错误的认知，即技术图像是大众媒介的符号，这是因为他们没有从根本上搞清楚两种图像在形式上的对立。

在这种错误的认知背景下，未来会出现很多应被视作毫无意义的问题。例如，一位艺术家应该在何种程度上进行大众媒介活动，电视机和电影院等能不能传播真正的文化节目，海报和显眼的城市图像上的艺术家具能否作为艺术媒介而被使用，我们能否像使用传统图像那样去使用技术图像（如将电影投射到建筑物上或举办录像展示会），以及我们能否通过动画与大众媒介进行对抗等问题。如此列举下去，这些问题会构成我们称为"现代艺术家对话"的大部分主题。这些问题是参与者的存在及与之相关的问题（他们是赚钱还是挨饿、有名还是不为人知，这都是重要的问题）。同时，这些问题是通过意识形态武装起来的（这些问题与圆形剧场型话语一起将支配性体系视作问题），所以现在的艺术性对话是非常稀少的。然而，正如这些对话只从对话的参与者那里显示出一些兴趣，也正如他们对技术图像是如何通过圆形剧场型话语结构被传播的问题感兴趣一般，仅对技术图像产生兴趣的社会就会变得完全冰冷。具体而言，这种社会冷漠是妥当的，因为人们兴高采烈地提出的那些问题都是错误的。

我们应认识到这样一个重要的问题,即当人们认识到传统图像和技术图像是两种不同的信息形式时,才能认识到它们在本质上的紧张,并提出正确的问题。例如,技术符号被圆形剧场型话语结构传播时所遭遇的被歪曲的问题,以及为了对抗这种歪曲我们能够做什么的问题,或如何使用技术图像去指代传统图像的问题,以及面对传统图像的技术性复制造成的两种图像类型间的紧张,我们应该采取何种立场的问题——这些才是正确的问题。这种类似的问题在不久的将来是具有决定性的,并且"技术"这个词汇可能在那时已经变得不重要了。然而,如果技术形式的本质没有渗透到我们的意识中,如果我们仍未掌握技术图像的理论,那么提出这些问题就为时过早了。

三、文本与技术图像

科学家在很久之前就已经意识到装置-操作者复合体的诞生了。具体而言,对科学家来说,这个问题是从认识论层面被提出来的。观察是观察者在一个装置内与被观察之物的相遇(Zusammentreffen,德语)[如天文学家借助天文望远镜(Teleskop,德语)看到星星],但这一信念在很久之前就开始动摇了。反之,我们更相信在一个装置内的观察是主要的,而观察者和被观察者是次要的、受局限的(如被观察的星星远在天边,天文学家要通过天文望远镜才能看到星星并真正地成为天文学家)。当假设没有装置观察便不存在时(没有天文望远镜,天文学家的观察只能通过肉眼这个"装置"实现),我们才能认识到新意识维度的萌芽过程。实在论和观念论的这种二分法(哪个更具实际性,是星星还是天文学家)是没有意义的。同时,对关系的问题、中介的问题、紧张领域的问题,即胡塞尔所谓的"普遍的数学问题"(universale Mathesis,德语)好像成了这些问题的核心。只要天文学家没有通过天文望远镜获得意义,即没有获得浮现于望远镜上的意义,"星星"和"天文学家"便都是空洞的概念。

如果我们使用传播理论的范畴(kommunikologische Kategorien,德

语)而不是认识论的范畴,那么上述文字便是对技术图像的功能的说明。通过天文望远镜制作的照片意味着与星星和天文学家有关的图像。具体而言,照片是为了使人们能够对这两个概念进行想象而被制造的。"星星"和"天文学家"的概念在天文学文本的发展过程中变得可以被想象——当我们在这些文本之外时,就不能认知这些技术图像了。通过天文望远镜获得的照片是为了赋予天文学文本的概念以意义而被制造的,这些照片就是技术图像。因此,在有关天文学的书籍中,如果我们相信概念是对技术图像的描写,那便是错误的。与此正好相反,文本并不描写照片,而是从照片中跳跃出来。文本并不触及照片的表面,这意味着文本从属于照片。换言之,在那些天文书的文本中,技术图像是被正确地使用的。

当然,这还是没能分析装置的问题。天文望远镜是为了观察星星而被制造出来的,即天文望远镜的出现以我们确信存在能够被观察的星星为基础。但是,当我们使用天文望远镜时,这种确信便会动摇,因为创造技术图像的装置并不是为了发挥技术图像的功能,而是为了使意识维度发挥相应的作用。换言之,装置是历史的产物,是线性文本的产物,据此诞生的技术图像持续涌现,并跃入不同的维度。如果我们认识到装置和操作者仅融合为一个复合体,那么这就与图2-10试图描绘的技术文本、技术图像与装置-操作者复合体间的关系一样,我们能够洞悉技术图像与文本具有的非常复杂的关系。

装置是依靠文本而被设计的,装置和操作者一起创造了技术图像。这种技术图像对文本进行投射,而文本本身再次被诱导成装置,同时它再也不能代表技术图像了。这是由于即使文本本身是技术图像包含的意义,但文本却从技术图像那里获得了意义。概括而言,文本与技术图像的关系不是线性(线性—技术图像)的,也不是圆形(文本—技术图像—文本)的,是通过人工智能实现反馈而构成的。换言之,技术图像从文本那里获得了营养,并进行文本的编织,继而为了能够编织文本而投射文本。我们在这种图像(技术图象)中将装置-操作者复合体视为消化技术图像并进行再生产的装置。这样的结果就是图 2-10 产生的具体改变(图 2-15)。

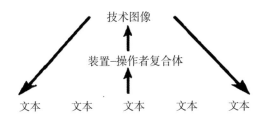

图 2-15 装置-操作者复合体的再生产功能

对图 2-15 的第一种解读是，特定的文本促使天文望远镜和照相机产生。这些装置创造了照片，而在这些照片的刺激下又生成了特殊的文本。这些特殊的文本不再意味着照片，而是根据照片的刺激生成了意义。即使如此，这些文本也能继续引导天文望远镜的完善，即它们仍能意味着照片。第二种解读是，特定的文本引导了电影摄像机的出现。电影制作者借助摄像机创造了电影，在电影的刺激下，其他的文本又得以生成。例如，电影刺激了电影评论的生成，但电影评论并不意味着电影，它只是被电影赋予了意义。同时，这些电影批评也对电影制作者产生了影响。这两种解读的差异是，天文学家意识到文本与技术图像的关系，但电影制作者没有意识到。第三种解读是，现在我们阅读的文本本身是从技术图像中跳跃出来的，并被文本赋予了意义。这个本书能够引导图片的变更，并为它们赋予意义。

只要文本与技术图像的关系依然是不透明的(由于对这种关系的理解需要人们具有一种目前尚未产生的意识维度，所以即使进行了上述努力，它们对我们而言依然是不透明的)，只要概念面临着技术图像带来的危险，或者可以说，只要技术图像在我们的意识中能够发挥作用的维度尚未被固定，我们尚未认识到作用于我们的程序，我们就会被技术图像的符号化世界搞得跌跌跄跄。人们只是浅浅地意识到或根本没有意识到程序化的过程要持续非常之久,因为图2-15试图描绘的反馈是自动地进行着功能发挥的,即反馈是依据文本的张力(特别是科学与技术的发展所引起的张力)而进行的。这种主张并不意味着对传播的神化或拟人化,而是蕴含着人的变化,因为人类(操作者)正是在装置内发挥功能的。同时,人类实际上(从超人类的意义上看)是具有神话性的——在装置内发挥功能的操作者就不能再被视作传统意义上的人类了。

现在,程序化的状况不但要持续很久,而且它持续的时间越长,就越会变得固着化、坚固化。在这种状态的持续过程中,由于装置要通过操作者发挥作用,所以就会有更多的人被吸收到装置中。因此,我们就需要考虑与全人类和图2-15中的"操作者"这个词汇相对应的限制状态。换句话说,在这一限制状态中,在图2-15中不仅产生了技术图像的功能,还产生了对全体社会的图解功能,即对极权主义国家的图解。我们可以将这种国家定义为装置。在这个装置内,全人类把文本变成技术图像,把历史变成程序,把概念变成技术性认知。简而言之,把人生变成一种感觉(Sensationen,德语)。对图2-15的这种解读方法已经不再需要作特别的说明,因为在我们的符号化世界中,能够被感知的倾向指的就是这一方向。当然,我们可以换一种解读方法。例如,我们可以说图2-15是对单纯的冥想、总体性消费、神圣的社会等状态的描写。

地球上存在着这样的乐园,在无意义的技术性深渊之上(因为它变得不透明),为了防止历史的进一步堕落,我们需要一种救赎的方法,即通过学习技术图像的解读方法来实现救赎。或者说,我们需要洞察文本与技术图像的关系。这并不是不可能的。天文学家在看到与星星有关的照片时,他们就能将观察到的事物解读出来。如果他们看到斑点,便会知道事实上这是在胶卷表面出现的化学变化。同时,他们也会知道,这种表面就是通过那种斑点被制造出来的。此外,他们还知道一些文本主张这种斑点是由特殊的电子机器的光线造成的,他们也知道一系列其他的、封闭性的符号化文本。他们最终在这些文本的范围内,将照片表面的可见斑点解读成意味着"星星"概念的象征。因此,他们知道可视性表面与创造这一表面的文本具有非常复杂的关系,所以当他们谈及被解读的技术图像时,他们不认为这一图像(就如同一张描绘圣诞节的卡片一样)是对一颗星星的描写——他们实际上站在了使技术图像发挥功能的意识维度之外。

遗憾的是,天文学家并没有坚定地站在这个意识维度上,因为如果他从天文台回到家,坐在电视机前面,那么他便离开了这个意识维度。他解读电视机画面的方法与解读天文照片的方法并不相同,因为电视画面在他眼里就如传统图像一般,被不加批判地、错误地接收并使用着。并且,通过这些图像,他自己也被程序化了,即忘记了在电视屏幕的图像和那些被他错误地接收的图像之间站立着整个装置-操作者复合体与文本。逃离地球乐园的唯一方法就是将在天文台的天文学家的意识水准降维到日常生活中,并加以运用。因此,认识论看起来是相当重要的——我们所有人都应该像科学家一样思考。但是,这种想法分明是错误的,它是基于历史性意识维度的见解。所有认识论上的辛苦都是在政治和美学上付出的努力,因为这三个参数在实际生活中是无法被分开的。从乐园中挣脱的唯一方法就是为了将科学意识的水准与政治、美学方面的参数一起降维到日常生活的水准而进行努力。当我们努力寻求自身内部的发展时,新萌发的意识维度也会破土而出(并朝着乐园的方向伸展),即图像从意识和概念中跃出之后,它们只有在作为解读能力的技术想象(Technoimagination,德语)被发展的时候才能够被描绘出来。1968年5月,当大学生呐喊人们应该具备想象力(L'imagination au pouvoir,法语)的时候,他们指的便是这种新能力。并且,如果他们呐喊的不是这种新能力,那么他们也应该渴望过获得这种能力。

技术想象是本书第三章重点考察的主题,以第二章的结尾来看,这一章由与图2-10相似的图2-15作为结束。这两幅图从传播结构的角度和符号的角度展示了即将到来的极权主义国家的危险的自动化和自律性。所以，在本章，我们从符号的角度，即从将我们程序化的信息的立场出发，对我们当前所处的意识混乱的情况进行审视。

我们面临的危机掷出了一个非常困难的课题，这是为了使我们能被符号化的全部范畴的课题。这个课题不仅涉及那些所谓的价值，而且还包含到目前为止我们认识、评价、体验世界时所使用的范畴。其中，重要的问题是让我们风风火火地跳入尚未被知晓的深渊的邀请。对此，另一种选择（Alternative，德语）是作为装置的一部分发挥功能，而不是作为人继续生活。换言之，放弃将人类传播作为一种意义赋予的手段和一种在他者中生存的方法（Methode des Überlebens，德语）。面对这样的选择，我们的危机要求我们承担的风险似乎就不那么绝望了。

第三章
技术图像的含义

本书在第二章对"技术图像"进行了简单的概念界定。但是,如果我们环顾四周,对第二次世界大战之后的世界进行考察,就会看到街头、办公室、客厅、会客室、工厂和高速公路上充斥着图像。这些图像裹挟着我们,使人仿佛处于一顶帽子的笼罩之下。这顶帽子便是技术图像的概念,我们每天与它相伴却不自知,也并不渴望这一概念能为我们带来什么。技术图像使符号化世界呈现出一种五彩缤纷(Buntheit,德语),它来自某种一般原则,并具有某种共同特点。其中,毋庸置疑的是,技术图像是一种风格。我们所处世界的风格具有戏剧性的特点。工业革命的黯淡无序使我们再也无法感知到过去被称为"时代精神"的强力脉搏。总而言之,我们现在生活在这样一个世界里——到处如哥特时代一样,存在着一种在形式上被创造的统一意志,但这种统一意志与任何地理、社会或人种界限都无关。然而,如果我们试图从中把握某种共同之物,我们就进入了梦幻般的泡影。

我们在当前的符号化世界中经常能听到这种似乎意味着某种一般原则的言论。比如,人们常说世界已经被"美国化了"(amerikanisiere,德语),而且所谓的"美国化"已经改变了我们世界的面貌。这意味着在美国强力发展的革命的文化形式已经笼罩了世界,带来了阴影,并形成了一种革命性的发展过程。与此同时,人们还探讨东欧国家强调的自身的进步性（Fortschrittlichkeit，德语），但人们仍然认为，在某种程度上，东欧国家依旧是落后的（altmodisch，德语）。这就意味着发生在东欧国家的符号变革与西方社会的符号变革不一样，它们不是激进的（这表明这些国家并不华丽）。同时，有人频繁地指出，现在的符号化世界"倾覆""污染""威胁"了自然世界。这种基于生态学的讨论从根本上指出符号化世界横陈于人们面前，并为人类生活设置了一种具有意义的世界。不过，这个具有意义的世界无法对人类传播进行调解，只是使人类在无意义的符号中的生活依旧无意义。

文化世界处于变化之中，而人们试图把握隐藏于其中的共同点。如果我们将形式多样的冰激凌视为美国式的消费姿态，那么实际上世界已经到处都被美国化了。如果我们将灯光璀璨的百货商场和色彩绚丽的汽车视作现代性，那么与美国相比，有些欠发达的国家则具有前现代性的特征。如果我们把华丽的汽车露营族视为一种沙滩上滋生的皮肤病的表象，那么实际上符号化世界已经污染了当前的自然界。即使这些讨论都是正确的，但它们并没有指出当前世界面临的危机的本质。不过，我们可以意识到，这些讨论对我们面临的危机持有否定的态度，所以可以说这些讨论具有反动性（reaktionär，德语）。如果我们认为世界都变得"美国化"了，那么这个主张就包含"反美国化"的内涵，并且具有悲观性。这最终导致了文化对自然的污染。这一主张意味着，任何生态学学者的鲜花和海报都无法掩盖过激的文化悲观主义（对这类海报本身来说，技术图像是一个重要的问题）。人们试图在符号化世界中把握被当前爆发式发展的技术图像隐藏的本质，但所有类似的尝试都失败了，因为人们在试图把握本质之前就已经否定了本质。

当然，也有人试着去肯定围绕着我们的这些新风格，如将佛罗伦萨、萨尔茨堡称为巴洛克时代的都市，认为曼哈顿是"流行音乐之都"。但是，如果我们试图反驳这种观点，并对这种新的风格进行分析，便会发现我们由于不具有充分的距离而无法分析它。不仅如此，在西方世界中，重要的

第三章　技术图像的含义

问题并不是新风格的出现，而是一种"美学现象"的出现。房屋外观风格的剧烈变化和袜子颜色的多姿多彩，以及罐头、杂志、海报和电视节目等，犹如哥特式或在文艺复兴时期一样，表现为一种新的生活方式。然而，这些也都不是什么特别之处。相对而言，重要的问题是这种革命性事实，即房屋外观和多彩的袜子，以及罐头、杂志、海报和电视节目，它们变成了将我们程序化的信息的传送者。人们将曼哈顿称为"流行音乐之都"，与其说这是一种风格的呈现，不如说这个都市是为了让数量众多的圆形剧场型话语结构传送信息——进行送信服务。

基于上述讨论，我们将对当前面临的危机进行探讨，其中一个重要的问题是符号转化。这包含两个事实：一是，从本质上将文本符号转换成技术图像符号；二是，在裹挟着我们的世界里，所有新生风格的众多形态的共同点不再是文本的行，而是一种平面（完全是一种新平面）。这种新平面让我们体验、认知、评价世界，并传送必要的信息。我们之所以说工业社会的黯淡无序被现在的技术图像替代了，是因为后工业化社会不再呈现为黑白印刷的文本，而呈现为喧嚣的、动态的，被彩色的、和谐的图像符号化了的存在。

问题的关键在于，从符号转化的角度探讨我们所面临的危机的本质。但是，对这一本质的探讨并不是试图从中找到它与我们目前的困惑的共同之处，也不是对一些我们尚未提及的问题抛出异议。危机的本质是一种假设，所以我们并不主张人类的危机存在于一般的美国化、一般的消费定义、一般的自然破坏或新出现的生活风格（或没有被提及的众多层面）之中。我们认为，当前危机的本质源于新符号的诞生，但它的诞生也是有价值的。我们承认，出现在人们周围的混乱和绚丽多彩为我们努力在其中把握方向的尝试提供了数不胜数的方法。同时，我们借助传播理论提出了适用的危机应对方案。这就是我们在本书的第二章引入技术图像的概念，并提出相应的操作性定义的原因。我们将在对当前危机的研究中应用技术图像的概念，这个危机被视为过去占支配地位的一维符号的崩溃,随之出现的是新的二维符号(以及在此基础上形成的更多维度的符号)。

根据本书第一章和第二章的讨论,我们在这里就没有必要继续强调当前出现的危机本身了。现在的危机不仅表现在政治、社会、文化、经济、认识论、宗教等领域,还表现在"危机"这个词汇的微观意义上,即"历史的终结"中。而且,在这场危机中,我们不仅把所有的范畴(认识、价值、体验)当作问题,还对从这一词汇的传统意义到人类的存在都提出了质疑。因此,我们面临的重要问题不仅包含新科学、新艺术和新宗教的诞生,还包含重新界定文化意义的新文化的诞生。换句话说,重要的问题不仅是新的政治意识的诞生,还包含新的意识维度的产生。从这一角度出发,我们每天关心的所有问题(如报纸里提到的问题),不管它们以何种方式出现,都会变得毫无意义。此时,从根本上说,我们不再与不能成为问题的那些对象的状态相关,而是与即将到来的状态相关。不过,更重要的问题是,我们实际上并不清楚这意味着什么。

这种激进的(Radikalität,德语)分析是令人不愉快的,会让人想起目前正兴起的众多教派的世界末日预言,除非它能在观察方面得到准确和详细的支持。换言之,我们熟悉预言家关于大灾难的预言,但我们无法从心底接受这种预言,因为我们在矿物、能源和生物资源业已枯竭的大地上进行活动的期间,原子弹、大气污染、辐射云就已经悬挂在我们的头上了。抱着惶惶不可终日的心态,我们已经无暇顾及其他。在令人窒息、遭受饥寒交迫的情况之下,关于历史终结的所有预言并不能引起我们的惊讶,而且对于新意识维度的预言也不能使我们感觉到任何程度的幸福。与此同时,我们质疑这种预言的能力(对情况不会发生改变的信任,或者相反,对适应变化的人类能力的信任)也在不断弱化,并使冷漠的氛围不断扩散。最终,我们甘愿接受世界末日的预言。毕竟,我们不仅不相信世界末日,而且对保护世界也不再有那么多兴趣了。由怀疑和冷漠混合而成的气氛正是我们所面临的危机的特征,在这种氛围下,除非有能指明出路的观察，否则这里提出的激进分析是令人不愉快的。

本章将呈现这种观察，研究后历史意识是如何在个人心中萌芽的，并研究后历史意识如何为人生赋予新的意义。为此，我们必须正确地对几种技术图像进行研究。不过，对这些重要的技术图像进行处理的做法不但超越了本书的框架，也超出了我的能力范围。本章将从传播理论的角度出发，分析我们所处境况的激进性，并消除不负责任的想法，进而为克服危机作出贡献。这种观察有必要继续进行下去。

第一节 对几种技术图像的解读

在电影院观看电影、翻阅图画杂志、阅读罐头上印刷的使用说明，以及通过复杂的交通信号灯掌握方向时，我们并不能通过上述定义来解读技术图像。这种行为从根本上说与放射科医生拥有 X 光片，建筑师拥有设计图，经济学家拥有模拟计算机模型，以及核物理学家拥有威尔逊云室是一样的。我们坚持认为人们是将传统符号置于眼前：人们在电影院中像读小说或欣赏戏剧作品一样观看电影；人们像读书或在画展上欣赏画作一样将杂志一页页地翻到最后；我们把罐头拿在手里就像拿着一只待宰的鸡，像阅读菜谱一样阅读罐头上的说明；我们判断交通信号灯就像判断交通标志或道路地图一样。然而，技术图像并不是传统意义上的人类想象，也不是我们的构想，因为我们还没有意识到解读技术图像的方法与人们当前知道的、被要求了解的所有解读方法都是不同的。这种尚未被了解的、不同的解读方法在本书中被称为"技术想象"。

我们无法认识到上述事实，因为通过技术图像传达的信息被赋予了特别的属性——魔术性，即这些信息是不透明的。我们不仅不能理解这种技术图像是如何被制造出来的，也不能理解我们是如何被这种技术图像程序化的。洞察技术图像是如何被创造出来的困难并不是技术性的困难,这种困难与技术没有任何关系。换言之,颇为奇怪的是,即使技术图像是由我们创造出来的(如拍摄照片和拍摄电影),但我们仍无法理解这些技术图像是如何被制造出来的。奇妙的是,洞察技术图像的困难之处与自己被技术图像的程序化也没有任何关系。同时,技术图像越是能更好地发挥程序化功能,我们对这些技术图像真正代表着什么就了解得越少。技术图像的不透明性源于技术图像是从概念中被制造出来的,源于我们当前的意识维度还没有达到与技术图像符号对应的维度。简而言之,我们坐在电影院里时并不知道自己在干什么,因为我们的努力还不能产生这种意识维度。

现在看来,似乎有一个简单的方法能够打破技术图像给我们带来的特殊的魔术性灰阑①(magischen Kreidekreis,德语)——我们能向洞察这些技术图像的专家求助。例如,放射科的专业医生能明确地知道 X 光片是如何被制造出来的(他们知道自己使用的装置的功能,以及与这些装置有关的基础理论),也能相当正确地知道这些 X 光片具有什么意义(如依据某些医学文本,医生才能从这些 X 光片中将某些疾病的症状解读出来);经济学家清楚地知道电脑模型是如何被制造的(他们明确地知道电脑里内置的程序,以及使用这些程序所需要的理论),并且能相当准确地了解这些模型意味着什么(用与经济动向有关的图像来描写的主题)。这些精英和专家能够从根本上帮助我们解读电影,我们应该像他们学习制作 X 光片和使用电脑模型那样去学习如何解读电影,并通过这种对方法的学习来洞悉电影。但是,就像在这方面进行过很多尝试的人们[如所谓的视频艺术、运动分析(motion analysis)等]所展示的那样,掌握专业领域的方法后也没能达到我们的预期目标,因为专家在自己的专业领域中也不能完全意识到他们到底在制作什么。例如,如果我们询问核物理学家、

---

① "灰阑"在古时候指用石灰画的圆圈。德国作家布莱希特的《高加索灰阑记》(*Der kaukasische Kreidekreis*)中的德语词汇"Kreidekreis"便对应中文的"灰阑"一词。——译者注

天文学家或经济学家他们制造的图像意味着什么,他们会对此感到难以忍受,因为他们会认为这种疑问并不是意义论方面的问题,而是一个形而上的问题——让他们证明在其专业领域内维持对技术想象的维度是一件多么困难的事情。其中,最根本的原因是技术图像在大众传播(圆形剧场型话语结构)和精英传播中发挥的作用不同。在树状话语结构中,技术图像的使用者本身就是送信者,他们与符号化的装置是结合在一起的;在圆形剧场型话语结构中,符号化的装置是独立于使用者的。精英技术图像和大众技术图像在精英传播和大众传播中与装置-操作者复合体的关系如图 3-1 所示。

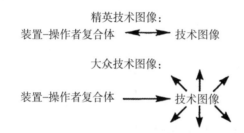

图 3-1 精英技术图像和大众技术图像与装置-操作者复合体的关系

从图 3-1 可以看出,在精英技术图像的传播中,操作者就是使用者,并且在树状话语结构中,他们能够将接收到的图像持续地传达给其他的操作者。在大众技术图像的传播中,使用者存在于圆形剧场型话语结构之外。大众技术图像具有排他性的特征,只经由圆形剧场型话语结构不断地被传送出来;精英技术图像也具有排他性的特征,只在以科学和技术为中心的树状话语结构中发挥作用。在技术想象的意识维度对技术图像进行的解读仅能在专家狭小的专业领域中发挥作用。并且,大众在解读技术图像时并没有从精英和专家那里获取帮助的渴望。

这当然是一种令人难以忍受的情况,因为我们并不满意这种有意识或无意识的程序化(之后将展开讨论),并且我们也不满意使我们程序化的装置-操作者复合体有意识或无意识地发挥作用。此外,我们也不期待在某一天打开圆形剧场型话语结构时,里面传送出的技术图像能够变得像精英图像一样为我们所用。正如我们前面提到的灰阑一样,我们被困在错误的圆圈里——圆形剧场型话语结构的功能发挥得越好,被传送出来的技术图像就变得越不透明。如果我们为了更加透明地制造技术图像而打开圆形剧场型话语结构,那么我们等待得越久,就越难以透彻地了解它(比如,相较于今天的电影,卢米埃尔兄弟①时代的电影就更加透明,当时坐在电影院里的观众比今天电影院里的观众更明白电影意味着什么)。

因此,为了能够解读技术图像,为了能够在日常生活中保证技术想象的空间,我们必须发明其他的方法。其中,第一个方法就是对技术图像的创造展开研究。此时,我们就产生了在这一创造中发现具有适用性的意识维度的希望。第二个方法是对技术图像的接收情况展开研究。此时,我们的希望就是揭示技术性、想象性意识维度的压迫。下面我们将尝试讨论这两种方法,具体而言,第一种方法是研究照片、电影和录像带的情况,第二种方法是研究电视和电影院的情况。不过,从战略角度来看,有关这两种方法的中心问题并不是对传播的分析,而是对技术图像的本质进行的集中分析。

一、照片

我们选择从照片这一技术图像开始进行讨论有诸多理由。第一,从历史的角度来看,照片是历史最悠久的技术图像;第二,我们认为从照相机那里得到的所有经验能够与照相机一起发挥作用;第三,无法通过圆形剧场型话语结构传送出去的那些技术图像并不是重要的问题(与海报和

---

① 卢米埃尔兄弟,哥哥是奥古斯塔·卢米埃尔(Auguste Lumière, 1862—1954 年),弟弟是路易斯·卢米埃尔(Louis Lumière, 1864—1948 年),是电影和电影放映机的发明人。兄弟俩改造了美国发明家爱迪生创造的"西洋镜",能够借由投影放大活动影像,让更多的人同时观赏。——译者注

第三章　技术图像的含义

杂志类似），在为数不多的传播结构中能够被持续传播并对技术图像进行保存才是重要的问题（与相册类似）；第四，由于我们在日常生活中可以频繁地接触照片，所以我们可以轻易地观察到被创造的过程。简而言之，摄影师和挂在他胸前摇晃的装置看起来是所有装置-操作者复合体（把历史转化为程序，从而实现符号转换的功能）中最容易让人们接近的。

现在，如果考察持有装置的操作者的姿势，我们能肯定的是，对于这种姿势来说，最重要的是操作者所站立的位置。例如，我们假设一个旅行者打算在某个场景中给他的妻子拍照，他展示的姿势是，寻找一个位置，可以对他妻子所处的位置进行拍摄。对于这种姿势，我们可以作如下的表达："为了在摄影中将想要的场景固定下来，操作者需要观看场景，并判断在空间中的什么位置，以及需要多少时间来进行观察？"这是对四维时空提出的问题，它证明了那位摄影师试图寻找一种立场，以确立他与将要被捕捉（abzubildenden，德语）的场景的关系。这一场景通过三种要素得以确立，即场景本身、照相机的功能和摄影师的意图。但是，通过这种方式确定立场，并对摄影师想要捕捉的场景进行客观或主观的讨论，无疑是一件完全错误的事情。

例如，如果摄影师要捕捉他妻子的微笑，那么他无疑要找到一个非常特殊的位置。这个位置的参数与作为背景被拍摄的哥特式教堂这一参数并没有任何共同点。确立这种位置的条件是光线的情况、妻子牙齿的光泽，以及其他许多客观因素。同时，确立这一位置的条件也包括照相机的敏感性、拍摄原理，以及胶卷的质量等这种客观因素。换句话说，以上客观因素具有的客观性是完全不同的。此时，这两种客观性间的辩证张力是在创造一张特别的照片的意图下，即在摄影师的主观能动性下发挥作用的。同时，在摄影师拍摄照片时，实际的辩证结构比我们在这里考察的更具复杂性。例如，摄影师在寻找位置的过程中，可能突然作出打算拍摄妻子的手而不是妻子的微笑的决定，并且意图本身的改变可能被视作摄影师要重新寻找一个位置的附带条件。

在摄影师寻找位置的过程中出现的意识维度与客观性和主观性间的差异并没有任何关系，这是一个明确的事实。我们不仅在摄影师要捕捉的场景的功能和捕捉时使用的装置的功能中寻找立场，如果也考虑在未来图像的接收者的功能中寻找立场，那么这一事实就变得越发明确了。因此，对于摄影师而言，在拍照时要提出的问题是以场景、装置、相关信息的接收者和最后应创造的照片本身为基础的。

如果我们要详细地考察摄影师提出的问题，首先进入我们视线的是一条非常特殊的轨道，它处于四维空间。在第一维度，摄影师从场景中走远，然后再与场景变得更近；在第二维度，摄影师与场景建立关系，在众多的水平角度中位移；在第三维度，摄影师在多个垂直角度进行观察，如从更高一点或更低一点的角度进行观察；在第四维度，摄影师参考曝光时间并对场景进行观察。所以，综合上述观察可知，这四个维度混合在一起，它们的界限并不分明。换句话说，摄影师对拍摄位置的寻找，是在一种单纯的时空之内进行四维的游移（Schwimmen，德语）。

对摄影师来说，这样的寻找具有的特征是，在他随时可以跨越过去的空间-时间中仿佛存在障碍物一般，而摄影师突然的游移则成为一个重要的问题。对于摄影师来说，空间-时间的分类与笛卡尔或康德讨论的范畴是完全不同的，这是一种更富多样性的范畴。例如，在空间-时间内，存在鸟瞰的视角和青蛙的视角；在人眼能观测的角度中，存在从旁边侧目而视的视角和将眼睛瞪大在场景中凝视的视角；存在像闪电一样躲避起来等待的视角和具有韧性、长久等待的怀疑性视角。上述所有的视角都代表着特殊的认知形式，并与摄影师想要创造的照片的特殊氛围一致，即所有的观察视角都广泛地从属于场景、装置和摄影师的意图。在它们的共同作用下，这些视角使摄影的世界观（fotografischen Weltanschauung，德语）诞生了。在这种世界观中，哪个"世界"是更重要的，这一问题在摄影的意识维度中是没有意义的。如果提出哪个世界更为重要，则证明提问者并不拥有使照片诞生的技术想象的能力，这就涉及前摄影性

(vorfotografische,德语)的问题了,而这才是真正重要的问题。

摄影师会突然确立他应处的位置,从摄像空间-时间的这个领域飞跃到那个领域,即将物理性的量分成量子(quantelt,德语)。与电影摄像机和录像机不同,摄影不适用于旅行和流动的寻找(flüssiges Suchen,德语)。照相机并不适合在空间-时间中自由地游动,不适合无立场的寻找。摄影的原理要求的是摄影师确定立场后作出一个决断,在按下快门完成对场景的拍摄之前,他要从一个可能的位置飞跃到另一个可能的位置。与摄影相关,这种量子化的寻找动作可以被视作一系列暂时性的决断。然而,在研究摄影师的自由问题之前,我们应该关注这种量子化的其他层面。

照相机的原理是创造能够彼此分离的图像。这些图像允许彼此像在电影拍摄中一样遵循顺序排列。换言之,摄影师是以清楚而明晰(clara et distincta perceptio,法语)地捕捉场景为目标的。这种摄影师的算术特性(arithmetische Charakter,德语)不仅体现在摄影师的量子化寻找中,若要形成摄影世界的量子化结构,这种特性也是无法避免的。我们能够在胶片上进行曝光、拼贴、制作胶卷(我们可以剪接电影胶片,就好像将照片的顺序打乱一样)。同时,摄影符号的本质,即这种符号的算术结构(arithmetische Struktur,德语)在一系列动作完成后才能得以呈现。换句话说,技术想象在摄影中发挥着算术的功能。

我们可以从摄影师在观察和寻找位置的姿势中看出他与照相机的关系,这可以被称为功能决策(funktionellen Entscheidens,德语)。这种关系是与所谓的技术专家有关的,它非常鲜明地揭示了装置与其操作者的关系——摄影师与他的照相机可以作为研究这一问题的精细化模型。虽然摄影师可以在寻找自己的位置时移动照相机,但他只能在照相机起作用的原理范围内进行操作。摄影师作出决断后便会使用照相机,但这一决断只有在与照相机相关时才可能出现。摄影师拿着照相机移动或静止,又或者移动照相机或根据照相机移动(这些都是在摄影维度中不再适用的范畴),因此对摄影师和照相机作区分是没有意义的。换言之,摄影师存在于与照相机相区分的没有意义的复杂动作中,因为基于这些动作的决断既不是人性化的(menschlich,德语),也不是机械的(mechanisch,德语),而是装置-操作者复合体的决断。我们将作出这种决断的能力称为自由,但无论摄影师感激(dank,德语)照相机也好,持有(mit,德语)照相机也好,反对(gegen,德语)照相机也好,他都是不自由的。对于摄影师而言,自由仅意味着他在照相机的功能范围内作出决断的自由。

通过对工具和世界的变化进行的考察,我们可以知道,对自由及与此相关的分析已经停滞了,因为装置不是工具,装置的移动并不是为了改变世界。在这种意义下,装置并不进行劳动,因为掌握生产手段这一古典问题(这种问题实际上是关于自由的)在这种维度中变得没有意义了。同时,对抗装置的革命也是没有意义的,装置并不是生产手段,所以它既不能压迫人类,也不能解放人类。工匠在拥有锤子之后就获得了自由,因为他们并不是在锤子的功能范围内移动,而是在进行革命。随后,在工匠(通过打铁)使世界变化的意图和功能中,他们移动了锤子。不过,摄影师没能理解这种(非历史性的)思维方式。对于摄影师来说,自由的问题不再是从异化的劳动(Arbeit,德语)中解放出来的问题,而是对功能的质询。与工匠不同,摄影师不是劳动者,而只是照相机的一个操作者。不过,这并不是说摄影师不能使世界变化,只是说这种世界的变化是不能通过"劳动"这样的概念而被正确分析的。换言之,我们能观察到寻找立场的姿势是如何被扩散(übergreift,德语)至摄影师直面并作出决断的场景中的。摄影师要求他的妻子微笑,将胳膊抬起来,同时他阻断特殊的光线,让妻子移动。简而言之,摄影师在操作照相机的同时做出一系列动作,如把滤镜放进去、拿出来、使用闪光灯和支架等。要捕捉的场景和对用于捕捉的照相机的移动,从传统的意义上来看并不能被称为劳动,因为这种移动依据的是其他动机。劳动带有使世界变化的意思,因为世界并不像它应该成为的样子而存在着。劳动是一种政治性的(politische,德语)[义务论的

（deontologische，德语）]动作。与此不同，摄影师对于世界应该是怎样的并不感兴趣，他关心的是照片应该是怎样的，并且摄影师在他所创造的象征性的功能内使世界变化。恢复世界与摄影师所捕捉之物的关系才是他们关心的重要问题。马克思表示，改变世界是重要的问题，但哲学家只局限于说明世界。摄影师为了拍摄世界，即为了说明世界而使世界发生变化，这是他们对"历史的终结"作出的令人印象深刻的图解。

摄影师寻找站立位置的姿势与改变世界和装置的姿势是不可分割的，是结成一体的。摄影师寻找立场是为了改变世界，而使世界产生变化也就意味着寻找。一个摄影师打开窗帘是因为他要寻找站立的位置，如果他寻找的目的是打开窗帘，那就是因为窗帘后面隐藏着他想要站立的位置。观察使被观察者与观察者发生变化的事实对摄影师来说是理所当然的事情。肯定这一事实的极大困难（构成科学危机的很大一部分）只存在于历史性的思考维度，不存在于摄影师的意识维度。换言之，如果我们将真理视为观察者和被观察者的相遇（我们要发展并继续发现更多的新东西），我们就不能满足于观察者和被观察者在那种相遇中产生变化的部分。如果我们肯定这种想法，那么真理就更加无法被述说了。然而，这些理论对摄影师来说并不适用。摄影师拍摄的照片在捕捉不发生变化的世界时并不是真理，只有摄影师捕捉发生于世界和装置中的变化时，他的照片才是真理。摄影的认识论并不像伦理和政治那样能够在历史的范畴内被分析，所以我们只能借助符号分析它。

如果摄影的动机不是伦理方面的（把世界变成它应该是的样子），也不是认识论方面的（认识世界本来的样子），那么摄影师在寻找的过程中应该做什么呢？从摄影的姿势本身是无法得出答案的，只有在我们观察摄影时，答案才能显现出来。摄影师为了让他人（摄影的观察者）用与自己相同的方式观看世界而寻找立场，他寻找的并不是客观的立场（在摄影师的维度中不存在这种立场），也不是寻找主观的立场（装置消弭了所有的主观性），他寻找的是主体间性（intersubjektiven，德语）的立场。我们可以将摄影师游移的动作视作对多样化的主体间性立场的寻找,那些照片则是在寻找主体间性的过程中诞生的有关世界的观点——这样的观点依靠他人才能够被分享。

当然,摄影师对自己所做的事情也是十分惊讶的,他能认识到自己正在做的事情是什么,因为他的行为不仅横扫所有传统的政治和科学范畴,还包含与善和真理有关的完全崭新的观点。不过,他还仅仅是认识到了一半,就感觉像被麻痹了一样——他是在摄影的维度中移动,所以他在装置的功能和他人的决断[在观察摄影的他人的方向(Richtung,德语)中进行的决断]间摇摆不定。这是因为摄影师相信可以利用传统的范畴来把握艺术,相信自己是在美学动机之下作出了决断——他想要创造的是美丽的图像。摄影师不能否认这样一个事实,即从拍摄照片的维度来说,以前的科学和政治是在美学的基础上被收集的(这在对其他技术图像的考察中将变得更加明显)。不过,摄影师通过要制造美丽的图像这一主张给摄影的动机蒙上了面纱,因为(即使我们将纯粹的美学动机转嫁给画家)摄影师和画家作出了完全不同的决断。

在照相机的内部安装有一面镜子,如果摄影师在给定的时间内按下快门,他在镜子中便能看到他对准的位置上的照片。这种镜像是摄影师作出捕捉场景的决断时使用的。理解技术想象并掌握这种图像的功能是十分重要的,我们在这里激进地步入了新符号化进程的核心,因为镜子里的图像是从观察对象那里后退了一步才诞生的。镜子里的图像是经过设计的,展示的是摄影师在作决断时想如何呈现照片的问题。这些设计包含所有可能被呈现的照片,所以它们与未来的愿景有关。同时,这些设计包含所有拍摄照片的盖然性,所以它们也与过去的愿景有关[所以未来学(Futurologie,德语)是对未来的预测]。然而,最重要的是,这种镜像并不是在场景中产生的,而是在使装置和场景关系得以建立的摄影师所处的位置上生产的。在本书的第二章我们已经对此进行过论述,所以可以说这些镜像是从图像的概念中产生的。据此,摄影师以照相机中提供技术图像的装置(镜子)为基础,按下快门作出了决断。照片是概念被现实化的镜像,是以技术性反映为依据,通过装置-操作者复合体作出决断的结果。这正是我们所谓的"漂亮地"制造了照片,因为这体现出照片的反身性(Reflexivität,德语)和思辨性。同时,更为重要的是照片具有抽象性,这种特性使概念变成可以被想象的象征。

我们对拍摄照片的姿势的观察只局限于寻找要站立的位置这一阶段(Phase,德语)。创造照片的其他所有阶段和摄影装置被制造后都被搁置在一边。同时,我们对被观察的姿势也仅仅是进行了粗略的、不完整的描写。即便如此,这些考量中的某些方面对技术想象力来说仍是令人震惊的新事物——一个新的意识维度正显现出来。我们在拍照时如果能意识到自己在干什么,我们就可以完全以不同的方式去认知、体验、评价我们的世界。此外,我们无意识地摄影并被照片程序化,虽然我们对此的认识有限,但我们确实以不同的方式体验、认知、评价着我们的世界。

二、电影

如果我们对电影符号和照片符号进行比较,就可以观察到两者具有很多差异。在电影中,图像是以不断流动的形式呈现的,是有声音的,是可以让人回想起照片在电影院的空间中是如何被展示出来的,等等。然而,如果考虑到我们在观察什么,考虑到造成电影与照片间如此巨大的差异是因为电影的特有属性,那么这种差异就是次要的,因为电影是对历史的操纵(Manipulation,德语)。

视觉陷阱(Trompe l'oeil,德语)的技法[①]使图像能够在电影院的银幕上流动呈现,并在放映机没有正常运行时,通过突然的晃动而对渗透到人们意识之中的视觉陷阱进行说明。这是在电影制作时考虑到对历史的

[①] 对应的法语是 trompe l'oeil,又被称为错觉画法,指将事物的立体感逼真地展现出来,是流行于巴洛克时期的令人混淆现实的静物绘画形式。——译者注

操纵（Geschichtsmanipulation，德语）才可能实现的。电影能够发出声音，观看电影的受众正对着画面而坐，同时能感受音响传出的声波。这一事实（我们通过"视听觉"概念而想要把握的事实）从数年前开始已经让传播学者陷入混乱了。电影的符号到底具有多少个维度？仅银幕就具有两种维度，第三种是声音维度。此外，它们是否还包括展开的时间维度或事件（情节）的进展维度？如果我们考察电影胶片，就会认为声音与图像是一样的，都是在一个平面内被符号化了。但是，关于电影的重要问题是，我们发现了包含听觉功能的二维、技术想象符号这一事实。电影院让人们想起了剧场，但与剧场相比，电影院在实际上具有完全不同的结构（剧场只有一个送信者，但电影院不同，这个场所整体是黑暗的，其中有一道光线指向银幕）。这一事实展示的是一种错觉想象（trompe l'imagination，法语），是一种通过让人回忆流动图像而形成的视觉陷阱。这种规定具有如此强烈的特性，与照片形成巨大的差异。电影看似在内容上更接近电视，但它们所有类似的方面实际上并不体现在信息的发送上，而是体现在信息的接收上，即通过送信者在收信者内部形成刺激性的错觉。这些错觉大部分是将电影符号的本质进行隐藏的无意识意图。然而，即便这些错觉十分重要，它们却并未切中本质。

　　拍摄电影的姿势与拍摄照片的姿势不同，电影的拍摄重心与摄影也不同。摄影师拍摄照片时是通过决断来选择一个被设定的立场，即它是意识形态性的姿势，是观点的问题。最重要的是，摄影师在拍摄照片时的意识形态是反历史性的意识形态，即历史性的意识形态拥护一个立场，但摄影师的立场是不断变化的，所以摄影师在拍摄照片时拿着照相机做出的姿势是具有决断性的。这个姿势展示的是装置的操作者在照片拍摄的维度是如何超越意识形态的，因此对有关照片的其他姿势，如将胶片冲洗成像的姿势，应该从我们试图分析本质的意图中后退一步。

　　电影拍摄的不同之处不是说摄像师手持摄像机时展示出的姿势不重要，而是说这个姿势并不位于符号化的中心。电影摄像机的操作者只提

第三章　技术图像的含义

供制作电影时使用的一些物质设备（电影胶片），在装置操作者（电影公司）的操控下，它们被用于拍摄电影。电影摄像机的操作者仅仅是装置的一部分而已（其他的部分是编剧、照明师、演员、导演），符号化的核心是通过剪刀和胶水对制作出来的电影胶片进行编辑。我们并不是说对电影摄像师手持摄像机展示出来的姿势进行研究没有意义，而是这里的研究对象与照相机不同，它是一种具有切断决断意图的装置。这种装置能以不受重力影响的状态在空间中徘徊，从而扩大移动范围，并且它还能以一个点为中心，对周围的环境进行描写。简而言之，这一装置是材料驱动（Material geronnene，德语）的，是悬而未决的疑问（unentschlossene Zweifel，德语）。针对这一情况，能够被确定的是，这种怀疑不是实存性的，而是方法性的（methodisch，德语）。操作者并没有受到自我怀疑的折磨，他们就像是为了那些不能作出这种决断的人而做出这一切。操作者手持装置制作电影，在电影胶片的功能内发挥着作用。同时，操作者的疑问是一种方法，能够使电影胶片具有可操纵性（manipulierbar，德语）。

对这种姿势的考察如此引人入胜。它既是对技术图像本质的洞察，也是对装置功能的本质的深刻洞察，但它依旧不是电影制作的核心问题。电影制作中真正重要的姿势是操作者对胶片进行"手术"的姿势，是操作者弯下腰用剪刀和胶水使电影胶片的形态发生变化的姿势。我们并不是说电影胶片是由一些有声音痕迹的场景照片构成的，也不会说操作者对这些胶片进行操作是为了以不同的方式将这些照片组合起来，因为这种类型的叙述脱离了本质。电影胶片是由对一系列令人怀疑的立场的见解形成的，操作者对电影胶片进行操作是为了从这里出发，制造一段历史（一部电影）。从电影公司的立场来看（这个立场与电影胶片被剪接的立场处于完全不同的维度），电影胶片是需要在电影院的银幕上投射的历史题材。严格来说，这种电影公司的立场是超历史的（transhistorischer，德语）。

操作者剪接或黏合胶片的时候，他的计划正如本书第二章描述的那样,是关于历史时间(historische Zeit,德语)的。电影胶片是一个文本、一个线性的符号,叙述着、计算着,是由一些鲜明的具有差别的象征(照片)串连起来的珍珠项链。我们不会被这些象征是图像这一事实迷惑,即我们不会受它误导,认为电影胶片已经是一种技术想象的符号,因为电影胶片只是为了那些符号而存在的材料而已。最重要的是,电影胶片实际上是对图画文字(线性符号)的一种非常复杂且可疑的模仿。胶片与真正的线性文本的差异在于,与其说胶片是装置创造的,不如说胶片还不具备可供解读的清晰意图。相对而言,(电影公司的)装置提供的文本是为了在胶片上转变为一个新的符号(电影符号)而存在的。从电影胶片这一词汇所具有的严格意义来说,电影胶片是前文本的。

从对历史发展的一系列见解来看,对胶片进行剪接的操作者已经将历史牢牢地握在手中。操作者的材料既赋予了发展以意义,又使过程象征化,并基于此造就了在世界中被线性程序化的人类。电影胶片是文本链条上的最后一环,这个链条是数千年来人们对世界赋予的意义,人们是为了通过"讲述""计算"世界而将它展开。如今,操作者拿着剪刀和胶水试图为这最后的历史链条赋予全新的意义。不过,操作者并不像具有超越性的神一般站在历史之上,但他们与神一样,能够同时看到历史的开端与终结,并能将历史的开端与终结合为一体(他们能将胶片的两端黏合为一个圆)。同时,他们能够更进一步,不论采取什么样的方式都可以在不与神碰面的情况下给历史"做手术"——他们能够掌握事件的排序。超越历史的犹太教、基督教和亚里士多德的神是历史性的[神本身是不移动的移动者(unbewegter Beweger,德语)],但装置中的操作者是位于历史之上的,是不移动的讲述者(如卡夫卡笔下的"神")。

操作者可以将电影胶片变成一条圆形的带子,从而将历史重新弯曲并终结,即操作者可以把文本变成一条圆形带子,让它重新逆流到画框(Bilderrahmen,德语)中。但是,这并不是操作者的意图,他们的意图是重新排列历史的各个阶段,使其停滞或加速,从而让历史向着相反的方向

第三章 技术图像的含义

改变,并在很多的节点实现历史的反复。简而言之,操作者的意图并不是对同一事物的永恒轮回进行再创造,而是要在多样化的维度中将线性的历史时间按照不同的形状进行一目了然的排列,即不是为了将线条(Linie,德语)再次变成圆(Kreis,德语),而是为了创造出更多的形状(如扇形、三角形、螺旋形、迷宫)。在电影公司内,装置的操作者是历史时间的作曲家,他们将历史变成了和弦。操作者能够做到具有超越性的神所不能做到的某些事情——将历史时间瓦解成线条,并投射到平面上。这是在过去绝不会存在的姿势。在这种姿势中,不仅过去和未来都丧失了意义,而且全部的时间都现在化了,时间也随之瓦解了。操作者即使不参与时间的进程,也能对时间进行操作,所以时间被瓦解了。人们在历史意识下所做的所有行动都是历史之中的行动,即历史随着人类在历史进程中的行动而发生变化。我们在历史中行动,我们便成为历史进程中的行动者,将时间变成了具有戏剧性的存在。但是,在电影操作者的意识中存在着两种类型的行动,即提供历史材料的行动者的行动和操作这一行动的行动者自身所固有的行动(此时,对于电影操作者而言,行动者不仅是演员,还包括照明师和编剧等。在他们眼中,并不存在对英雄的称颂)。因此,在电影制作的意识维度中,时间并不是戏剧性的,而是为了戏剧而存在的材料。

在我们勇于飞跃之前,在电影操作者的维度中,我们能够看到做出历史性行动的典型傀儡(Marionetten,德语)般的制作者[或对使用结构主义方法进行分析的管理人员来说,事件能够被设定在形式性的图式(Schemata,德语)中],并且能够提出对历史时间的制作在电影公司的装置中是如何发生的这一问题。对这一问题的回答出人意料的简单——我们使那些个别的图像在电影胶片上以多样化的顺序(伴随着图像的声音痕迹)和不同的速度展开,这便唤醒了我们对那些所谓过程的幻想,即我们将胶片的量子结构按照线性展开。令人感到惊讶的是,我们在阅读线性文本时难道没有经历过这些吗?将量子变成线,将场景转换为过程,这难道不就是线性文本的本质吗？电影符号的本质是对线性符号的瓦解——为了利用线性时间（过程和发展的时间，讲述和计算的时间）展示视觉陷阱而夸大了它。我们可以将线性文本的瓦解视作信仰的消失，即以历史性意识为基础，"存在"就是"成为"（Werden，德语），所以人生从根本上来说是对引起行动的事实的信仰。以电影符号为基础，那些个别的图像如果被充分、迅速地投射，就可以达成一个协议，即对将要成为之物和行动产生印象的协议。电影符号虽然可以被视作历史信仰消失的结果，但它不能被视作新信仰的产生。在历史性[苏格拉底之前的思想家和智者派（Sophisten，德语）]思考开始之时，与历史相伴的作为"沙子"的世界和作为"波浪"的世界（粒子性分析和波动性分析）间的永恒争论，由于在电影的维度中不能被扬弃而变得毫无意义了。如果电影符号是流动的沙粒，那么它们看起来就会像波涛一样；如果波涛停止涌动（如静物画描绘的那样），那么人们看到的就又变成沙粒了。因此，电影的意识维度不是对历史性意识维度（过程和幻想）的否定，二者在方法论上是对立的（存在着让过程看起来像模像样的方法）。世界实际上是如何构成的，这在电影的维度中不仅是毫无意义的，而且成了无所谓的问题。

在经过这样的深刻思考之后，我们才开始像电影中展示的那样，投入后历史性意识维度之中。其中重要的问题是，这并不是对历史的漠不关心，恰好相反，历史直到现在才可以被"制造"出来，因为直到现在我们才洞悉历史，并依据历史制造出了那些图像。换言之，我们到现在才认识到历史是什么——历史就是将传统图像发展为概念。因此，直到现在我们才能对胶片进行操作。仅从历史性意识维度来看，这样的操作是将作为行动者的人类转化成傀儡。在新的意识维度中进行操作展现了这样的事实，即自由的本质不是在时间内行动，而是为时间内的行动赋予意义。所以，作为行动者的人类（活动家们）只不过是傀儡——电影的操作者不是在操纵演员，而是演员为所行之事和这种行动本身的无意义赋予意义。对演员的操纵其实是荒诞无稽的，即操作者在事件（要被剪接的电影胶片)的展开过程中,只具有制作者对物质的那种关系。如果认为被我们操作的装置会将我们奴隶化,那么这种认识只是一种误解,因为装置对此并不感兴趣。

如此强调我们揭示的危险是没有必要的,因为后历史性人类的本质就像拍摄电影时给人们留下的深刻印象一样,是反人文主义(antihumanistisch,德语)的。人文主义是一种历史性意识形态,把这种新的人类气质批判成结构主义、形式主义等是没有意义的。重要的是,这是人们对发展(和历史性自由)丧失信仰之后,无法避免地形成的新人类气质。我们所应该做的就是将这种人类气质推进人类的意识,唯有如此,才能使人类的气质呈现出除了指向极权主义装置的其他方向。我们应该试图征服后历史性意识维度。虽然我们对电影符号的考察是通过如此粗略的方式进行的,但这种考察对我们来说也是具有意义的。

三、录像

与照片和电影不同,录像(Video,德语)在符号化世界中相对来说是比较新的要素。因此,在录像的图像中,人们还期待着在照片和电影中已经消费过的魅力。根据录像的情况探究其本质并不是多么困难的事情,因为习惯(Gewohnheit,德语)并不具有掩盖本质的机会。

我们期待的新装置的魅力具有双重性。其一,新的装置是危险的,我们还没有预测到它是如何发挥作用的,因此它可能使我们沉迷(尚有将这些装置的意图转向其他方向的可能性,所以才说它们是危险的)。其二,新的装置是革命性的(如汽车不作为道路交通的工具,而是作为发生性关系的场所,这种情况就是革命性的)。人们期待的新装置的第二种魅力可以视作对第一种魅力的否定,即新的装置还隐含着可能性,并且对这种可能性的发现意味着人类能够从装置的危险中被解放出来。

录像是为了电视而被创造的装置,它把要送出的程序在磁带上事先程序化,并在一开始就可以进行放映审查(Zensur,德语),所以在放映时就可以阻断惊喜（Überraschungen，德语）了。然而，录像不仅是从电视这个装置中独立出来的，也是作为对抗电视的装置而被使用的——它可以使自身具有不同于电视意图的可能性。

录像带是一种记忆，是与以电影胶片的符号相同的方式进行信息符号化的一种记忆。电影胶片是通过操作者的制作而变成电影的，是一系列形态变化的照片，但录像是无法被编辑的（redigiert，德语），它只能按照记录下来的内容展开。① 因此，录像的时间性维度和电影的时间性维度是完全不同的。录像的时间性维度并不是将外部的事件重新在历史中排序，而是诞生了一种全新的历史。换言之，在录像带中，"以前"（früher，德语）被视为"以后"（hinter，德语），通过这种方式将时间转化为空间，并实现可视化。对这一事实的讨论将在下文展开。

与电影的胶片相比，录像带与线性文本具有更多的相似性。我们将录像带当作与羊皮纸卷（Pergamentband，德语）类似的工具来使用。具体而言，就是在已经被书写的行之间再次书写，录像带就像可重复利用的羊皮纸（Palimpsest，德语）书籍那样被使用。如此一来，文本与技术图像间的本质差异便得以凸显。换言之，如果我们用同一盘录像带摄录两个场景，那么第二个场景会出现在第一个场景的"前面"，第一个场景则成为第二个场景的背景。如果我们对同一个场景进行两次录像，第一次被摄录的场景便成了第二次被摄录的场景的背景。这样就形成了时间性的影子，并且历史性的时间概念在录像带上就变得可以被想象了。

我们无法像剪辑电影胶片那样对录像带摄录的历史性时间进行操作，因为录像带的结构并不是被设定在鲜明的、有差别的要素（照片）基础上，而是被设定在可以直接操作的（最重要的量子性的）要素基础上。然而，我们无法（像在学校教室擦掉黑板上用白粉笔书写的文本那样）抹掉

---

① 比如监控录像在发挥功能时是无法被编辑的。可以参考乔治·奥威尔的长篇小说《1984》里对录像功能的描述。——译者注

第三章 技术图像的含义

(ausradieren,德语)时间。具体而言,多样化重叠的时间层会被其中出现的其他时间层清除。据此,在心理学分析、考古学等专业领域,人们能够想象作为突发事件(Emergenz,德语)而被知晓的时间的一个方面。操作者手持录像装置的姿势能使人回想起他们手持摄像机或照相机等装置的姿势,但与后两种姿势相比,即使在相同的情况下,手持录像装置的姿势也与它们存在很大的差异——操作者并不是通过装置中的镜子看到要摄录的场景,而是在被称为显示器(Monitor,德语)的镜子中看到他自己;操作者不仅能在镜子中看到自己,也能看到与他人有关的画面。因此,操作者的姿势是他本人与呈现在这面镜子中的他人之间相互分享的一种对话。他不是只在装置和要摄录的场景的功能(与摄影师一样)内作出决断;在不能作出决断的状态(与电影摄像师一样)下他也不徘徊,而是在与他人的对话中作出决断。在场景中,与他一起的所有参与者都在显示器中成为他的"同事"。在那里,既没有照片的拍摄对象,也没有电影演员,有的只是合作者。这说明了显示器形成了录像的核心,这是明确的事实〔在未来的幻想中,可视化正是通过这个显示器实现的,它是承载"老大哥"(großer Bruder,德语)或"无所不在的间谍"(allgegenwärtiger Spion,德语)的场所〕。

显示器并不是古典意义上的镜子,它不能被左右翻转,所以从这一词汇的传统意义来看,显示器并不能提供镜像(Spiegelbild,德语)。这一点对还不熟悉显示器的人们来说是十分难以理解的。在显示器中,不翻转(Umkehrung,德语)事态而是使之反射(spiegelt,德语)是令人难以理解的,因为我们在思辨或反思的过程中是为了看到对立面(Oppositionen,德语)才被程序化的,显示器允许我们通过非辩证的方式去想象反映(反射)的概念。然而,显示器并没有反射从摄录对象那里传来的光线,而是反射了阴极光线,所以它并不是古典时代的镜子。光线并不是直接或间接地来自太阳,它是一种完全稀有的光线形式,所以如果要用文字来表达,图像在显示器中就意味着它沐浴在非凡的、革命性的新光线下。

录像机的显示器与电视的显示器看似相同,并且我们实际上是将电视机显示器当作录像机显示器使用的,但我们可以认识到二者在功能上的差异。电视的显示器就像一扇窗户,人们可以看到地平线处的图像,而录像机显示器就像反映当下的事件或过去的事件的镜子一样发挥着作用(这取决于我们将录像机显示器与录像装置结合还是与播放装置结合)。电视机显示器与录像机显示器令人混淆。此外,录像机显示器的两种功能的不断混淆也是一个有利证据,表明我们无力进入技术符号发挥作用的意识维度。

更令人担忧的情况是我们不能区分电影和录像。这种混淆源自两种制作方法(运动镜头、特写镜头等)中存在的表面上的相似性。如果将电影转录到录像带上,并放到录像带商店售卖,购买者在家里通过录像机显示器进行观看,感觉就与坐在电影院观看电影是一样的。这种混淆是十分严重的,因为我们没有认识到磁带录像的本质。电影是在银幕上进行投射的技术图像,磁带录像是从玻璃表面进行发散的技术图像。电影将洞窟里的墙壁、家中的墙壁、相框中的照片收入它的谱系,而磁带录像的谱系可以追溯到水的表面、镜子和显微镜之类的物品。

磁带录像隐藏的意图是通过将录像带作为电视程序播出而实现的。此外,显示器作为监视装置被设置在超市、道路交叉口,以及隐秘的角落。换言之,磁带录像被用于圆形剧场型话语结构的发信和网状对话结构与圆形剧场型话语结构间的反馈中,它为本书第一章中提到的"完美的极权主义国家"(perfekte totalitäre Staat,德语)的传播和舆论的共时化作出了贡献。磁带录像是比较新颖的,所以它内部隐含的危险性是能够相当明确地被认知的。

录像艺术家试图了解其中的危险,他们想要将录像带和显示器从极权主义装置和录像机的操作者那里解救出来,并希望在大众文化之外形成反传统文化(Gegenkultur,德语)。然而,当他们错误地认识了录像带的本质时,也会错误地认为是其他什么原因导致了失败。除了录像固有的反映方法和使人们能够想象历史时间的独特方式,录像的本质是它具有的鲜明的对话属性。在现场的所有人都呈现于显示器上,并在操作者的操作下显示出来。他们可以互相看到彼此,就像操作者能看到他们一样(如在自己背后进行观看一般,他们知道自己是如何被观看的,这是一件令人备受打击的事情),他们也能看到操作者。不仅如此,或许更为重要的是,在录像之后,录像带能够直接在显示器上显示影像,并且现场所有人的姿势都能在此实现倒放(rückgängig,德语。指这些姿势可以被清除或被其他姿势代替)。这便是对话的形式。我们还没有被这种形式程序化,所以在本书的第一章里并没有谈及它。或许我们能从中国看到类似的形式——对卷轴上一部分画面的解说变成了画作的一部分,书法逻辑的连续性品质成为对画卷的共时性解说,墙报和墙上、道路上无处不在的涂鸦,这些都暗示了对话的形式。只有认识到磁带录像的本质之后,我们才能对抗将我们程序化的带有圆形剧场型话语结构的那些话语。换言之,我们才能试图通过对话的形式发挥那些特征的作用。在传播装置中使用录像带是非常危险的。同时,录像带还隐藏着一个产生新对话形式的微小可能,其中就蕴含着解放的力量。

四、电视

从受众的立场来看,我们对电视的描述如下。它是竖立在客厅中各种家具之间的一个"箱子",与玻璃窗类似,带有一面玻璃和一定数量的按钮。如果这个箱子被恰当地使用,玻璃表面就会出现与电影类似的图像,从看不见的扬声器中流出与电影音响类似的声音。这个箱子的操作方法虽然简单,但我们并不是很清楚为什么它具备这样的功能。我们认为它的系统类型在结构上是复杂的,在功能上是简单的。不过,事实正好相反。这种系统在结构上是简单的,但在功能上是很复杂的。换言之,虽然这种系统的结构是透明的,但操作这种系统却是有难度的,与此对应的例子有西方的象棋游戏。电视(如箱子般)这类媒介系统的特点就是让使它的人成为该系统的玩家,他们虽然无法洞察游戏的规则,但看起来对游戏是十分精通的。换句话说,游戏将玩家吞噬了。

在客厅的人们为了接收从这个箱子中传出的图像和声音而围成一个半圆,围坐在它的四周。因此,根据某些分析者的看法,这个箱子占据了传统家庭中母亲或学校中老师的位置。然而,这种认知是错误的,因为这个箱子并不是送信者(像妈妈和老师一样),而是光线的汇聚处。人们围成的这个半圆是处于这一空间的人所看不见的一个大圆的碎片而已。

受众就像解读传统图像那样去解读技术图像和声音,技术图像对他们来说意味着外部的(dort draußen,德语)场景,箱子对他们来说意味着一扇玻璃窗(如显微镜或潜望镜),人们借助它们能够看到外面的世界。此时,受众对传出事先被符号化的图像和声音的装置,以及操作这些装置的专家掌握的那些被蒙上了迷雾的知识进行了驱逐。受众并不想直接去相信这种解读(多少会感觉到良心受到谴责),而是在有意的欺瞒产生之时进行协调,所以他们认为接收到的这些图像是场景的标识(征候)。

对受众来说,呈现在电视画面上的非常特殊的图像实际上为他们解读其他所有的图像提供了必要的钥匙,就像播放预告的播音员一样。电视(画面)上的播音员(图像)是在预告(播放)后面将要出现的内容是否为"实际的事实",是"虚拟化的现实"(如电影、电视),又或者是"命令话语"(如广告)吗?这种差异是无法从那些图像的本身进行意义上的推论的。播放预告的播音员可能是虚构的(fiktiv,德语)(如作为播放预告播音员的演员)。作为结果,对于受众而言,播音员是否事实上(faktisch,德语)、虚拟性或命令性地提供信息都是无所谓的,因为无论如何,受众接收到这些图像后并不会把它们当成技术图像去进行解读。由于受众会依照从箱子中涌出(strömten,德语)的世界的图像(的意图)去行动,所以这个世界对他们来说,无论是实际的、命令的,哪怕什么都不是,也是没有任何关系的。

受众控制着箱子,他们可以打开或关闭它,因为通过按下不同的按钮,受众就能接收多样化的程序。不过,关闭箱子意味着放弃对最重要的信息的中继。虽然关闭箱子的这种做法有很多问题,可一旦关闭了箱子,受众就仿佛切断了连接世界和社会的脐带——他从多样化(实际上不是特别多)的程序中选择了一个,但这个程序中被编码的信息却是统一的,因为所有的送信者都是被一个元装置联系在一起的。因此,由箱子提供的自由与箱子传递信息的意义一样,是具有妄想性的。这个箱子是在自由的伪装之下为受众制造条件的(实际上"选择的自由"在某种程度上是对与自由有关的话语的选择)。

受众通过箱子与公共空间(öffentlichen Raum,德语)结合,给人带来一种政治化的印象。但是,事实正好相反,政治化是指公之于众(veröffentlichen,德语),即意味着从私人性走进公共性。然而,受众在观看电视节目时是从公共性进入私人性。政治家借助技术图像的形式进入受众的私人空间,并将受众去政治化。此外,从一般情况来看,进入公共空间应具有与他人进行对话的意图。不过,电视箱子将侵入私人空间(公众人物)的所有对话都摒弃了,所以它发挥着过激的去政治化作用。在"与世界连接"的伪装之下,电视箱子其实是把受众与世界隔离了。

图像和声音煽动了受众的感觉,如大麻的毒性一般发挥着作用,即我们越享受这些图像与声音,我们对未来的依赖就越多(阴极线的高品质对电视的功能作出了贡献,它使图像具有了催眠的作用)。从这个角度来看,图像要求它的受众进行消费,受众都是被动的,都是被激情裹挟的,但这些都与图像的意义无关。即使播放预告的播音员提前述说的直陈类(Indikative,德语)(如错误的信息)信息或艺术都是重要的问题,但所有这些信息都是广告。电视的命令性特征不是在电视的信息中而是在电视符号的妄想性解读中被编码的。

电视箱子具有的玻璃平面像玻璃窗那样发挥着功能,但它与古典意义上的窗户功能不同。古典的窗户是墙上的一个窟窿,为了使人们在世界中把握住方向,所以允许他们看到窗外的世界。而且,古典的窗户与墙上的另一个窟窿,即门的共时化才是具有意义的,因为人们透过窗户形成了代表方向的视线,并通过门进入世界去行动。不过,电视箱子是没有门的,它提供的信息是无法引导人们行动的,因为那些信息都是不负责任的信息。

电视箱子具有的决定性特质是它本身没有送信能力。这个箱子的名字是"television"(这正是想要悄悄地暗示"Telefon"①)。正如它包含的很多东西那样,这个名称也是一种欺骗。其中,具有误导性的是进行送信的电视台(Fernsehsender,德语)认为自己就像电话系统(Telefonsysteme,德语)一样,并自称为网。电视箱子无法送信并不是因为技术条件的限制,它与电话发挥着相同的功能。电视的"无法送信"是一种意识形态属性,这里重要的问题是电视的基本结构,以及这样一个事实——在这个基本结构中,被传送出去的技术性符号几乎都被受众无意识地驱逐了。

当我们以鸟瞰的视角去观察同时代的城市时,一切就都明了了。我们无法想象大海,却好像能看到潜藏在其中的都市,看到在电子汪洋中被设置的数不清的天线。这些天线将无法被想象的东西溶解为要被消费的物质,同时为了吃掉无法被想象之物而张开了大嘴。同时,受众最后从箱子中吸收了无法想象之物的后果是产生了无法分析的想象(被误读的技术图像)。观众收看电视节目时的一个重要问题是一种转换的过程,即从无法想象的概念回归无法分析的想象(电磁场变成电视节目)。如果我们可以作出这种表述,那么可以明确的事实就是,这种态度无法陈述电视的结构和其中的符号转换,因为电视是使所有参与者感到十分满意的传播结构,并且每天都在很好地发挥着作用。

最重要的是,如果我们想要认识传播结构的本质,如果我们在收看电视节目时能更努力地去意识到应该深入了解些什么(这并不怎么充分),那么就能终止电视给我们带来的满足,并中止它对我们发挥的作用。如今,技术图像符号隐藏的多种可能性已经进入人们的意识。例如,电视机实

---

① 德语,电话的意思。——译者注

际上不是宇宙马戏表演,而是一种可能性,即作为创造宇宙村落的装置而被使用的可能性。换言之,它不是通过电视进行去政治化消费的(entpolitisierten Konsums,德语)技术官僚式极权主义(technokratischen Totalitarismus,德语)的设定,而是在这一词汇还不能把握的意义中对民主主义(Demokratie,德语)进行设定。然而,当打开电视机变得这么方便的时候,我们又怎么可能愿意做出努力呢?

五、电影院

与电视相同,我们也可以从很多角度对电影院进行研究。例如,人们在电影院中试图看到作为原型的子宫,即同时意味着诞生和死亡的没有窗户的洞窟。对比电影院与出现了移动的影子的柏拉图洞穴,我们能够看出二者的相似性,这使人们将柏拉图的神话当作最早的电影批评来理解。不过,我们不会在此处讨论这些类似的研究,因为我们的意图不是考察电影院本身,而是要考察其中有关技术图像的使用。这种意图要求我们在技术图像世界的脉络(Kontext,德语)中对电影院进行观察。

电影院在银幕发光和音响声音出现之前,是被寂寞和黑暗支配的极少见的一个场所。电影院是从四面八方向我们渗透并提供娱乐的程序,是允许我们集合在一起的非常难得的一个场所。使电影在当前成为支配性艺术的正是上述特性,而不是它的内容或形式。电影院虽然与剧场具有装置上的相似性,但电影院能够使人在注视中生活,剧场却不具备这一功能。实际上,在技术想象的世界中,电影院与中世纪的想象性世界中的教会有相似之处——电影院是接收超越性(宗教性)信息的集中场所。对电影的解读会让我们想起人们在中世纪对弥撒的解读。

这为我们分析电影院提供了线索。实际上,从建筑学的角度去看待电影院,可以追溯到罗马的长方形大教堂(Basilika,德语),而不会涉及剧场或马戏表演。长方形大教堂[如罗马的万神庙(Pantheon,德语)]是原来的室内市场,在发展中成为教会使用的讲堂。现在的长方形大教堂发展出两种形态,与它们相关的两种遗产分别是超市和电影院——超市是世俗化的长方形大教堂,电影院是神圣化的长方形大教堂。当我们在使用技术图像时,如果把握住技术图像的本质,就应该将这两种长方形大教堂视作互补的形式。

在超市中,我们被张开的大嘴摄入,从而被技术图像的迷宫操纵。大门敞开的超市会使人产生一种幻觉,把它当成市场。在超市里,空间中的巨大声响和随处可见的技术图像迷乱了人们的双眼,所以这里不可能产生具有任何性质的对话(苏格拉底式的对话也不可能存在)。不仅如此,最重要的是,电影院显示的是这样一个事实——我们无法从中逃脱。超市则是一种伪装的陷阱——为了从那里出来,我们就必须排着长队,像被绑架的人质一般;如果我们想让自己被解救,就必须在收银台那里付出代价。由此可见,超市与真正的市场的意图是相反的——超市不允许任何信息的交换,同时还带着信息渗透到我们的内部;超市并不是公共(政治性)的场所,而是一所监狱(严格来说,这一词汇含有"私人性"的意思)。

电影院和超市的功能互为补充,这里指的是电影院入口的灯光闪烁,反衬出超市伪装成具有开放性的存在的事实。然而,实际上,如果我们要体验电影的神秘,那么电影院的入口就是我们要穿过的狭窄洞窟。就像我们在超市里所做的那样,我们在电影院入口也要排成长队。不过,我们在超市排队是为了要出来,在电影院门口排队则是为了要进去,并掏出自己那份必须要交的钱。与此同时,大众的意识与无意识中植入的程序一结束,电影院中那个人们事先没有预料到的大门便会豁然打开,目的就是将迎面而来的大众吐到马路上去。

因此,我们可以在大众文化中谈论超市和电影院的共时化,两者都是送信的圆形剧场型话语结构的松弛的终点。其中,一个终点吸收了另一个终点吐出来的大众,即电影院可以使程序化的大众从日常生活中逃离,并且流入超市张开的大嘴并进行消费。人们在迷宫般的超市里经过一系列的技术图像之后,为了使用装置而被引导至收银台前排成的长长的队伍中,然后人们走向电影院,并为了进入神秘的大厅被再次程序化而付出又一次必要的代价,最后通过被其他技术图像操纵的小道蜂拥而入。这些循环只不过是众多大众文化中的一环而已,其他的循环不是为购买消费品作出了贡献,就是为生产消费品作出了贡献。然而,所有的循环都具有统一的技术图像特征——它们都具有伪魔术性(pseudo-magisch,德语)。

在电影院的洞窟中,我们一动不动地坐在原则上是按照几何学被设计、按照算式设定好的数字被制作出来的(笛卡尔式的)椅子上,观看流动于喧嚣且巨大的银白色幕布之上的彩色影子。为了投射这些暗影之神(Schattengötter,德语)并使观众接收,在远离观众头部后上方的高处设有一个装置。然而,我们对这种装置,即放映机(Projektor,德语)一无所知。在投射这些幻灯片(Diapositiven,德语)时,操作者会对它们进行操作。由于这个放映机有时不能很好地发挥作用而被人发现自己的存在,所以观众虽然仿佛置身于迷雾,但他们知道这些图像是被制作出来的。因此,观众就像柏拉图洞穴中的囚徒,由于对真理的渴望而有所行动,他们一次也没有转过头去面对神的源头(Quelle,德语)。观众有两种理由不去这样做。一是因为他们知道背后的所谓的源头并不是实际的送信者,而只是信息送出流程的最后一环,而且他们知道结果——在电影院中,观众既不能对程序产生影响,也无法终结程序;二是观众为了抛却这样一个事实——他们观看的并不是历史,而是由被制作的胶片投射出来的技术图像。我们在电影院门口排着长长的队伍,并在收银台付费。如果我们去电影院看电影,我们便是为幻想买单,但这并不是在"幻想"这一词汇经常被使用的平凡意义(如为了看到梦想)中购买它,而是在正确的意义中购买——我们将技术图像视作与传统的图像或文本一样,并为了看到这些图像而走进电影院。

当受众通过观看技术图像而产生错觉时(这在与电视相关的情况中也可以被确认),从送信者的角度来说,受众是调动了一半的意识协助此类事实产生。换言之,技术想象的世界与想象的世界并不相同,实际上人们不能通过魔术去感受它。银幕上出现的影子与马来西亚皮影戏（Schattentheater，德语）中出场的神（Göttern，德语）是不一样的。我们只是不诚实地相信了这些影子，因为我们忘记了电影胶片、剪刀、胶水，以及装置操作者的功能。但是，我们不可能像完全忘掉这些影子一般全然地相信它们。当然，在电影院的洞穴，我们要使自己解放并看到真理，于是我们作出决断，继续把目光投向装有放映机的箱子。然而，我们要如此去转动脑袋是很艰难的，长时间这样做会令人痛苦。即便如此，此时我们却产生了一种希望——想要发现电影符号与投射电影使用的符号是如何以不同的方式被使用的。换言之，我们能感觉到这种希望——通过电影符号如何去创造和传达性质完全不同的信息，电影符号是如何在银幕上被使用的，以及如何使我们的人生获得崭新的意义。然而，我们的这种希望好像并没有多么强烈，而且只要我们不为这个希望作出决断，电影的操作者就会继续操纵历史时间，引导群众从电影院直接进入超市。

综上所述，如果我们仔细考察这些具有技术图像特征的创作和解读，可以确认的是，这种创作和解读对这种新符号的创造者来说也是非常困难的。如果从受众的角度来看，他们也完全没有办法了解技术图像的意识维度，他们并没有试图克服历史的危机，而只是在不信任的状态下欢喜地陷入了前历史。因此，技术图像正按照它现在的功能发挥着作用——朝着极权主义陌生化（totalitärer Verfremdung，德语）的方向发挥着作用。其中，有一个例外，那就是精英传播。在那里，新的意识维度虽然好像仍处于迷雾之中，但实际上它是可以被认知的，因为存在一种无论如何我们也应该去分析这种维度的必然性。

第二节　技术想象

根据定义，技术想象是一种解读技术图像的能力。技术图像是由概

第三章 技术图像的含义

念创造的图像,通过概念的象征对技术图像进行解读就是发挥技术想象的能力。在我们试图小心谨慎地描绘技术想象的世界之前,技术想象的诞生和功能就被唤醒了。我们说过,人类是通过不断地陌生化而存在于世界中的,人类试图利用通过符号整合起来的象征再次接触失落的世界(verlorenen Welt,德语)。人们创造了符号化世界,并将它与自己对世界的具体体验相结合,即以调解为目的,创造了符号化世界。人类必须这样做,否则人生便毫无意义,因为人们知道自己是向死而生的,人们对死亡的知识便体现为人们的陌生化。将人与实际的世界相结合的符号化世界就意味着实际的世界,它同时赋予了实际世界一个意义。这个符号化世界的意义通过人们之间的协商得以凸显。人们清楚地知道自己终有一死,并且人生是无意义的、孤独的。然而,人们通过否定死亡和与他人的交流为世界和人生赋予了意义。人们通过为实际世界赋予意义而形成的符号化的人为性世界是与他人共存的世界。同时,在与他人共存的世界中,人类通过他人成为永生的(unsterblich,德语)存在。

这是本书的基本主题,在探寻符号化的世界时,我们得出了一系列结论。在这些结论中,每一个中继的固有辩证结构都占据着一个特别的位置。换言之,象征不仅展示了意义,同时也隐藏了意义。这些象征不仅赋予世界以意义,而且通过隐藏意义使象征的意义变得不透明,继而导致了疯狂现象的产生。事实证明,在进行清晰而详细的考察时,符号化世界的辩证法意义总会变得更加清晰。进而言之,符号化世界不仅为生存于其中的人提供了空间,使他们不顾对死亡的认知,渴望获得有意义的人生,同时也为他们提供了宛如监狱般的空间。地狱是在人们的协商下产生的,它不仅允许人们遗忘自身的死亡,也允许裹挟着人们的世界遗忘人类的死亡。当围绕着我们的象征的意义变得不再透明,并且这种意义只代表象征本身时,世界与人生也将变成地狱。

在这里,我们试图展示当前人们面临的危机,并提前宣告我们将处于这犹如地狱一般的特殊阶段。这一主题源于人们现在所处的情况,以及将传播结构视作基础结构的事实。因此,如果这一主题在反映传播结构的变化上是成功的,我们就应该相信,在不久的将来,传播结构会产生新的变化。在这一主题下,技术想象的世界将拨开使我们陌生化的迷雾,开始与文本对立,并作出决断。如此一来,对技术想象的世界进行描绘的意图也即将形成。

一、立场

历史的线性世界在概念中被符号化。概念代表着传统图像的象征,它试图把握对象。概念与传统图像是对立的,并以特殊的立场试图对传统图像进行把握。这一立场在历史的进程中逐渐显现出来,即位于传统图像"之上"(über,德语)的立场。从这个立场来看,水杯上的窟窿是圆形的,这是所谓的客观立场。水杯被理解为是圆形的,因为描写这个杯子的图像的文本位于这个杯子的上方。这种客观立场是线性世界的独有特征,它赋予了线性世界以张力。历史的目标是要以客观性来把握整个世界(包含想象的世界)。我们要通过宗教性对此进行分析。客观立场是超越性(神性、理论性)的,历史的目标以救赎(神的立场)作为引导。历史的终结在此出现了另一个走向——客观立场是价值中立的(科学的、非党派的、真诚的),使客观认知代替主观意识形态是历史的目标。从本质上而言,这是将人变得像神一样,即人站在世界之上(über der Welt stehend,德语)。

在技术性想象中,客观立场是荒诞无稽的、无意义的,因为建立多样化意义的立场是没有任何标准的。将水杯描述为椭圆形的或线性的,与将它描述为圆形的是没有区别的,所有的现象都被无限多的立场包围着。我们无法后退一步在现象的超越性中去理解它,因为观察者无论转向哪个方向,也常常只能局限于他自己的世界。客观性立场在技术想象中被视为一种错误,这种错误是发生在照片、电影、录像和所有技术图像的操作过程中的,因为在技术想象中,这种错误存在于试图想象一个概念的视

第三章 技术图像的含义

觉中。技术想象这种立场的等价性带来的是暂时还无法被预测的结果。显而易见的一个结果是,"发展"在那种意识维度中具有与在历史性意识维度中完全不同的意义。这种发展不是一种线性倾向(如客观倾向),而是通过数量不断增加的立场形成的一种广泛倾向。例如,当客观性行不通,并且不再是人们盼望的理想时,人们又会怎样看待科学呢?当发展不再只有一个立场,而是具有数量不断增加的立场时,那人们又会怎样看待政治呢?科学的客观性被视为一种主观(具有艺术形式的科学)。与此相反,当艺术的主观性被视作一种客观艺术(具有科学形式的艺术)时,科学与艺术(对具体之物的认知和体验)的关系又会具有怎样的形态呢?

虽然我们现在暂时还无法回答以上的问题,但它们与主体间性这一概念相关是有根据的。换言之,因为技术想象导致了客观立场功能的丧失,那么可以预测的是,真理(认识论)问题将催生新的表述。在历史意识中,真理展开的过程就是认知者逐渐适应需要被认知之物的过程,即需要有重点地认知需要被认知之物。我们在适应发展的过程中,能否看到或发现认知者揭开认知对象的面纱(古代希腊式变形),或者能否看到与认知对象相对而视的认知者的启示(犹太-基督教式变形)呢?真理经常通过过程被我们把握,并且全部真理(ganze Wahrheit,德语)往往站在历史的终结处——它们是通过线性文本被读取的。简而言之,获得全部真理便是历史的圆满结局。

然而,如果我们能通过技术想象在真理的概念中制造一个图像(如拍摄能够揭示这一概念的照片或通过录像带把它摄录下来),如果认知者与认知对象的同化过程可以表现为一种舞蹈,即有从一个立场到另一个立场的舞步转换,那么寻找真理的过程就好似在一些问题的边缘徘徊。这些问题通过这种徘徊才能成为客体(旅行者的夫人通过摄影师的姿势才成为拍照的客体。在此之前,通过何种方式也不可能实现客观的拍照)。同时,通过技术想象而徘徊在这些问题的周围,与其说是通过一个启示诱发动机,不如说人们并没有发现或揭示那一问题的动机,而只是具有创作可以被他人解读的图像的意图。这当然是通过对真理进行非常独特的想象而被诱导出来的。因此,对于一个陈述来说,它所具有的立场数量越多,并且准备采取这些立场的人的数量越多,它就越接近真理。那么,真理的标准就不是客观性,而是主体间性。

这是对进步的循环性认知(zirkuläre Erkenntnis,德语)的变革,其依据是众多的,我们可以借助技术哲学(如实证主义)、现象学(胡塞尔以来)、艺术批评[如所谓的文本精读(close reading)],以及电影摄像和全息照片的制作方法来认识它。尽管如此,更为重要的问题是,这种认知的结果成了超越我们幻想的变革,因为寻找真理(与线性文本时代一样)不再是向客体(世界)进军,而是与世界相关,即通过与他人的协商实现。我们不是为了认识世界、支配世界寻找真理,而是为了与他人在世界中一起生活才寻找真理。这种变革的结果是无法想象的,因为寻找真理不仅意味着当前的这种科学与技术、艺术与政治的分离是没有意义的,还应该清除它。而且,更为重要的是,人类的生活将突然进入一种新的氛围。换言之,要寻找真理,就应该停止以认识论作为寻找方式,而是再次以宗教式的方式进行寻找。然而,这是一个在崭新的无法被预料的意义中开展的行动。

从技术想象的维度来看,技术想象对所有世界的立场是同等的,因为这意味着概念的图像被设计出来了。换句话说,在反对意识形态排除其他所有立场而仅选择一个立场的意义下,对意识形态进行扬弃。当然,我们并不是说这种扬弃与在 18 世纪出现的对价值的扬弃是相同的。所有立场的同等性并不意味着价值中立,即我们并不是对所有的立场都漠不关心,而是所有的立场都投射出特别的价值,这意味着一种特别的意义赋予。不过,这就将某些东西变成了被洞察之物(如在物理学中观察到的光是以粒子或波的形式呈现的)。同时,这并不意味着我们在种种观察下就可以很好地生活。具体而言,我们在拍摄照片时对立场的同等性感知是通过赋予我们固有的肉体以意义来实现的。但是,在日常生活中,在我们的政治性、经济性、社会性实践,以及对这些实践的省察中,我们完全没有能力生活在让技术图像投射到概念之上的意识维度。

二、时间体验

在线性的程序化意识中,时间是从过去流向未来的。在这一流动过程中,人们对世界的体验就如同江水流逝那般。这是历史性时间,所有的时间都具有无法重复的(unwiderruflichen,德语)唯一性(Einmaligkeit,德语),是链式(如因果链条)的时间。在技术想象的意识中,那种时间体验完全是荒诞的。当我们将历史时间的概念变成图像的瞬间,就可以认为时间可以向相反的方向流动了——时间由未来进入过去(不是从过去而来,而是从未来而来)。主要是因为"现在"被表现为时间的中心——时间可以被视为一种明显的趋势(Tendenz,德语)。这是时间与历史意识维度的主要冲突。在历史性维度中,"现在"只是经过现在的时间线上的一个点,所以"现在"是不真实的(unwirklich,德语),即"现在"是瞬间的、稍纵即逝的、不会重来的。在技术想象中,这种存在论是荒诞无稽的古典实例。在技术想象中,只有"现在"是真实的(wirklich,德语)的,因为现在仅仅是(未来的)可能之物为了成为(现在的)现实而到达的场所。人们在技术想象维度中的时间体验如图3-2所示。

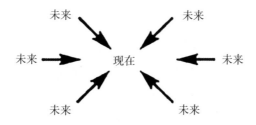

图3-2 技术想象维度中的时间体验

在图3-2中,新的时间体验是具有相对性的。换言之,与"现在"相关的事实变得可视化了,并且"现在"是"我"所在之地,因为"我"常常具有现在性。这是对现在的实存性（existentielle，德语）定义，即"我"存在的场所。然而，这给历史性时间的变形（Umformulierung，德语）和相对化（Relativierung，德语）带来了无法预测的结果——不仅包括所有的电影操作者，将照片放在相框中的所有人也都是这种变形的实践者。

我们所说的无法预测的结果有以下四种。第一种结果与对"时间方向"的叙述有关。例如，对前卫派与学院主义或进步性与反动性的区分就没有意义了，因为未来无论我的身体朝向哪个方向，时间都会从所有的方向向我涌来。第二种结果是，时间在过去（没有在图3-2中呈现）汇集。同时，它并不是作为另一种时间的形态，而是作为"现在"的一个侧面，即作为记忆，被视作一种存在于"现在"的窟窿。第三种结果与人们自身与时间体验的关系（我是不变的，世界是变化的）有关。这是对时间政治化的诱导，即诱导他人，使他人与我在"现在"的时间维度中同在，从而扩展"现在"。第四种结果是使借由过去来说明未来（因果关系链式、历史性）的所有意图都变得荒谬，即未来即将到来，但它并不是"从哪里"来的。虽然鸟儿们在冬至筑巢，但它们并不是"因为"依据发生学信息而被程序化的——它们在冬至筑巢时已经接收了发生学信息。这一事实已经被阐明了。同理，法国大革命并没有诱发俄国革命，法国大革命只是俄国革命的一个内部矛盾，这一事实也已经呈现了出来。如果需要的话，这种类似的例子我可以写满几页纸。

然而，这种列举并不能使我们更加容易地认识新的时间体验。即使我们在没有强大信仰的前提下也能对前卫派进行探讨，但有关预测的问题（未来化、透明等）就会变得无法想象。即使我们将过去作为隐藏的现在而进行认知（通过心理学、考古学、结构等方面的分析），并将"过去"统一为"文化"或"符号化世界"，我们仍然不具备基于现在对过去进行透视的能力［比如在未来，我们过去的一些特别的倾向将被扭转（umzuschlagen，德语），如垃圾、污染物、不被充分理解的东西等］。即使我们承认时间体验的相对性及由此产生的与他人的共存扩展了时间的维度，但我们如今还是没有能力清除(auszumerzen,德语)对作为空洞概念(leere Begriffe,德语)的绝对时间的计算(如分或千年)。即使我们洞察了因果性、历史性的说明是荒诞的(因为这种说明是没有根基的,最早的原因和最早的历史都是不存在的),并且只有未来才能展示什么是被隐藏的,不过那也是在未来到达时才能显现的。如此看来,我们无法忽视科学在某种程度上至少是进行正确预测的事实。即使我们能够拥有(Habens,德语)新的时间体验,我们也还没有拥有这种"拥有"的意识。

具体而言,我们随处都可以看到这种技术想象的时间体验是如何被体现的,如自然科学、文化科学、存在主义,以及其他类似的理论,如所谓的新小说、新戏剧和具有致幻性的麻药等。正如我们好像在渴望这样的时间体验一样,它们会渗透到我们的意识中。我们同时也在现实中表达这种新的时间体验,一旦时间概念变成可以被想象的,那么抗议的合唱和咒骂的声音便将立即响起。

这就是我们试图克服危机时遇到的一个难点。我们必须承认,当前的发展作为一个征候是无法跟上(mitkommt,德语)意识维度的。我们还必须承认,发展预示着过去被扬弃,以及一个全新的、非发展性的、非历史性的未来正向我们走来的事实。

三、空间体验

在我们试图将时间概念描绘进图像的意图中时,令人疑惑的是这种图像是空间性的事实。在线性程序化的意识中,空间和时间是二分的。例如,观照的形式(Anschauungsformen,德语)实际上是(传统)图像的概念。并且,在线性程序化意识中,时间与空间的关系存在很多问题,如时间以某种方式占据了空间。但是,在技术想象中,没有空间的时间或没有时间的空间是完全不可想象的,否则它们就变成了空洞的概念。在20世纪初期,虽然技术图像是作为四维时空被描写的,但在当今技术想象的维度中,对那些想要努力把握方向的人来说,与古典物理学的空间概念相比,技术想象具有更大的空间。

没有比图3-3更为简单的方法来描绘空间体验的变化了,也没有比它更容易的方法将这种描写在意识中进行升华了。

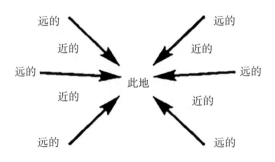

图3-3 技术想象维度中的空间体验

图3-3描绘的空间体验与图3-2描绘的时间体验是对同一事实进行的不同描写,这是直接而明确的,但我们不可以在文本内误读二者的差异。"此地"(Hier,德语)和"此时"(Gegenwart,德语)与"远近"(weit-nah,德语)和"未来"(Zukunft,德语)一样,具有相同的意义。那么,我们说自己如体验空间一样体验时间是错误的吗?答案明显是否定的,因为我们将空间体验视为时间的共时化,并将时间体验视为空间的历时化。两种立场,即空间是凝结的时间(Raum ist geronnene Zeit,德语),时间是溶解了的空间(Zeit ist zerronnener Raum,德语),它们在技术想象的维度中是平等的。我们可以对具有同一概念的两种图像进行如下描述。

空间对我们来说是具有相对性的,因为"此地"就是我们所在的地方,那里也是空间的中心。笛卡尔坐标系的源头是"我",即这个源头与线性意识不同,它不是绝对的或任意的。这个源头对于"我的存在"来说是相对,是因为我的存在而出现的。对象将我围绕起来,并且为了由"此地"变成"此时"而向我走来。由于那些对象与我对立,并掩盖了我关于未来的视线,所以它们成了"对立之物"(Gegenstände,德语),即客体。同时,这些对象与我进行对抗,所以它们是"对立之物"。但是,这些对象都是从未来走向我,而且它们越发靠近我,就越发真实——它们对我就能发挥更强大的作用。如果要研究向我走近的那些对象(为了从未来学的角度更好地看到我而踮起脚尖),我就会觉察到,它们就像在迷雾中一般,为了不分裂成任何东西,向着地平线变得更加稀疏且不切实际。它们是对象,并且为了成为被认可的对象,离我们越发遥远了。在地平线之外,远离"此处"(比如,不确切地说,数百万千米和数百万年那么远)并讨论对象几乎是没有意义的。从这个角度来说,空间体验是有局限性的,即我们可以在"无对象之物"(Ungegenständlichen,德语)的空间里体验到消逝之物。

在这种空间体验中,我们无法用千克或年这种单位对任何东西进行测量,因为我们与一个对象的距离并不是绝对的,我们只能对我存在的可能进行相对的测量——一个对象与我的关系越多就离我越近;这一对象越具有实际性,并且这个对象对我或我对这个对象干涉越多,这个对象就离我越近。因此,这种时间-空间体验的尺度便是"我的兴趣"(Interesse,德语)。这并不是说这种规范与线性意识传统的规范相比就一定更加正确。换言之,技术想象世界的数学(Mathesis,德语)因素与线性的数学因素一样,是能够被正确测量的,并且我们已经能像测量客观间距那样来测量兴趣了。但是,这样一来,远超出我们想象的一场变革就被开启了。

例如,如果最终的结果就像我们对未来进行的测量一样,是超出我们的想象能力的,那么对技术想象空间的想象就完全应该渗透到我们的意识中。换言之,当下对那种未来的测量方法已经有所暗示了(如所谓的空间关系学)。然而,令人担忧的是,所有的尺度都是从我这里(此地)开始被设计的,所以它们不能像传统的尺度一样,沿着线性被无限放大。同时,这些从左到右无限扩大的新尺度的基准是不具备零点的,测定新的尺度应该从"此处"开始,向着未来的方向进行测量。所有的尺度并不是客观世界的尺度,而是以我对世界的兴趣作为尺度,所以传统的维度就失效了。将空间维度和时间维度分离(如千米和秒之间)是不能对兴趣进行测量的,未来的那些测量单位不可能是四维的,因为传统的四维空间明显是对传统图像的概念进行抽象的结果。不过,如何替代这些维度呢?虽然如今我们在录像中已经开始使用这种新的测量方法了,但人们依旧无法对此进行想象。同时,既然所有尺度都指向可测量的地平线,它们就不会像传统的尺度那样在不可想象中消失(数百万千米、数百万年、数百万微秒和纳米)。随着它们的测量对象的减少,这些尺度最终会与所有兴趣和由此产生的可测量的世界一起停止,直到测量范围逐渐缩小,而新的尺度渐渐会显现出来。这些未来尺度的单位并不是算术意义上的,它们是在几何学的发展中被整合出来的。最关键的是,我们现在也正使用着这些未来的尺度,只是这些基于未来的尺度是无法奏效的客观尺度。

正如前面所说的,科学幻想(Science-fiction,德语)使我们所有的范畴(不仅是空间和时间范畴)都崩溃了。世界如果一方面通过"我的此时此地",另一方面通过"我的兴趣"的消失而被限制,有关超越世界的问题就将在线性符号化意识中和无法想象的语境中被提及。换言之,对那个世界的超越实际上是主观的超越,这一事实将逐渐显现。我在"此时此地"通过吸纳他人而打破世界的限制,即"此时此地"在"我身边"的人变得越多,我存在的世界便越大。同时,通过视野和我的兴趣的拓展(实际上是通过超越死亡实现的),我们能够超越所处世界的局限性。人们对世界的超越导致了世界的扩张——我超越世界的瞬间世界便将我超越了。总结而言,宇宙旅行和核研究通过技术性想象并不能使世界扩张,为了他人而做出的行动和兴趣的扩张却可以做到这点。

虽然在很多方面能够观察到与此相关的倾向,但我们暂时还无法对此进行想象,因为在否定的形式中,大众媒介借助感知能力(Sensationen,德语)对那些发现(Entdeckungen,德语)进行了符号转换。与此同时,由于这些发现产生于兴趣的外部,所以持续的兴趣便不存在了。从肯定的形式来看,发现之旅和现在的"奥德赛"(得益于大麻)不如说是幻觉状态下的火箭之旅,它们拓展了人们的兴趣范围。即使我们观察了周围和自身,我们暂时也无法对新的空间体验进行有意识的想象。如果我们试图进行有意识的想象,就必须从历史中跳跃出来。如果可以通过兴趣(而不是通过客观的测量单位)对空间进行测量,如果"近"和"远"这种空间范畴是实际存在的,那这种空间就像在魔术性意识维度中一样,再次变成伦理范畴了。我们对"近"的体验与在魔术性意识维度中对"崇高"或对"正确"的体验是一样的,它们都是政治性和宗教性的体验。"爱你的邻居"(Liebe deinen Nächsten,德语)这句话的意义在于,它为我们提供了无论如何也想象不出来的范畴。例如,即使我反感巴黎,但较之 20 世纪末的苏联等国(对苏联等国的发展产生的政治兴趣),巴黎对我是更有价值的。换言之,毋庸置疑的是,对技术想象世界的认知意味着人本主义的终结。但是,"爱你的邻居"这句话在这种语境下并不代表着人类,而是代表着对这一事实的接近,以及"他人"就是"相近的人"这一事实。同时,他人对我来说越近,那么"你"这种事实不仅暂时无法想象,并且从这一词汇的正确意义来说,就是令人惊骇的。这一事实指的是从历史中挣脱(ent-setzt,德语),并使历史跃入(über-setzt,德语)后历史的脉络。

前面几节我们试图对几种技术图像进行解读,同时呈现了与技术图像所对应的新意识维度的几个侧面。我们选择了其中的三种,即"立场""时间体验""空间体验",并对它们进行了概括式解读。总结如下。

一方面,我们考察了从以科学和技术为基础的树状话语结构的概念中制造出来的图像,以及对图像进行操作的专家的意图;另一方面,我们考察了创造大众技术图像的人所进行的操作,并观察新意识维度是如何形成的。这种新的意识维度并不是线性的,所以它有别于历史性维度。因此,在这种新的意识维度中,"……以前,……以后"(früher-später,德语),"如果……就……"(wenn-dann,德语),"真或假"(wahr-falsch,德语)等实际的或不实际的(wirklich-unwirklich,德语)的范畴将变得没有意义或具有一种崭新的意义。取而代之的是,没有将主体间性、立场转换和亲近(Nähe,德语)等历史性意识进行程序化的其他范畴获得了中心意义。

在这种变革中,呈现出的第一个结果便是"发展"的概念变成空洞的或非线性的过程,并且只能围着一个中心徘徊。第二个结果是,在技术想象中,认识、意志和体验(科学、政治和艺术)的传统性分离变得没有意义,由此,这三种范畴都在历史性意义中被超越了。第三个结果是,从新的意识角度出发,"怀疑"这一概念获得了以前无法被想象的意义,如数量成倍增加的立场使他人更容易接近。

第三节 现在的情况

从表象来看,现在人际关系的大变革源于传播结构的大变革,即为了使人类能够更加固定(stereotyp,德语)地被程序化,需要持续地使人类与圆形剧场型话语结构建立强有力的连接。与此同时,真正的对话和与创造新信息有关的真正的信息交换所需要的机械装置都面临着崩溃。信息接收程序的磨损,以及网状对话在舆论形成之处的空虚闲谈使人们所有创造性地参与交流过程的尝试都失败了。作为孤独的人类,位于他们头顶的依托科学和技术而发展的那些树状话语结构,都逐渐流动在被遗忘的信息洪流中。这些信息并没有使对话变得丰富(赋予意义),而只是在将大众程序化的圆形剧场型话语结构下发挥作用。与科学和技术相关的人自发地被圆形剧场型话语结构程序化。圆形剧场型话语结构与网状对话结构的结合强化了传播舆论的程序,同时诞生了可以使这些程序再现(widerspiegelt,德语)的自动化装置(autonomer Apparat,德语)。如果它们因在结合的瞬间便陷入困境而无法成功,那么传播的情况将向着极权主义的大众社会建设方向运转。此时,因为在这样的状况下,传播向着相反的方向行进,人们所处的世界就会变得如同地狱一般——传播与人类联合不是为了赋予人生意义,而是通过传播诱导出人类的孤独和人生的无意义。我们通过对这种表象的考察,可以看出人们当前正处于危机

第三章 技术图像的含义

之中。

于数十年前开始,在传播并不是赋予人生意义而是使人类陷入孤独与无意义的立场下,这种危机已经被反复分析了。不能否认的是,这种分析具有必然性,并且我们的目的是避免大灾难的出现。因此,本书的第一章试图提供一些文章,目的也是对此进行分析。不过,我们试图展开分析的立场并不是十分充分的。从人们面临的危机的角度来看,我们虽然阐释了这一立场,却无法使它可视化。所以,从现在人际关系的危机中可以发现,结构(媒介)上的大变革与符号的变化都是非常重要的问题,我们应该同时关注这两种有所重合的革命。

这些自然是给分析者带来过沉重负担的课题,因为我们要对这一课题进行正确的而不是简单的分析。即便如此,本书的第二章也勇敢地提出了一些对当前意义论革命进行分析的想法。这些想法应该在"线性符号的没落和新图像符号类型的上升"这样的题目下被分析。这些观点认为,通过技术被创造的图像的意义不断上升。与以前相比,字母和与它类似的其他符号将现在的人类符号化的同时,发挥的作用更弱了。这一观点与认为人类之间的对话正逐渐减少,以及人类正逐渐被大众媒介程序化的主张相比,并不能给人类带来更多的安慰。然而,如果我们更仔细地考察这一事态,可以发现,相较于符号的大变革,人类存在的大变革是更为重要的问题。人类存在的大变革是过激的,可以将它与诱导历史性存在的变革进行比较。不过,当前的情况是,我们正参与的革命的过激性仅仅是被传播隐藏的属性而已。

因此,我们对本书第三章的总结如下。在新的技术想象性符号中,如果将新的存在形式明确地放进意识中是失败的,那就不能太过期待我们可以防止新技术下的极权主义的那种如地狱般的大灾难发生。我们可以用以下两种方式表述上面的问题:第一,除非我们学会并掌握与传播结构的符号相对应的使用规则,否则改变这种结构的渴望就不会成真;第二,在试图改变世界之前,意识到我们自身(在我们自己的程序内)正发生的变化,对我们来说最重要的就是学着去理解这种变化。

无论我们是将人类视作传播网上的交叉点,还是将传播网视作人类之间的连接,这都是行得通的(将文化视作人类的产物或将人类视作文化的产物都是一样的)。从外部的情况中,我们能够看到内部自我分裂的镜像,利用方法论来看是更为简单的。同时,我们更加理解人们到底为什么要投射自身外部的情况(因为我们害怕对自己的发现)。例如,为什么我们在电影院里使用的是与在学校中完全相反的信息接收方式,或者为什么我们在实验室里采取的是与坐在电视机前完全不同的态度。如果我们能够确认这些问题,我们就能意识到自己正遭受精神分裂的煎熬。在我们的分析中,最重要的是克服自我,而不是对事实的知识或对事实保持充分的距离。

送信的圆形剧场型话语结构为了陌生化、消费主义、大众化的态度而利用技术图像将我们程序化,因为它们隐藏在权力者的利害关系中。与其说这是技术上的完美,不如说我们就是在贪婪地配合着这一功能。事实上我们也正是这样做的,我们还没有意识到将我们程序化的符号的本质。换句话说,如果我们能进入符号的意义背后(dahinter,德语),那么我们也就能站立在欺瞒之物的背后,去探寻将我们程序化的符号的本质。我们所有的外部情况是一场所有人都参与的影子游戏,它的功能是将我们面临的危机隐藏起来。正因如此,我们无意识地掉入了人工智能的程序化深渊。

将这些责任转嫁到他人(送信者)身上是没有意义的,我们在可以不负责任的位置上与将我们程序化的话语对立,这是事实。但是,这是在我们向着这个位置行进时才发生的事情,我们为了逃避这些责任(对话、创造性地传播)而如此去做。我们在将自己负有的责任转嫁到他人身上的同时,便会作出"我们无法对话"的批判,因为我们无法承受将我们分裂的大变革的责任。同时,如果传播的渠道可以被使用,我们就会害怕不知道如何去进行传播(无法述说要做什么)。

第三章　技术图像的含义

对于我们而言，真正的挑战是人们是否敢于从所有的传统中飞跃出来。这就是问题的本质。困难源于决断。例如，将电视变成对话的形态，变成民主主义的信道，这在技术上是没有太大困难的；此外，与电话发挥相同功能的电视也是存在的。不过，若要实现这一点，需要我们放弃一些政治事务（如选举、议会和审查）。例如，符合本质的（wesensgerecht，德语）照片拍摄（指有别于传统的照片拍摄）在技术上是没有任何问题的，但为此需要我们放弃一定的认知范畴，即真理概念、客观的意识形态。最重要的是，我们要放弃那些我们承诺的概念，甚至是诚实（Ehrlichkeit，德语）。将学校变成电影院在技术上也是没有多大困难的，将反馈结构引入授课体系，使对话成为可能也是没有什么困难的（所谓的程序化授课已经指出了这一方向）。但是，我们为此就要毁掉那些有关代际关系的概念和想象（如派地亚），并放弃所有的历史性范畴（如民族、国家和班级）。将大学体系和电视体系以开放的方式（所谓的有线系统就是这种方向的尝试）结合在一起，这在技术上也是没有困难的。一方面，技术图像意味着科学的概念；另一方面，大学的结构被转换成形式上的跨学科教育。但是，我们为此要放弃与大学和电视有关的所有想象和概念，特别是与科学和艺术相关的想象和概念。我们在此可以毫不费力、无休止地罗列此类例子。现在的传播结构在技术上并不是僵直的，它为新的符号化世界、新的人际关系，以及新的社会建设提供了从来没有被预料到的可能性。如果我们连利用当前传播结构的技术所带来的可能性的勇气都没有，那么这些可能性的存在与否也就无所谓了。换句话说，如果我们连通过意识对技术想象进行操作并使人类飞跃的勇气都没有，那么这样的意志便永远不会诞生了。

当前的传播结构具有灵活性（Schmiegsamkeit，德语），即它们可以相对容易地延伸出已知功能以外的功能，这一事实几乎完全被隐藏了起来。圆形剧场型话语结构与网状对话结构（通过电视和舆论）的共时化具有危险性，并且可能导致普遍的愚民化。同时，精英文化与大众文化间宿命般地存在着的障碍并不允许那些日益孤独的大众观察到它，哪怕超越这些障碍是一件多么简单的事情。对我们之中参与精英文化并因此理解媒介弹性的那些人（专家）来说，上述关于精英文化与大众文化的这种认知并没有对他们起到任何作用，因为专家不具备将信息从晦涩符号转换成一般符号的能力（如摄影师并没有洞察到他的操作手法同样适用于哲学或政治领域的活动这一事实）。当前传播结构包含的可能性（协商直面新的存在方式的可能性）同样被隐藏起来了，因为我们还不具备使这种可能性成真的技术想象能力。

上述讨论会使我们之中那些轻信当前情况的观察者陷入绝望，因为借助人口数量的爆发式增长，人类中可以形成具有较强责任感和创造性的集体组织。与此同时，想象和预测这种组织的所有可能性，以及宇宙性和创造性对话的所有可能性都出现了。换言之，从这种对话中传出的信息不仅是海量的，它们的质量也足以使过去的所有事物都重新萌芽。如果我们超越过去，那么所有的历史与前历史都要再上一个台阶。也就是说，我们站在了新维度的门槛上。在这种情况下，受众收看电视节目并谈论节目的内容，或者电视节目的内容由能源危机、第三世界、货物的分配、核武器等传统（潜在的、将被超越的）范畴的信息构成。在无意识追求的或传统已经潜在地丧失了作用的历史维度中，圆形剧场型话语结构与网状对话结构相结合的尝试不断进行，然而传播舆论的自动化装置的强化使这种尝试不断变得僵化。我们只能进入新的情境或像 19 世纪的人们那样去行动。此后，我们会称最初的方案为"沉默的大多数"（die stille Majorität，德语），而第二种方案被称为"发展"（fortschrittlich，德语）。

当然，从轻信现状的观察者角度来看，这样的绝望态度是一种单纯的错误。换言之，即使技术想象实际上并没有渗透到我们的意识中，即使我们没有掌握通过概念制造出图像（翻译成技术性符号）的方法，即使谈论使用传播结构的可能性是无意义的，那也没关系。即使我们为了进行历史性行动，或为了依靠技术图像在魔术般的被动消费中被程序化，都没有关系。就像中世纪的炼金术士处于现代化化学实验室中一样，他已经没有绝望的余地了，因为他使用的并不是现代的化学公式，而是在现代的化学实验室里背诵着魔术般的公式。即使不学习这种公式，现在的这种化学实验室对于炼金术士来说也与他的房间没有什么差异了。

上述讨论针对的是我们现在的情况，是一个相当正确的隐喻。我们所处的化学实验室虽然是我们自己设置的，但它超越了我们的意识维度，即超越了炼金术士的意识维度。因此，我们在学习现代化学之前，从根本上说，我们具有三种以下态度：我们可以在升腾的蒸气中麻痹自己；我们可以继续慢慢地寻找魔法石及其本质（Stein der Weisen und der Quintessenz，德语）；或者出于对这种差异的绝望和愤怒，我们想粉碎所有的试管和准备工作。最重要的是，这个隐喻给人一种幽灵般的印象，即化学实验室里没有任何关于现代化学本质的知识，却存在着使这个实验室出类拔萃，运转得越来越好的权威者、操作者和实验室工程师。这里指的是在能够了解现代化学是什么的人类意识层面尚未被征服的情况下，潜伏着实验室自主发挥功能的危险性。

我们也可以用其他的隐喻来帮助人们把握当前的情况。换言之，我们可以将当前的情况分析为装置-操作者复合体的自动化和人工智能化倾向与能够意识到技术想象的倾向之间的竞争。如果第一种倾向获得胜利，那么我们的传播情况就会变成极权主义的和大众化的；如果第二种倾向获得胜利，人们可以想象新的存在形式（因此无法分析），那么未来则是开放性的——为了想象新的存在形式的可能性将产生（因此无法分析）。或者我们可以换个方式表述上面的问题：如果第一种倾向胜利，人们可以获得权威和装置，继而发展出依靠该装置生存的大众，他们的人生将在这个循环中得到满足［此时，"安息"（Friede，德语）与"死亡"（Tod，德语）将成为同义词］；如果第二种倾向胜利，我们则无法预测未来人类和他们的人生会呈现怎样的面貌——这取决于我们每个人的技术想象。

所有人都在努力传播，因为我们无法认同自己是正走向死亡的存在。

我们在与他人的关系中寻找自身的永恒性，忍受自己对死亡的认知。在寻找这种永恒性的过程中，符号化世界（文化、精神、意义、负熵的世界）便诞生了。然而，这个符号化世界变得混沌了，对人们和世界而言，它变得不透明了。符号化世界因为冲动而走向了反面——它促使人与人分离，使人不再与他人连接；它不再为人生赋予意义（扩展为其他意义的意义），而是诱使人们陷入人生的无意义并使其意识不到死亡。

将我们包围起来的符号化世界正在遭受着如前文所述的那种走向反面的危险，即这个世界不再是桥梁，而是成为威胁我们的监狱。我们为了建设这个符号化世界而使用的棍子，根据弯曲程度的不同很容易显示为桥梁的形态。为此，我们应该学习解读其意义的方法，否则，监狱将变得越来越密集。换言之，如果我们的头被棍子击中，我们逃跑或是滚入影子中暂时打个盹儿也没有关系，因为监狱会变得越来越多。与此同时，棍子会变得自动化，它会像魔法学徒的扫帚一样变大。

本章的意图是解读围绕着我们的符号化世界，这一工作不需要任何幻想，因为解读围绕着我们的符号的意义是一个非常困难的课题。对于我们而言，在这种符号中出现了"尚未成熟的"存在方式。这些符号通过阻止人们飞跃深渊，使人们不能达到应有的维度。为了达到这一维度，即使我们不相信其他事物的能力，我们也要离开支撑我们的基础。我们应该敢于使用那些令我们惊讶的东西。本书不会轻视那些能帮助我们克服当前危机的决断——重点是令人惊讶的决断。这个决断包含人本主义的课题，以及它最后的有效形式——马克思主义。

本书考察了新生之物的几个方面。为了便于理解，我们描述了几种方法。需要声明的是，进行这一工作的理由并不是十分充分的，其他的研究者（可能是完全不同的人，甚至是行进方向完全相反的人也无妨）应该在这条路上与我们同行，因为"致力于传播"不正是向他人求助吗？

第四章
传播学讲义

第一讲　意图说明

　　大约19世纪三四十年代，即照片和电报发明之后，我们的生存条件发生了很大的变化。第二次工业革命在第二次世界大战之后才开始凸显本质。我们在讨论第一次工业革命和第二次工业革命的差异时，相信前者的本质在于对肌肉（胳膊、腿、胸部等肌肉）的技术性仿真（Simulation，德语），后者的本质是对神经（眼、耳、脑等）的技术性仿真。由此，我们相信就像织布机代替了手指，汽车代替了双腿并使之改善一样，电话代替了耳朵，电脑代替了人脑，并改善人脑的功能。这种分析是正确的，没有任何令人怀疑的余地，所以我们要正确地研究仿真的过程。不过，这种分析并不能帮助我们正确地看待重要的问题，也不能让我们意识到在本质上要把握的重要问题是什么。

　　第一次工业革命改变了劳动，也可以说第一次工业革命改变了人类与世界，以及人类与工具的关系。具体而言，第一次工业革命使无产阶级与权威者（生活在工具的功能之中的那些人，这些工具使人类与事物之间的传统关系向着相反的方向发生了改变）的关系发生了变化。人类生活出现了新变化，对此进行研究的学问也应该随之更新，于是一个新的人类学（neue Anthropologie，德语）的出现就成为绝对的必要。第二次工业革命改变了传播，即人与人的关系。我们现在开始考察它意味着什么。就像我们最初相信的那样，最重要的问题并不是所有的信息在任何地方都可以被同时使用（不仅不是最重要的，而且也不是绝对的真理），而是人类开展传播活动时使用的符号，以及它们在传播过程中为了给世界和人生赋予意义而发生变化的事实。由此，传播成为绝对的必要，实际上现在我们正处于人类传播即将完成的瞬间。

如果说技术是为了第一次工业革命而存在的，那么传播便是为了第二次工业革命而存在的。就如同设有医学院的工科大学将 19 世纪的人们感兴趣的中心物质化，并决断性地作用于生活的所有层面一样，最近的传播类院校成为第二大中心，并作用于人们生活的所有层面。同时，正如工业革命之后，技术人员（Technologe，德语）可以是手工业者（Handwerker，德语），也可以是应用型自然科学家（Naturwissenschaftler，德语）一样，在传播革命之后，传播技术人员（Kommunikologe，德语）既可以是艺术家，也开始成为应用型人文社会科学家（Geisteswissenschaftler，德语）。技术人员和传播技术人员为了社会的未来而使希望具体化。

与电视、电脑和录像一样，通过对神经的仿真而引起的符号革命至少与蒸汽船引起的革命一样，影响是十分巨大的。一维的字母被可移动、能发出声音的平面驱逐，颜色（Farben，德语）在意义论的维度无远弗届（allgegenwärtig，德语），传递信息的话语将对话推搡至各个角落并使其最终消失。线性字母和对话是历史进程生成的结构，所以从"传播革命"这一词汇的正确意义来看，它意味着"历史的终结"。从此，不以劳动的分化为基础，而以信息的分化为基础的社会正在诞生。在这种社会中，大众是扩散的信息的接收者，而制作程序的阶层成为信息的送信者。这并不意味着它是一个具有金字塔型话语结构的极权社会，它其实是一个具有圆形剧场型话语结构的极权社会。换言之，后历史的法西斯意味着一种以煽情主义（具有美学性）和刻板印象（具有伦理性）为基础的态度模型，它时刻准备着被动地接受信息（认识论层面）。

  传播与技术一样具有价值中立性特征。传播不仅可以提醒人们正在崛起的法西斯主义，而且可以使人们意识到法西斯的危险。然而，根据已有的权力装置以何种程度掌控学校，传播的中立性也在不同程度上遭到质疑。很多情况无法避免，就如同奥本海默①这样的技术者会感觉到良心中出现的矛盾。根据文化部门（Ministerien für Kultur，德语）在多大程度上能成为传播与文化部门（Ministerien für Kommunikation und Kultur，德语）——人文社会科学家和艺术家正式成为传播技术人员（这是无法避免的进程），传播成为有意识、有意图的大众化、去政治化工具。艺术的危机（作为精英文化的艺术如果不主动与传播装置融合，那么艺术精英也只有成为失业者了）是通过将艺术设置在传播装置（电视、电影院、报纸、传播等之内）中而被解决的。

  在欧洲，这一过程并不像在美国（和巴西）一样取得了那么大的发展。在这些地方，传播革命还没有被艺术学校、音乐学校、人文科学学校等周知。这是时代的错误，同时也是时代的希望。由于这些学校没有融入传播革命而停留于变革的边缘，并且当学生收到被视为局外人的判决时，这就是时代的错误。这些学校不应受到既有权力装置的影响，而是应该进行传播理论的教育。学校应该成为一个场所，人们在这里能够意识到正在靠近的危险是什么，以及如何应对它。只有这样，走出学校的人才才有可能成为时代的希望。这个希望也包括为社会培养传播领域的技术型人才，这样的人才从一开始就不是为圆形剧场型话语结构的社会培养的。以上这些正是我想要在吕米尼②讲授这些课程的动机。

---

① 罗伯特·奥本海默（Julius Robert Oppenheimer，1904—1967年）美籍犹太裔物理学家、曼哈顿计划的领导者，1945年主导制造出世界上第一颗原子弹，被誉为"原子弹之父"。——译者注
② Luminy，法国马赛的吕米尼。——译者注

第二讲　绪　论

　　许多大学都设置了旨在培养传播领域的技术人员的学院。同时，也存在众多旨在研究传播问题的其他学科。以上这两个事实确实是应该值得人惊讶的事情。

　　在人文科学所处的复杂的危机时期，在人文科学领域的学术研究本应相应减少的时期，令人惊讶的事情却发生了——传播理论这种综合理论诞生了，而且以这一学科为基础的技术和职业系统也诞生了。特别是在新的媒介时代，以研究为志向的青少年中有相当一部分在学习公共关系、营销学、大众传播和广告这样的新兴学科。我们很可能无法从这种现象中描述出正确的图景，因此我将以圣保罗州为例进行讲述。在巴西圣保罗州，我们于1967年创立了最早的传播与人文学院，并计划培养大约50名大学生和8名教授，以及若干能够通过批判性与创造性对大众媒介的浅薄之处施行"手术"的精英。在大约10年的时间内，这一精英学院成为具有数千名大学生、数百名教授，以及有五栋教学楼的大众学院。同时，在这座城市中至少诞生了四个传播类的院校，传播类的职业在法律上也被规范化了（如新闻和电视节目从业者，以及电影导演等，被要求具有大学学历）。并且，我们能确认这样一个事实，那就是只有医学和工科专业的学生数量、预算，以及学科的精细化能够与传播学媲美。

　　数年之前，从美国开始，不仅一些传统大学的结构被打破了，在青少年的职业选择方面也出现了令人惊讶的现象。然而，以我的所知并不能对此进行充分的评判。就像过去我们接受了很多其他的情况一样，我们也接受了如今的这种变化——人们一边谈论着媒介的爆发式增长，一边对它不予置评。即使在几年前，还在哲学或文化学、历史学或社会学、形象艺术或音乐等专业进行学习的年轻人，现在转向传播类院校的专业进行学习。同时,这些不久前还被认为有点奢侈的学科突然成为有保障、有前途的学科。从文化的角度来看,这就意味着根本性的变化即将产生。有学者认为,那些传播类院校迟早会将(几乎)所有的学科,即非自然学科的专业,如哲学专业、文学专业和社会学专业,以及所有的艺术专业等转变成综合学科。换言之,传播理论作为所有学科的元理论(Meta-Theorie,德语),是最早将所有其他学科整合在一起的学科。同时,所谓的"哲学的死亡"(Tod der Philosophie,德语)和"人文科学与艺术的危机"(Krise der Geisteswissenschaften und der Künste,德语)只不过是加速了传播理论的产生而已。我们需要思考的是,如果哲学与社会学、绘画与音乐在传播类院校里能实现学科的融合,那么在我们不可知的范围内,它们的学科属性也会不可否认地发生变化——这些学科将不再独立,也不再具有自己的学科目标,而是变成人们口中的人类传播问题(Probleme der menschlichen Kommunikation,德语)的复合体。毫无疑问,正是这种变化将曾经被视为奢侈学科的传播学变成了制度中的权力阶层愿意为此付出高昂代价的学科。

通过对传播类院校令人吃惊的发展进行省察,我们可以作出以下的判断:在 20 世纪上半叶,在自然科学向经济学、政治学等领域进行扩散的技术化过程中,在传播理论的帮助下掌握了人文社会科学和艺术。与此同时,传播类院校从其他学校获得了物理、医学、经济方面的技术。传播类院校成为制度中的权力阶层培养传播技术人员的场所,而且相关学科都是技术性的人文学科。由于文化在新传播媒介的促进作用下持续地技术化,所以这些学科日益成为技术性的文化学科。因此,在考察传播类院校时,我们面临着一场文化的革命。我们无法时刻意识到艺术学院和哲学学院就位于传播类院校旁边的事实。要知道这种具有文化革命性的结构设置,在我们传统的世界形态中是令人难以想象的。基于对传播类院校的这种考察而作出的诸多判断,可以统合于一种黑色的悲观主义之中。我们可以对所有的艺术性和人文性的存在作出以下结论,即它们或致力于为与大众传播相关的文化装置提供服务，或变得边缘化。例如，原始的文化、音乐、绘画、雕塑，以及社会学、政治学领域的研究也都为电视节目和博物馆陈列的物品提供服务，不然它们就会在所谓的"先锋派"的可笑的陌生化中枯萎而死。但是，我们无法回避这种黑色的悲观主义（在技术主义中，对于只能看到危险的人来说是悲观的）。换言之，我们可以提出这样的问题，即通过在传播类院校的学习就一定可以培养出像广告人、市场调查员和图像程序员这类的人才吗？传播类院校就不为对抗文化发展的大众化提供知识和技术吗？换言之，如果体制中的权力阶层为这类学校提供财政支持，那么除了质疑文化的权威者以外，我们还可以质疑它们会不会培养出一批在文化上破除神话的人（Demythifikanten，德语）或陷入这种将文化神化的风险。要回答传播理论除了包含大众文化以外是否还涉及其他文化形式这一问题，可以说，我们仅在传播理论中进行的寻找，通过感伤的或具有意识形态的口号是无法作出回答的。大量涌入传播类院校的年轻人大致上有两种不同的动机：一是，传播类院校的教育能够让他们参与文化装置的运行，所以他们愿意接受这种教育；二是，如果有可能，为了防止文化装置的极权主义独裁，他们想到幕后去进行考察。我们不仅可以从大学生群体中观察到这种肯定和否定的两面性，传播类院校本身也具有这种两面性。而且，这种两面性对这些学校的特殊的紧张氛围负有主要的责任，即不想成为技术学校的技术学校将成为一个重要的问题。

对传播类院校的考察表明我们还处于文化变革的中心。然而，这些学校给我们展示的是文化结构下的大变革。我们从这些学校中可以看出什么样的变革是重要的。最近一个世纪，技术的发展创造了与字母符号完全不同的符号——新的传播媒介符号。字母符号构成文本时代的文化，并且现代文化是由新闻文化（Pressekultur，德语）构成的。不过，字母逐渐被新的符号驱逐，这意味着文化的发展产生了根本性的变化。新符号与字母符号不同，它并不是点状的记号，而是形成了新平面。虽然这种平面如同字母一样被线性地整合了，但它却并不一定要呈现为如此。如果我们说一个由符号构成的平面叫作图像，那么在新的符号中，技术想象这一概念将被提及。这些符号是新的，并且还没有被征服，所以我们首先应该学习使用这些符号的方式。传播类院校是我们学习这些新符号的场所。换言之，如果说以书写为主要教育方式的学校的出现是字母发明时期的文化变革的征候，那么这些传播类院校的出现就是新的文化变革的征候。

我们不能夸大文化符号的作用，因为它不仅可以为世界赋予特殊的意义（将世界以固有的方式符号化），它的结构同时会将人们的思考、感情和意志都结构化。例如，字母符号将世界符号化为线性、因果性和历史性的过程，这是根据特殊的逻辑、伦理和实际的体验将现代人的思考、感情和意志结构化了。而如今，如果旧有的符号被其他的符号取代了，那么世界就获得了一个崭新的意义，这个世界的存在也就拥有了不同于以往的形式。因此，我们可以称这种变化为文化革命。在这种文化革命中，传播问题成为备受关注的中心，所以传播理论这一学问的诞生也就绝不是偶然了。如果想在变革中把握方向，并施以影响，我们就应该把握危机的本质，即传播方式的变化。因此，传播理论的形成源自我们对人类文化发展情况的理论性考察。毫不夸张地说，就是将以前哲学担负的责任转交给传播学。然而，最重要的是，传播理论在相当程度上是产生于非哲学性的氛围中的，这就成为我们进行考察的出发点。

最近 10 年间，传播类院校的发展成为文化状况产生变化的根本特征，因为这种发展摧毁了传统的教学系统，并产生了新的学问（学科）。这不仅是因为传播学与已有的学科进行融合并创造出一系列新的职业，更为重要的是，在支配性的符号中产生了根本的变化。这赋予传播类院校以正反两方面的属性：一方面，它们是教育未来精英的场所；另一方面，它们是在未来进行批判性研究的场所。我认为，认识到这种两面性和接受这种两面性就像我的这门课程一样，从致力于一个学校的传播学学科教育作为开始，这并不是一种最坏的态度。

第三讲 人类传播的过程

如前文所述，传播理论的课程对人类而言是特殊的，但传播理论是从人类实际出发来处理一个明确事件的过程的——信息的象征性传播。在明确理论能力的范畴时，我们需要排除两个问题：一是，除人类以外的其他种族是否也拥有象征，并且它们在何种程度上拥有象征；二是，对于人类而言，象征性和非象征性的信息中继是否具有某种相对作用。换言之，上述两个问题在这里会被直接引向传播理论范畴以外的领域，所以即使是根本性的问题也理所当然地被排除在外。第一个问题是，在动物界（如狗摇尾巴、类人猿中有与人类语言类似的表达，还有所谓的蜜蜂之舞）是否有象征性的传播。这个问题将我们引入生物学的领域。第二个问题是，人们可以在没有象征的情况下进行何种程度的传播行为（如不同代际间利用发生学符号进行传播，或者男女间通过性交而实现的传播行为），这种非象征性的传播是否在某种程度上制约着象征性传播。这样的问题将我们引入所谓的自然性（natürlichen，德语）条件与文化性（kulturellen，德语）条件间关系的讨论。然而，除了上述两个问题，传播理论的能力还会受到怎样的限制？对此，我们需要学习的还有很多。传播理论要借助任意的协商才能从与发生学（作为生物学的）的绑定关系中被释放出来。只要通过哪怕仅有一次的这种协商，就能表明传播理论是人文科学的学问。我们可以换个方式重新表述上面两个问题——动物身上有没有"精神"（Geist，德语），以及人类身上的"精神"在多大程度上可以从生物学角度作出解释？但是，传播理论并没有成为人文科学中的一个领域，而是作为人文科学本身的一般理论来体现的，因为"精神"的形而上概念与具体化概念在传播理论中完全没有被体现，取而代之的是"信息的象征性中继"(symbolische Übertragung von Botschaft，德语）这种现象学和功能性的概念。这是本课程的一个意图，或者至少可以说，这是试图研究传播理论作为所谓的人文科学的一般理论是否具有正当性，以及在何种程度上具有这种正当性。

如果我们将传播理论的信息作为象征性中继的所有现象（如姿势、声音、记号、颜色），那么即使我们将动物性和人类本能都排除之后，仍会出现无法被研究的领域。其结果是人们所有试图把握方向的努力都将以令人哭笑不得的方式被表现出来。传播理论的范畴涉及从点头到文学，从摩尔斯电码到象征性逻辑，从战场的鼓声到城市化，从莫斯科到大学。同时，我们要明白，将这些都放在"文化"这一名词下进行研究也是没有任何意义的。也就是说，传播理论的能力会对所有文化的产物，即科学、艺术、政治、经济、宗教、法律、社会形式等进行渗透，因为它们都是象征性地中继信息的现象。然而，这种表达对传播理论问题的认知和对这一问题的研究战略是没有作用的。换句话说，这种认识仅限于从特殊的角度，即从信息的象征性中继角度继续进行说明——传播理论关注的是人类全部的文化领域。与此同时，从这个意义出发，我们便可以看到传播理论是人文社会科学的一般理论这一事实。因此，传播理论的意图并不是通过共同的某种数学因素来说明多样化存在的人文科学，而是从传播立场上对那种专业化的、看似互相独立的学科领域（如音乐与行政，或者认识论与海报设计）进行概括性把握。这一意图并不是通过理论来说明文化（或精神），而是将文化的织物在学科间进行整合，以得出一种看待文化的新视角。如此一来，看似无法被研究的传播理论的范畴也顿时明朗了起来。

在此，我提出的第一个问题是"信息的象征性中继"意味着什么。关于这个问题，最重要的是我们如何定义"能力"。关于对能力的讨论，我们可以提出如下的问题。第一，中继是什么？第二，信息的中继是什么？第三，在传播理论中，信息的象征性中继又是什么？为了便于我们后续使用相关的概念,首先明确一些关键的定义是必须的。在有其他的反对声音出现之前,我会这样回答上述三个问题:第一,中继是连接多样化系统的所有过程;第二,信息的中继是使个别或所有系统的形态变化的多样化系统的连接;第三,信息的象征性中继是通过协商使系统产生连接形态的变化。这里并不是重新定义所有的问题,而是试图直接进入传播理论的核心。换言之,当多样化的系统通过协商被联结时,当我们主张传播理论的能力是研究被观察到的系统形态变化时,我们已经掌握了这些理论的中心问题。进而言之,我们把握了信息(形态变化)、信道(连接)和符号(协商),同时也把握了人类传播中的特别的部分,即信息被人类储存的事实。除此之外,我们将避免把与可能观察到的现象不一致的(如精神、创意、自由等)概念纳入定义。

通过这种定义,我们可以看出,传播理论是一种将人类的传播过程当作去意识形态化的课题而展开研究的学问。首先,在传播理论中,人类传播是多样化中继种类的一种,是作为所谓的自然现象出现的,它不会超出自然科学的研究范畴;其次,人类传播作为一个种类特别的信息中继,是作为热力学的一个研究目标出现的,它不是一个无法计量的过程;最后,人类传播作为非常独特的现象,即作为信息象征性中继,是逆热力学第二定律的,是作为具有反自然属性的过程出现的,是作为具有反自然属性的自然现象而被研究的。在这样的意义下,我们可以认为,关于传播理论,我们要讨论的是一个一般理论的问题。

这个问题的中心,即传播理论具有的特征是,人类传播与我们所知的大部分信息中继的形式不同,它是逆热力学第二定律的——在中继产生时,信息的总量非但没有减少,反而呈现增加的趋势。这也正是说"人类是历史性的存在"时,我们从根本上想要表达的内容。换句话说,人类作为个体、作为"种"储存信息,同时以象征作为传达信息的手段。当然,这一问题之所以被提出来,是因为对人类来说,传播活动带有反自然的属性(正因如此,人类传播活动无法通过"自然"而被说明)。此时,麦克斯韦妖①（Maxwells Teufel，德语）多少有点帮助，即假设我们将通过传播容器的信息以与热力学第二定律相反的过程过滤（如在热水中只输入冷的微粒，在冷水中只输入热的微粒）的一个邪灵（esprit malign，法语）插入信道。所以，在中继的结尾，信息的总量会远远多于最初的信息量，因为热水变得更热，而冷水变得更冷。通过负熵的过程，麦克斯韦妖将一种盖然的状态改变为非盖然的状态——信息增加了。确切来说，这看起来与象征性的（人类）传播更为契合，即人类传播具有非盖然的属性。例如，与通过显示器作出的画相比，画家在调色板上调出的颜色更具有盖然性——画家所做的乍看上去与麦克斯韦妖所做的是一样的。然而，如果我们对这些现象进行更仔细的观察，便会发现这种判断是站不住脚的。麦克斯韦妖也是可以在其他负熵的传播模型中使用的，如生命发展模型（单细胞动物没有此模型也可以发展）。然而，在人类传播、象征传播中，麦克斯韦妖是无法被使用的。换句话说，人类传播与生物学发展一样，都具有非盖然性的倾向（从金属、塑料等中诞生的制品与从氧气、二氧化碳和氮气中诞生的鸡一样，都是具有非盖然性的）。然而，协和式飞机②（Concorde，德语）与鸡不同。从统计学上来看，协和式飞机的产生并不是一个具有必然性的偶然（麦克斯韦妖），而是通过协商，即在某种意图下诞生的。这种差异是象征性传播的特征，原则上是可以对它进行测定的。通过氧气、氮气等的结合将非盖然性的鸡制造出来（麦克斯韦妖），并计算需要的分子和时间，这在原则上是行得通的。与此相反，相同的计算方法显示，协和式飞机是不应该在"当时"诞生的。协和式飞机的非盖然性与我们在养殖鸡时发现的事实是不同的。也就是说，这与我们将创造者（Schöpfer，德语）

---

① 麦克斯韦妖（Maxwell's demon）是物理学中假想的妖，能探测并控制单个分子的运动。1871年，英国物理学家詹姆斯·克拉克·麦克斯韦（James Clerk Maxwel）为了说明违反热力学第二定律的可能性而设想的。——译者注
② 作者在此举这个例子，是为了说明协和式飞机是人类有意制造的结果，与鸡等生物的出现不同，后者是"自然历史"的，二者有本质上的不同。——译者注

（以人类的模样进行传播的信息代理人）投射到自然之后，从而使其隐藏在面纱背后的事实是不同的。即使通过这样的隐藏，我们所谓的"自然历史"（Naturgeschichte，德语）与人类历史也是具有不同节奏的。同时，在这种差异中，重要的问题不仅仅是加速发展，还要知道如何根据我们面对的目标进行调节。换言之，在人类传播中具有典型特征的不仅是负熵（信息的非盖然性增加），还有目标性，即"隐德来希"①（entelecheia，拉丁语）。只有我们从拟人化自然（如把生物学现象说成"隐德来希"）的诱惑中被解放出来之时，我们才能正确地评价人类传播的象征中蕴含的固有特征和反自然的特征。

即使我们不想忽视裹着面纱般神秘的象征——我们不想否认"隐匿的人"（homo absconditus，拉丁语），通过形式上的定义我们也可以直观地理解"象征"的概念。"象征"是根据特别的、清晰的或含蓄的协商指代其他现象，并被称为代表和介绍该现象的所有现象；"意义"指的是被象征代表、介绍、替代的现象（此时使用的不是法国式的专门用语，而是美国式的）。在这个定义中，具有决定性的是"协商"的概念，因为它赋予了"象征"概念以主体间性，即非客观性的属性。因此，象征的存在并不是通过客观性（自然科学性）被确认的，我们只能通过主体间性做到这一点。换言之，它们是为协商的参与者而存在的。"象征"这个词因为与某种观念论相关，所以不再被提及——那些象征就像这个世界上的其他所有现象一样，是可以通过客观性被确认的现象，但这些现象就是象征的这一事实却无法通过客观性而被确认了。

在此，我想通过一个例子来说明这些众所周知的日常事态。由于这种事态是日常性的，所以它被埋没了。同时，日常事态中最不可思议的地方也被忽视了。只要用白粉笔画一条线，我们就可以客观地确认它的存

---

① 此处为音译，实际意思是"完全实现"。这是亚里士多德的用语，他认为"隐德来希"作为一切事物追求的终极目的，既是最完全的实现，也是最原始的动力。——译者注

在，因为一个现象就摆在我面前——我可以称重或测量它的大小，也可以客观地说明它。例如，从因果论的角度，我们可以将白粉笔称为这条线存在的一个原因。因此，虽然白粉笔本身不在场，我也可以通过这条线推论出它的存在。将线与白粉笔结合起来的因果关系，以及客观上存在的线是允许我们对白粉笔进行认知的。不过，对于这条线而言，如果我转换立场，即我不从客观而从主体间性的立场来看待是否要以这条线作为象征的协商，那么通过这条线，我就突然看不到白粉笔了，我看到的是想象的线或负号。线条被画在黑板上，而这个线条是由白粉笔绘制的这个事实一下子变得无关紧要了。如同被画在黑板上一样，它在一张纸上也可以被画出来，并且用铅笔就可以做到。同时，这条线也可以意味着单词间的停顿（Pause，德语）或算术运算符号（arithmetische Operation，德语）。为了成为停顿或算术运算的象征，一条线应该被视为一个重要的问题，白粉笔或铅笔应该成为这条线的原因。然而，对线与粉笔的因果关系的说明与它作为象征的意义是没有任何关系的。象征与其意义的相互关系并不是通过因果链条被创造的，而是通过一种协商，所以我们不能通过客观性而只能通过主体间性来确认它。

如果我在黑板上画一条线，那么我就是中继信息。换言之，当两个系统被联系在一起时，它们的状态就发生了变化。这两个系统是白粉笔和黑板，它们的形态在被联系时产生了变化——白粉笔失去了它的末端，黑板则多了一个弧形。我们可以说白粉笔变形了（de-formiert 德语），而黑板得到了一种形态（in-formiert，德语）。但是，如果我们认为变形比形态包含的信息更多，我们就可以相信热力学第二定律了。当然，这时我们即使不说白粉笔的末端，而是说能源的形态，结果也是如此。因此，我画线的时候就是世界信息的总量减少的时候。不过，从完全不同的意义来看，在我画线之时（中继信息），即两个系统被连接时，它们的形态就发生了变化。系统是我与大家的记忆，而连接是借助一个协商产生的。此时，白粉笔和黑板是连接的手段（媒介），形态的变化仅与人们的记忆有关，与我的记忆无关,因为大家接收到了信息。因此,虽然热力学第二定律的效力现在还没有消失,但从这一意义来看,在课堂中,信息的总量会通过我在黑板上的书写而增加,这毋庸置疑。我们可以这样表述这个矛盾,即在画线时,信息的总量是客观地减少而主体间性地增加了。据此,这些事实之间还没有达成一致,因为我不是偶然地划线,而是有意地为大家提供信息。同时,为了达到这个目标,我应该提供象征性传播的媒介(黑板)的形态。因此,在黑板上被观察到的负熵是具有特殊的"隐德莱希"特性的。我相信,这个例子就是人类传播的一个缩影。

在上课的过程中,我们揭示了这个缩影。然而,坚持本质是重要的,即通过协商象征着的神秘能力,人们通常从盖然的(无形的)、无精神的、愚钝的、自然的倾向,走向非盖然的(走向信息的)、"隐德莱希"的倾向——这就是人类的尊严。

第四讲　人类传播的动机和限制

与我们在自然中观察到的系统间的连接不同,人类传播具有从盖然性状态逐渐远离,并指向具有更弱的盖然性状态的倾向。这种熵的逆转源于人类传播的象征性特征。换言之,对参与协商的观察者来说,他们观察到的现象意味着其他的现象。据此,人类传播与我们在自然中观察到的少数负熵过程也是有差异的。我们在将意图视作人类传播的协商并进行考察的情况下会发现,意图是人类传播特有的,在其他过程(如生物进化等)中是无法被找到的。同时,人类传播的这种意图是指向非盖然性的。关于人类传播的典型事实是,它的非盖然性是通过协商、有目的地达到的,而不是通过概率统计上的掷骰子(Würfeln,德语)偶然地实现的。因此,传播理论的中心问题是从现象处研究象征,即研究的是指代其他现象的代理者的协商。

粗略地一看，刚才我们所说的仿佛是对同义语的反复。总体而言，"协商"与"传播"不是同义词吗？"把什么报告给谁"不就是"与谁一起对什么进行协商"吗？然而，如果我们观察事态（如新闻报道），那么就可以确认维度的等级秩序。在这一位阶秩序之中，所有的维度都是为了实现与上一级维度的协商，同时为与下一级维度的协商而传播信息。在我举的上述例子中，对于报纸读者来说，报纸上的报道是报纸给出的"建议"（Vorschlag，德语），读者则与报纸指示的信息（如一个政治事件）相关，可以将读者视为与报纸具有一致的意见，即他们能够参与协商。对处于报纸这种媒介外围的观察者来说，这一报道是对这种政治性场景的符号化，即赋予这一场景以协商意义的方法。与此相反，对于报纸的读者来说，报纸报道的是它对能够被解读的信息的传播，因为读者与报纸一起参与了协商，即与字母符号的协商。然而，对于小学生来说，情况则有所不同——报纸上的报道意味着能够被他们解读的其他信息（并不与政治事件相关，而是与字母的意义相关）的传播，因为小学生与报纸一起参与了其他的协商，即口头语言的协商。同时，对于学习语言的学生来说，报纸上的报道也意味着他们能够解读的其他信息（既不是政治事件，也不是字母的意义，而是与一种语言的某些词汇相关）的传播。学习语言的学生与报纸一起（像报纸的读者一样）参与了与字母符号的协商，而学习语言的学生与报纸读者的不同之处是，他们无法参与口头语言的协商。我们在这里当然可以通过字母对共同发生作用的维度的等级秩序进行没完没了的列举说明，因为我们站在无比强大的归纳法旁边。我们在此可以确认的是，信息的传播从属于受众所处的维度，以及隐藏于允许信息接收的消息（Botschaft，德语）背后（hinter，德语）的那个协商，并且这一协商所处的维度比受众所处的维度往往低一级。这种混乱的确认（不仅因为等级秩序没有底线，也因为位阶秩序无论在何处都可以进行逆转并导致混乱）会在本课程中被反复地提出，而此处除外，因为这里着重阐明的是"传播"与"协商"的差异。由于传播理论是"元传播"（Meta-Kommunikation，德语），所以上面提到的观察报纸读者的观察者，在"读者的读者"这一相同的意义中，我们从传播理论的维度来看，就会发现人类传播的中心问题是研究使传播成为可能的协商。换言之，在传播理论中，人类传播是将世界符号化的一系列建议。

本课程从根本上说，仅仅是与致力于将世界符号化（将被赋予的意义整合，以及将世界变成非盖然性的）的建议相较量。我们首先应该提出一个问题，即通过将世界符号化的这些符号能追踪到何种意图。从某种理由来看，在第三讲的内容中，我们主张在生物学的视角下以目的论来说明负熵的过程（如通过创造或进化的意图）可以被称为伪造的拟人化，因为我们并不能在生物学背后看到类似于人类世界的协商，能看到的只是偶然与必然的统计学游戏。因此，在生物学中，所有的目的论说明都避开了本质，即避开偶然的必然化。这就是为什么如今在人类传播中，对过程的所有因果性说明都可以被视作伪造的科学化。因此，我们可以看到，过程的背后并不是自然的游戏，而是人类的意图。因果性的说明折射出人类传播的本质，即创造非盖然之物的意图。这并不是通过因果论来说明人类传播的意图，而是通过人类传播的动机，在人类传播的本质中（也并不是通过生物学、心理学、社会学）说明人类传播的意图。如果想把握人类传播的本质，我们不用去质疑"为什么"，而是要问它的"目的是什么"。

因此，传播理论并不属于客观的学术领域，比较社会学、心理学等领域的学者对人类传播进行的考察与研究，可以发现它们具有的共同点并不是方法，而是现象。传播理论是意义论（semiologische，德语）领域的学问，它的目的是把握对意义的分析。基于此，传播理论具有现象学特征，即该理论忠实于被谈及之物，因为人类传播的本质正是意义（意思）。如果我们必须对世界符号化背后的动机提出问题，我们就不能对符号化进行因果论（社会性、政治性、经济性、心理性、历史性或其他方面）上的说明，而是应该试图从目的论、意图，即从主体间性的立场进行说明。这是应当被强调的，因为此时我们被引入了心理学或社会学领域，这表明人类在传播中被误导了,并且忽视了典型的人类性。

因此,我们需要提出以下问题:我们以何种意图将世界符号化并建议对他人使用特定现象(spezifische Phänomene,德语)?我们是否同意他人提出的(使用特定现象的)提议?对这些问题的回答是,我们的意图是为了能够与他人交流。所以,我们使特定的现象作用于他人,并且,在与他人就有意义的现象进行交流(交换)的过程中,一旦出现无法使用某种现象的情况,我们就会将那特定的现象当成象征来加以使用。这一过程是不断发生的,如我们把牲畜换成金子,把黄金换成铜钱,把铜钱换成纸钱,再把这种货币换成支票,从而进行符号化的转化。正如前文所讨论的那样,新符号与之前被使用的符号相比,它们的操作方式会更加便利,而没有被符号化的现象(家畜)则并不适合传播。此时,我们不能忽视,所有的新符号在某种意义上,在它们原来指代的现象中是自由的,且具有自律性,因为金子并不只能换成家畜,铜钱也并不只能换成金子,它也可以用于交换家畜等。同时,所有的新符号与它们代表的东西之间进行着一种反馈,这个事实也不可以被忽视。换言之,家畜在代表着金子的同时,自己变成了象征性的;金子在代表着铜钱时,它本身也成为金子所象征之物的象征。上述的例子通过类似的方式,在所有的文化维度中都能够被完善——家畜、固有名词、名词、数字、逻辑象征,或者家畜、立场、描绘的图像、图画文字、表意文字、字母记录等。可以明确地说,如果我们与他人交流有关家畜的话题,那么比起将家畜赶到人们的前面,使用支票、数字或字母则更为实用,并且这是所有符号化的动机。不过,这种不言自明的回答是不充分的。换一种方式思考,这一问题是以怎样的意图被符号化的,即具有某种意图的人类如何在彼此间开展传播活动,对此又是否有协商的余地。这个提问并不针对人类是以怎样的意图接受了金子对家畜的替代,而是针对为了交换家畜,人类是以何种意图才与金子进行了协商。简而言之,我们并不是针对这个符号或那个符号,符号化本身才是需要被讨论的对象。因此,回答问题并不是某种符号的意图,真正的意图应该是讨论符号化本身。这些众多可能的回答其实有一个相同之处,即我们为了整合信息而进行符号化,所有符号化的意图与通过象征的传播为世界带来了秩序——以规律的非盖然性对抗走向盖然性的世界。在人类间形成的所有协商的基本动机都是为了设定规则,就像符号是游戏的规则。同时,根据这些规则,现象转化为象征。所以,对游戏的参与者来说,他们约束了象征所指代之物。我们致力于通过象征来进行传播,即在世界中致力于追求秩序,并将世界符号化。

这一答案是其他众多可能的答案的公分母,我们可以在下面的考察中进一步思考这个事实。整合的意图一般就是劳动的意图,特别是所谓的艺术作品(künstlerischen Arbeit,德语)更是如此。人类创造物品就是系统地整合要素,而作为被创造出来的世界,文化是这种整合行为的有意图的结果。如果我们将整合表达为符号化的动机,那么我们就能讨论符号化背后隐藏的意图的美学性、艺术性和文化创造性。人类为了创造美而展开协商,这种散发着浪漫气息的主张可以在对文化及其诞生史的考察中得到印证。

然而,这一主张仅仅在外观上是浪漫的,因为美丽不仅是形态上的,它还是对提供信息的某物的表达。提示,即提供信息(informieren,德语)意味着利用形态而使某物发生变化。人类创造的美丽仅仅是意图的一方面;另一方面是变化,是被创造之物在世界中进行描写的信息。整合的意图依旧是提供信息,即如果我们将整合行为视为符号化的动机,那么就可以讨论符号化背后隐藏的意图的认识论层面、令人好奇的众多层面,以及能够感知到人们渴求知识的层面——人类为了互相提供信息而进行协商,这同时意味着通过象征性地整合世界,自己与他人可以一起提供与世界有关的信息。

这不是说我们在世界中为了共同地把握方向、更好地了解世界而进行符号化,而是说我们要改变世界,因为信息的提供就意味着变化,"使……变化"(ändern,德语)则意味着将某种东西变成它应该具有的状态。对于自己创造的东西，人们不仅想要它们是美丽和先进的，而且想使它们具备应有的状态。所以，如果我们将整合的意图表达为符号化的动机，那么它也将表达出整合行为具有的伦理性、政治性和法律性的一面。总结而言，人类是为了与世界共同发展而进行协商的。

不过，在上面这个理由中，整合并不是所有符号化的意图和众多其他可能之物的公分母。这是因为符号有美学方面的（如音乐作曲或电影剪辑的规则），有认知方面的（如逻辑学或数学），也有伦理方面的（如法典或道德）；或者所有的这些符号都可以追溯到一个共同的根源，即追溯整合的意图。在这里，由于我们给出的回答更加接近符号化的本质，所以用公分母来称呼它。换言之，这一回答展示了人类是带着何种意图进行音乐创作、建立逻辑系统、拟定法典的，即他们以何种意图来进行符号化。符号化并不是为了给世界带来美丽、知识或财富，而是为了给世界带来非常简单的秩序，因为所有符号化背后隐藏着的意图都声称否认我们所处的世界的熵。

展示世界呈现的熵的倾向并不是热力学的新近发现，这是当下我们人类存在的一个基本事实。换言之，它是一种被确认了的事实——不仅意味着所有的事物都要衰落，更为重要的是，人类必将死亡。我们能够经历、相信或不相信信息走向消逝的倾向，但这不是我们要讨论的事实。这一倾向贯穿我们的人生，它就像人生本身，是没有什么值得怀疑的。然而，即使我们对此深信不疑，我们也不会对此表示肯定——所有的符号化意图都否认那种不容置疑的事实，这一主张是能回答"为什么符号化"这一问题的所有可能答案的公分母。我们无法否认我们走向没落的倾向，因为这一倾向笼罩了世界与人生，并使它们没有了意义。但是，我们正是试图为世界与人生赋予某种意义而进行符号化的。我们为了将象征确定下来，即我们为了整合新的象征着其他现象的现象而设定规则。然而，从根本上说，这些意义无疑只是有意图地赋予我们所处的无意义以意义。我们为了互相交流和传播信息而进行符号化，这意味着我们的目的是能够共同探讨这个毫无意义的世界，以及这个世界中的人生的终结。我们进行符号化是为了通过传播而使死亡完全沉默。所有的符号，即艺术的符号、科学的符号、政治的符号（换言之，哲学的和神学的符号）从根本上来说都只是从属于这一意图——否认无法否认之物。并且，即使我们知道我们无法否认，也还是在努力地这样做——人类正是通过象征而进行否定的。

换句话说，如果我们承认我们是无法回避死亡的，那么我们就存在于所有可能的协商之外，我们面对死亡并完全处于孤独之中。如此一来，所有的传播就都是不可能的了，因为对与死亡有关的某些符号的协商是不可能的。人并不是政治性的（politisch，德语）动物，相反，他们是完全孤独的动物，因为他们认识到了自己终有一死。这种对死亡的知识（即使"知识"这个词汇在这里是正确的）对人来说已经是特别之物，是反自然之物，是负熵，因为这种知识强迫人变成政治性的——它们强迫人类进行传播。人类传播是人即使知道自己终将面临自然性的死亡，也要试图象征性地、反自然地否认它，所以这种传播具有象征性和反自然性的特征。人类社会如果来源于象征性的传播，而不是来源于征候性（symptomatischer，德语）[本能性（Instinkten，德语）]传播，那么这个社会就具有了反自然的，以及否定死亡的意图。所以，人类是具有目的性与政治性的存在。如此，我们便可以说人是"自由的"（frei，德语）了。

我们进行符号化的目的如下。人类为了创造能够实现传播的秩序，即为了否认世界的无意义和死亡而进行符号化。我们所有的传播都具有这种意图，通过这一意图赋予世界以意义和希望，并以永生的意图对所赋予的意义进行肯定性的描写。然而，我们现在还无法在客观上否定世界的无意义和死亡。这一客观事实是人类传播的局限，而我的课程将在更加多样化的层面中与这一局限进行碰撞。如果我们否认死亡是可能的，那么这种否认不是在客观层面上而言的。符号化的意图是在主体间性的立场上否认无意义和死亡的，传播理论就是要研究这种意图及其导致的结果。因此,传播理论研究的是意义论的学问,以及主体间性的想象。在这一意义下,传播理论是所有人文社会科学领域的一般理论,因为对人类来说,传播理论是以研究象征和符号为特征的。

第五讲　技术性想象的导入

大众媒介通过支配我们的场景,让我们从以前的场景中脱离了出来,这一事实是我们共同确认了的。但是,这种单纯性认知的危险是它将实际情况隐藏了。我们在这里暂时悬置上述主张,通过直接观察来区别我们回想起来的或是通过记录得知的过去的情况。在这里,我们可以对比当前的城市情况与第二次世界大战之前的城市情况。我们的意图是分析实际情况中的特殊部分。但是,令人惊讶的是,这两种场景最显著的差异正如我们所预想的,并不在于机械与装置的发展,而在于新风格的诞生,而且这种新风格比战争之前的风格更加华丽。当然,机械和装置在性能上都得到了提高,数量上也变得更多,价格更便宜、外形更小巧。不过,这并不是我们所处的时代与以前的时代的差别。在我们所处的时代,机器大规模地侵入(Einbruch,德语)人们的生活,所谓的第二次工业革命支配着世纪的转换。在这个意义上,技术的发展是日常性的,所以逐渐引起人们的关注。

与第二次世界大战之前的时代相比,华丽感日渐加剧,色彩的支配性也逐渐增强,但这并没有引起我们的强烈关注,因为战争之前的电影和照片是黑白的,而我们习惯用彩色来阐释那些灰色的描述。如果我们追溯其他的记录装置和我们脑中的回忆,就能意识到那种差异。这里指的不仅是对都市的一般印象,以及与灰色建筑物相比更加华丽的建筑,而是指日常生活的所有层面——陈列馆、海报、商店、五颜六色的照明广告(Lichtreklamen,德语);百货店内的罐头、塑料袋、五颜六色的价格牌;服饰、皮鞋、彩色指甲；广告、实验室用纸、华丽的挂历；电影、电视、柯达彩色胶卷；各种各样的食品和饮料。毋庸置疑的是，这种色彩的爆发，即理论、功能、设计超越灰色的那种转换，以及知觉能力与感觉要求的多样化的转变，对于理解我们的情况来说具有更大的意义。我们认为，最早表现了这种爆发的是掌握纳粹前进方向的操纵者。

与第二次世界大战之前的氛围相比，我们可以把这种新颖、华丽的风格简称为大众文化（Massenkultur，德语），可以认为它是一种新的生活氛围。这与我们过去所处的时代是不同的，提示我们对场景进行考察的那些主张开始遭到质疑。"以不同的方式生活"（anders leben，德语），这不就是以改变生活为目标，在革命的意义中生活的意思吗？是何种革命将我们与二战前的生活分离？我们时代的革命不就是俄国革命吗？俄国的生活不正是灰色光芒残留的前革命的事实吗？这难道不是真实的吗？西方人生活的世界给来自发展中国家的大多数来访者的印象不正是他们那里缺乏的支配性的华丽感吗？这种疑问展示了西方人所处的世界与残留下来的灰色世界中产生的变化实际上是不同的。人类世界的华丽感是本质上的变化，是没有被隐藏的表象，这就是结论。然而，这种结论招致了不信任，因为表象也绝不可以被无视。如果歌德主张这些表面的现象本身就是秘密，那么他是正确的。与确定不能被看到的变化或不能被看到的不变性是什么相比，分析可以被看到的变化是更具理性的，即忠诚于事物现象学属性的行为更理性。如果我们能够更加真诚地接受色彩的爆发，实际上我们就能对革命进行确认。这个革命大约出现于第二次世界大战之后，我们就生活在革命的中心。我们被动地、部分能动地参与着革命，并且我们的未来属于这一革命。革命在这里指的是文化的成员为了赋予世界与人生以意义而在传播符号中引发的革命。这一革命突出地显示在色彩的爆发中，当然，在其他众多的征候中也可以确认它。换句话说，这一革命源于传播媒介技术的发展。我们可以将它称为人类文化发展中的技术想象符号的导入，只有基于这种视角，大众媒介支配着我们的生活场景这一单纯的主张才能获得支配性意义。

如此看来，我们生活场景的五彩缤纷的华丽感是身处其中的我们试图赋予世界和人生以意义的新方式。墙、罐头、袜子的色彩斑斓是我们以新的方式对世界进行符号化的结果——思考、感觉和希望的新方式的结果。以这样的视角来看，袜子的斑斓色彩强调的并不仅是一种美学现象，还是一种根本上的文化革命。不仅仅是艺术（不论这个词语是想表达什么），所有与文化相关的东西（政治、伦理、经济、社会形态、科学、技术、哲学、宗教）与袜子斑斓的色彩所呈现的一样，都与符号的变化有关。对这一事实的认知说明了我们对使人类传播成为可能的符号进行研究的领域——传播理论为何总是发挥着更为重要的作用，以及传播类院校为何能与理工类院校一起逐渐获得日益重要的意义。在不久的将来，传播学将会融合人文科学与艺术科学的功能，从而实现学科融合。如果我们要理解这种文化的革命，我们就要从根本上去分析这种革命发展的维度——传播的维度。同时，如果我们想要对文化发展施加影响，我们就应该学习使用符号的方法。传播类院校就应该教授这些知识。

在本课程中，我们会尝试从多个维度关注目前正在进行的符号大变革。传播媒介要求的有别于旧有符号的新符号是什么？将这一符号命名为"技术想象"又为何能说明它具有了新意义呢？我们试图对以上问题进行研究，一方面尝试使新的技术想象符号呈现出新的世界观和人生观的循环，另一方面尝试将对新世界观和人生观进行刺激和程序化的循环展现给消息的接收者。此时，即使牺牲了几种偏见与意识形态，我们也期待获得洞悉我们所处情况的新洞察力。

当我们叙述华丽感和色彩的时候，我们是想要表达什么呢？它是意味着平面的特征吗？平面虽然与立体或线相关，但本质上是二维的现象，它是色彩的搬运工（Träger，德语）。例如，类似于古希腊雕像的涂色雕像或类似于中世纪手稿上的带有颜色的线条，在传递消息的立场上，它们既不是立体的，也不是线，而是平面。因此，如果说我们现在的场景与过去的场景在色彩上产生了差异,那么这就说明,与过去相比,平面作为信息的搬运工在今天能发挥更大的作用。这与事实是一致的,我们不是只有在斑斓的色彩中才能观察到平面,无论何处,在持续地飘洒向我们的信息雨般的消息中,人们都能观察到平面(照片、海报、电影院里的墙、显示器、交通指示牌等)。我们所处世界的色彩斑斓并不是某种美学变化的结果,它是为了传达消息并使符号变化的结果——向我们提供关于世界的信息。与此同时,将我们符号化的新符号是由平面组成的系统。

大家会提出异议,认为这种类型的符号是一直存在的,因为人类自古以来就是通过绘画、图案、砖头上的印章之类的平面来进行沟通的。这是正确的,拉斯科洞窟的壁画就是证据。然而,在另一种反思下,这种异议便失效了。

第一,作为信息的搬运工,图像在新时代之后发挥着附属(从属)的作用,因为字母即线性的符号支配了传播的场景。众所周知,虽然字母本身是诞生于图画文字的,但它丧失了二维的特征。印刷书籍时代,字母的支配性地位说明了为什么新时代与中世纪和文艺复兴相比是那么的灰暗——因为彩色的图像(彩色的窗户和地毯)不再是主要的信息搬运工,它们最多是线性的灰色文本的图解。我们现在再次回顾传统图像,并且就像在中世纪一样,如果文本的作用再次变成对图像的说明,也就是说,如果平面与线的作用再次对调,平面的革命就需要再次被提及了。

第二,与人们提出的异议相反,现在的平面可以说是与传统的平面发挥着完全不同的作用,指出这种差异是十分必要的。现在的几种平面(如电影和电视)是流动的,并且大部分平面是它们所代表之物的镜子(如照片),而不是像过去一样作为对所代表之物(绘画)的描写。简而言之,现在传递大量信息的平面与过去手工业者生产的物品不同,它们是技术发展的产物。这使得现在的平面符号具有过激的革命性特征。我们可以将传统的平面称为想象的平面,因为从根本上来说,由传统图像构成的系统是十分重要的。新的符号则可以被称为技术想象的符号。

第四章　传播学讲义

对于了解符号的人来说，它们是传达信息的系统，"了解"（Kennen,德语）在这里是指能够解读的意思。不言自明，我们应该用不同的方式解读字母，以及与阿拉伯数字一样的线性符号和与绘画或电影一样的二维符号。一维的符号是被读（gelesen,德语）的，即这些符号原则上只有在接收者追踪它们的线之后才能传达信息。在这些符号中，信息被呈现为解读的最终结果。这说明信息被历时性地接收了。在这里，重要的问题是信息呈现的过程。与上述情况不同，二维的符号是"被捕捉"（erfaßt,德语）的，原则上而言，信息对于接收者来说是在平面上扩散并被使用的。这些信息为了在日后可以被深度分析和深化，而概括性、表象性地被使用了。在这里，重要的问题是对可能被使用的消息进行即时分析。此时，被符号结构要求的解读方法对接收到的信息起着决定性的影响。线性符号传达的信息具有历时性、综合性、过程性，简单来说，就是具有历史性（historischen,德语）的特征；平面符号传达的信息具有共时性、分析性、及时性，简单来说，就是具有反历史性的特征。因此，线性符号表示的世界对接收者来说具有一种历史性意义，而平面符号表示的世界具有完全不同的意义。我们像抚摸沿线分布的信息点一样摸索着，也就是说当我们将阅读视作理解（Begreifen,德语）时，可以认为这种符号表示的世界是可以被理解、被把握的。与此不同，当我们瞬间接收平面内的信息，即开始想象捕捉到的信息时，我们认为这种符号表示的世界也是可以被想象的。

中世纪的世界是可以进行想象的世界，因为关于这个世界的信息是在平面中被传达的。然而，在这个世界中，只有精英可以接近字母、数学和逻辑性的文本。这些文本具有稀缺性和不完全性，所以当时的世界是很难被把握、被理解的。与此相反，新时代的世界是能够被理解的，关于这个世界的信息能够以书籍和报纸的形式呈现，所以它是可以被分析的世界。不过，在这个世界中，对线性文本的图解变得越发困难，所以它就逐渐变成了无法被想象的世界。在新时代，如果说所谓的造型艺术揭开了现实的假面，那么制造这种艺术的目的就是以某种方式使世界变得再次可以被想象。在这种意义下,当前对技术想象性符号的导入将带来无法预测的结果。此时,平面符号再次成为重要的问题,所以它们只能被捕捉而不能被读取。渐渐地,世界丧失了它的历史性、过程性、综合性,也就是丧失了它的辩证性。这时,技术想象性符号被捕捉的方式是崭新的,人类还没有正确地理解它们。例如,绘画、喜剧、电影或海报是以不同的方式被捕捉的,这是很明确的。因此,世界很难准确地表达它具有的后历史的特征。一方面,世界正变得难以被理解,因为人们依据线性文本解释平面时,这种尝试在某种程度上会沦为沉默。同时,根据我们对这种说明的忽视程度,分析也逐渐变得不再可能。另一方面,与过去相比,世界也可能变得很容易被理解,这也是很明确的。也就是说,实际上线性文本作为对传统图像的说明,我们可以根据它在多大程度上准确地发挥了自己的功能而作出判断。我们还无法理解新的符号与线性符号之间是如何互相协调的。与过去相比,在众多围绕着我们的图像的辅助下,留给世界的是一个变得更能被想象的开放式问题,因为我们还没有明白技术图像在认识论上如何发挥功能。以目前的情况来看,我们对技术图像的印象是它正误导着我们,并指引我们走向世界,继而将我们拉入幻觉之中。

第六讲　话　语　媒　介

在接下来的两讲中,我们要追溯对两个问题的解释:符号的问题和我们对未来可能方向的设定问题,即把握裹挟着我们并将我们符号化的符号的发展方向。现在,可以提出将人们符号化的方法的问题,这意味着我们可以从这些符号的张力出发,研究我们面临的情况,并提出这些符号是如何发挥作用的问题。

本课程试图回避迄今为止在大众叙述中扩散的无害的、愚蠢的传播过程模型。基于这种小的模型,传播过程常常被区分为送信者(麦克风)、收信者（听者）、信道（麦克风中放置的电线），以及在其他维度中的符号（如我们打电话时使用的语言）、信息（谈及的内容）和噪声（Geräusche，德语）（信息的传送因受到干扰而增加的意义）。在这个模型中，两种假设的维度间具有何种关系是不明朗的。换言之，我们虽然能够用法语或英语打电话，却不能在打电话的过程中使用图像或手势。同时，虽然我们可以在打电话时唱歌，但使用者对此却并不是十分感兴趣。硬件的维度是在符号的功能范围内被设计的（电话是在口头语言的功能范围内被设计的），但符号无论如何都要适应这个硬件（我们不能一边唱歌一边讲电话）。

电话模型隐藏了压迫我们的媒介暴力，所以它看起来是无害的，又因为这个模型将传播中的实际状况与较小的装置相结合，因此把我们变成了傻瓜。然而，电话模型中存在一个根本错误，就是它稀释并擦除了媒介概念（污染了人们与传播有关的所有反思行为），以此将传播的问题隐藏了。以电话的情况来看，送信者与收信者的中介是媒介吗？是电话线或语言吗？为了完全防止这种带有误导性的问题被提出，此处我们就选择放弃对电话模型的讨论。不过，这种模式是无法被完全无视的，要回答关于符号发挥功能的方式的问题，不对电话这种机械装置进行思考就无法作出回答。例如，我们可以反思法语在电话机、收音机和日报上发挥的不同功能。这种反思使我们能够赋予无法被回避的媒介概念一个意义。我们可以作出一个定义，即媒介是承载符号发挥功能的结构（无论是物质性的还是技术性的）。根据这个定义，电话机、学校里的班级、人的肉身和足球都是媒介，它们都允许所承载的符号发挥功能。换句话说，所有的媒介都以特殊的方式发挥着作用。

在传播类院校中，所谓的媒介学成了教育程序的核心，因为这些是从一般理论中引导出来的特殊化实践。当然，我们不能研究所有的媒介，教授研究媒介时的选择标准是大学生的未来职业规划。这种情况给传播理论的发展带来了非常负面的影响，因为理论不是用于计划媒介的整体场景的,而应该集中于媒介分析。因此,与牙科诊所的会客室或厨房这种典型的媒介相比,我们需要从根本上对电视机、报纸、海报、营销或众所周知的现代百货商店进行研究。我们的实验课程无法彰显人们对媒介学的兴趣,但当围绕着我们的媒介越来越多,并且我们几乎无法看见与它们有关的全景时,我们就必须试图把握它们的发展方向。符合这一目标的必要标准不是未来职业发展的魅力,或者它对我们产生的或大或小的影响,而是媒介赋予的流动于送信者与收信者之间的符号张力。

据此标准,我们可以区分两种等级的媒介:一种是将符号化的信息从送信者的记忆传送到接收者的记忆的媒介;另一种是在多样化的记忆间交换符号化的信息的媒介。我们将前一种媒介命名为话语媒介(diskursive Medien,德语),将后一种媒介命名为对话媒介(dialogische Medien,德语)。关于前一种媒介的例子有海报和电影院等,关于后一种媒介的例子有人们聚集的证券市场或公园的空地等。我们选择这些例子是为了让人马上能够思考分类标准。一方面,如果我们在海报上设计印刻装饰,它就由话语媒介变为对话媒介;如果我们向银幕投掷鸡蛋,电影院就从话语媒介变为对话媒介。另一方面,如果我们不是交易证券,而是阅读证券价格,那么证券市场就由对话媒介变为话语媒介;如果我们不是闲聊,而是听政治家发表演说,那么公园的空地就由对话媒介变为话语媒介。因此,符号的功能不是依据媒介的形而上形态(如麦克卢汉所钟爱的一般),而是取决于如何去操作、使用媒介。这种分类标准是具有意义的,因为这一标准回应了我们提出的问题,并使它具有了意义。我们可以明确,众多的媒介是以排他性、话语性的方式而被使用的(如海报、电影院)。因此,如果通过对话的形式来使用这些媒介,我们就会提出"这将导致什么事情发生"的问题。这样的分类标准从战略上看是有意义的,所以适用于我们的情况。

我们首先应该分析的是话语媒介。话语媒介是符号化的信息从送信者的记忆中被分配到收信者的记忆时所使用的媒介。这需要我们作出概括性的解释。对送信者和收信者的区分仅在话语媒介中具有意义,在对话媒介中则是没有意义的。不过,在话语媒介中,收信者也是可以转化为送信者的,并且送信者也可以变成收信者。话语媒介的特征是收信者的位置在同一媒介中无法被改变,如果收信者想变成送信者,则需要借助其他媒介。我们在同一期报纸上无法回答它提出的问题;如果想要回答报纸中的提问,我们只能在报纸的下一期发表自己的观点。怀着这样的期待,人们会将手中的稿件寄出。因此,可以回答的可能性或不能回答的可能性不是话语媒介与对话媒介的差异,直接性、间接性回答的可能性才是两者间的差异。我们对这一问题的关注是十分重要的,因为其中包含一个"责任"的概念,即包含回答接收到的信息的责任。

话语媒介的目的是将储存在指定记忆中的信息中继到其他的记忆中。其中,负熵是重要的问题。在话语形成之后,信息的总量将增加。这是因为信息被分配了,送信者虽然没有损失任何信息,但收信者获得了信息。这大体上是正确的。关于噪声的问题,即在所有的话语信息中继过程中出现的干涉问题,我们将在后文讨论。此外,还有一个重要问题,那就是在现在的话语中,我们认为干涉是有助于信息提供的。还可以明确的是,在话语结构中并没有新的信息诞生。话语与创造新信息的对话的目的不同,话语的目的是分配既有的信息(不产生新的信息)。这里能彰显出传播过程充满张力的波动本质——在对话中,话语的接收者能利用分配到的信息在未来的对话中创造新的信息。多样化媒介的共时化使它们互相熟悉,而传播作为一个整体是如何产生的,则取决于媒介的合作。如果话语是支配性的(就像今天这样),传播便逐渐地具有更少的信息;与此相反,如果对话是支配性的(如18世纪一样),那么信息在闭塞的集团中就能够实现爆发。

信息的分配方法是多样化的,所以信息具有多样化的结构,同时其中的一些方法应该得到阐释。然而,在所有的方法中,共同之处是参与分配的信息无论通过何种方式都应该被保存下来。换言之,收信者记忆中保存的信息无论如何都应该与送信者的信息保持一致。即使不能被所有人意识到，但这种保守的特征确实是所有话语的共同点。话语促使信息实现明确的流动（从送信者的立场来看，信息向前方流动），所以这在功能上是进步的——偶尔通过暴力且具有进步性的特征向前。"发展"和"话语"看起来几乎是同义词，因此我们认为历史是信息中继两个代际的话语。然而，如果我们从信息的立场来考察话语，它的保守性与对话相比是更加明确的。这是一个重要的认识。从信息的立场来看，话语媒介是信息的汇聚空间，广泛地依赖话语媒介的大众文化是保守性社会的产物，使这种话语媒介产生对话功能的转换是具有革命性的。在我看来，这是如今在消费社会里唯一可能发展为革命行为的形式。

当前，在具有典型特征的众多话语结构中，我们选择考察四种结构，因为它们与我们提出的问题和要进行的研究有关。此时，最重要的问题实际上是这四种结构间复杂又互相契合的辩证结构的图式化。第一种结构是将信息分成不同阶段或按部就班分配信息的媒介。换言之，这种结构在所有的阶段通过增加信息接收者的数量来分配信息。我们称这种结构为金字塔型话语结构。第二种结构是按一定数量进行信息分配，即沿着如树枝般伸展的方向分配信息。我们称这种结构为树状话语结构。第三种结构是将送信者包围起来，呈半圆形向收信者分配信息。我们称这种结构为剧场型话语结构。第四种是在送信者的四周分配信息。我们称这种结构为圆形剧场型话语结构。举例而言，具备第一种结构的媒介有教会和企业组织；具备第二种结构的媒介有科学研究机构和公共机构；具备第三种结构的媒介有小学和剧场；具备第四种结构的媒介有马戏表演和电视。如果说麦克卢汉相信具有与报纸或电视一样的圆形剧场型话语结构的媒介将人类转移到了宇宙式的村落，那么他就明显地犯了一个错误——媒介实际上使人类转移到了一个宇宙式的马戏团。

在金字塔型话语结构（图 1-2）的顶点，从收信者的立场来看，有一名分配信息的作者作为送信者。从这个作者所处的位置，信息面向中继被向下传送。这些中继的功能是在信道中能够更好地在(噪声的)干扰中保持信息的纯粹性,继而分阶段地解读信息并重新将信息编码。在中继的辅助下,金字塔型话语结构中的信息相对而言不会被伪造,有时会被众多的收信者接收。金字塔型话语结构的目标是忠实地、最大程度地维持应被分配的原有信息。那些发挥作用的模式就如同从发电厂给电灯分配电流。金字塔型话语结构被证明在历史中频繁地用作起决定性的传播结构,我们能明确观察到的其中一个例子就是罗马共和国的行政体制。在金字塔的顶端是信息的神话性作者罗慕路斯和他的信息(如《十二铜表法》)。这一信息通过特别的(传统的)方法向成为权威者的中继传达信息。权威者的长官身份发挥着功能,并解读(解释)信息,通过将信息再编码(以精致的形态再次继续传达)的形式继续向下传达。长官和作者通过这种方式形成了双重的等级秩序,比如,一边是审查员(Zensoren,德语),一边是主教。审查员借助传统,通过金字塔与基底的结合,即通过与接收者结合在一起;主教通过宗教(religio,拉丁语),与作者以永远作为中继的方式而相互连接。换句话说,宗教切断了噪声,而传统保存着信息。

我们可以借助这个例子分析其他具有金字塔型话语结构的媒介,这并不是说只有罗马有意识或无意识地使用了该模型,天主教教会或西方的军队也使用了该模型。所有具备金字塔型话语结构的媒介的共同点是具有权威性、等级制度组织、中继的传统性、宗教性的方法,以及作者和长官功能的差异性。在教会中,罗慕路斯与神是对应的,《十二铜表法》与《圣经》是对应的;传统与宗教如在罗马一样发挥着作用;等级制度下的中继通过作者,如通过教理问答或通过长官、祭司发挥功能,并有所区分。这样的目的是尽可能地把原来的信息原封不动地分配给尽可能多的接收者。在军队中,罗慕路斯与民族是对应的;《十二铜表法》与宪法是对应的;传统与宗教如在罗马一样发挥着功能,它们指的是纪律和爱国主义;等级制度下的中继通过作者,如通过培养军人或长官,或通过战术上的功能被分离,这与罗马共和国和教会的目的是相同的。通过分析具有金字塔型话语结构的更多媒介(如银行、政党、金融寡头等),我们可以提供值得与上述结论进行比较的结果。现在,金字塔型话语结构虽然仍是重要的,但与过去相比,它发挥的作用就没有那么大了。

与金字塔型话语结构相比,树状话语结构(图1-3)在两个层面上是不同的。首先,树状话语结构并不具有顶端,所以它没有原初的神话性作者,信息中转的中间阶段不是中继,而是形成了一些可供对话的位置。话语过程以如下的方式展开:某一个对话使一个重要且应该被分配出去的信息得以散播。这一信息指向使用对话媒介的接收团体,并向上流动;该团体通过分析和分解信息,进而处理信息。如此一来,新产生的信息碎片被重新分析了,并且为了能够以同样的方式进行中继,这些新的信息碎片通过统一的方式被中继到其他的团体中。其次,这种话语类型的收信者,如树状话语结构的顶端(头部),它们的记忆中仅储存着信息的碎片,通过综合的方式统一碎片,但这(统一)在具有树状话语结构的媒介中没能形成。这是因为在那些处理信息并产生对话的封闭团体中,通过话语将产生的信息洪流结构化并不是树状话语结构的目的。换言之,树状话语结构的目标并不是防止不必要的信息的过剩,不是为了比较矛盾的信息,也不是为了使无法被研究的信息群系统化。这一话语结构的主要问题不仅与信息的储存有关,也与人类记忆的局限性(人类处理信息的速度不及机器记忆的速度)相关。同时,这也说明了为什么人类记忆与人工智能记忆在树状话语结构中变得越来越协同。

如果比较树状话语结构与金字塔型话语结构,我们仍能看到二者的渊源。实际上,树状话语结构诞生于金字塔型话语结构,并且这不是一件多么久远的事情。部分树状话语结构是作为对金字塔型话语结构的否定而诞生的。从权威的层面上来看,科学的权威和军队的权威除了都具有权威性以外,不具有其他的共同点。在树状话语结构中,中继并不是通过传统和宗教进行分析,而是通过批判。据此,权威和等级秩序在树状话语结构中与在金字塔型话语结构中是相反的,树状话语结构的权威性不会降低,且等级秩序是流动的。在这种比较下,可以看到其中具有决定性的差异:金字塔型话语结构中信息的忠实性是十分重要的,但这一点在树状话语结构中就不那么重要。在树状话语结构中,重要的不是对信息的信仰(fides,德语),而是对信息的分解和新的处理,即怀疑(Zweifel,德语)。如果从表象上观察我们所处的场景,就能获得这样的印象——树状话语结构广泛地替代了金字塔型话语结构,并支配了场景,特别是在科学研究机构、出版物、技术、实验室的形态下;在"技术官僚"(Technokratien,德语)与持续分化的专业化现象中也是如此。然而,这种印象仅仅是一个侧面,并不是我们生活中的传播场景的最重要层面。

即便如此,树状话语结构呈现出的问题是在综合能力方面的匮乏,以及随之出现的碎片化信息的膨胀。这只是我们所面临的危机的一个层面。不过,在传播理论的帮助下,通过人工智能记忆和新的符号形态,特别是所谓的界面研究(interface studies)领域,我们能够解决这个问题。

在剧场型话语结构(图1-1)中,送信者和收信者是相对而视的。具体而言,送信者在半圆中面对着收信者送出信息。送信者的背后有一面能够隔断一些情况的墙。与此相反,收信者的背后则是开放的。剧场型话语结构的半开放性,即送信者的隔断性和收信者的无限性是这类媒介结构的本质特征。例如,收信者如同在课堂里上课的学生,他们是不会移动的;或者如画展中的观看者,他们一边移动一边与送信者相对而视;或者送信者就像在授课一般,他们作为原创者送出信息;又或者就像电影院里的观众一样,作为复制者传递着信息。在剧场型话语结构中,起决定作用的是那堵墙,所以为了接收信息,收信者必须朝向那堵墙。

从收信者的立场来看,这种功能是明确的,即必须面向送信者是剧场型话语结构中存在的墙对收信者的要求。这一要求就像商人面对海报中的信息能得到商机一样;像讲童话的奶奶所坐的扶手椅一样,它是这个场景中的惯有物品;像小学教室里的黑板一样,学生依照上面的纪律行动;或者它也可以是卑劣的,像被涂鸦的修道院的墙壁一样。在这个意义中,收信者对于面向这堵墙是有准备的，而这也是他们必须具备的一个条件。此外，剧场型话语结构的情况实际上是这样的：收信者必须具有一种做好准备的态度，因为只有下定决心接收话语时，收信者才能接收到送信者发送的话语。当然，这堵墙可以使这一命令成为收信者必须听从的命令。从这一意义上而言，上述命令是要被无条件接收的。换言之，这个命令与学校教室里的黑板类似，即通过外部的强制手段实现，或者也可以与海报的情况类似，即通过一系列精细的操作来完成。总结而言，剧场型话语结构的特征是收信者面向送信者，同时收信者具有开放性。

从送信者的立场来看，这堵墙的功能虽然是不甚明确的，但它一样是相当重要的。墙遮住了送信者的背部，这一表述透露了两种意义。一是，这堵墙保护着送信者，所以剧场型话语结构与金字塔型话语结构、树状话语结构和圆形剧场型话语结构一样，在不使自身位于公开的、政治性空间的同时发挥着功能；二是，这堵墙就像贝壳一样，它存在的目的是防止信息没有方向地消失在空间之中。在这堵墙的辅助作用下，剧场型话语结构使信息从封闭的空间转向开放的空间，以特定的方向传送信息——它是作为向特定的收信者传送信息的一只漏斗（Trichter，德语）。

剧场型话语结构是将私人记忆中储存的信息分配给收信者，并使信息继续被使用的。与它有关的重要问题是具有方向性的公之于众与广义上的展示（Expositionen，德语），即这是送信者具有责任感地向特殊的收信者传递信息的一项活动。此时，虽然被分配的私人信息本身可能是源自线性话语的（与讲童话故事的奶奶或小学教室的情况一样），但这一信息并不是金字塔型话语结构、树状话语结构和圆形剧场型话语结构意义上的私人性，而是被公开的、政治性空间排除在外的。剧场型话语结构通常被用来分配在私人内部发挥作用的信息。

剧场型话语结构将很久之前传授信息时的感觉传递了出来（如在篝火旁讲述神话的老人或阿尔塔米拉洞窟的壁画）。与剧场型话语结构相比，其他所有话语结构形态的呈现就如之后记载的一样，我们坚持自己对话语媒介发展变化的看法。与此同时，哪怕我们的见解是错误的，我们也要对剧场型话语结构在当前的没落予以重视。比较剧场型话语结构与圆形剧场型话语结构是不足以确认学校的危机（师生之间的信息传受是话语式的）或解释电视导致（剧场型的）的家庭结构的崩溃的。与圆形剧场型话语结构的问题相比，剧场型话语结构不足以说明博物馆和电影院的终结，以及画报（Bildbände，德语）和电视节目对前者的替代。剧场型话语结构是我们的教化性结构，它不是任何形态的对话，而是派地亚形成的时代链条。如果派地亚粉碎性地爆炸，那么父母和子女便消失了，我们实际上就成了兄弟——具有兄弟之爱的我们也就走向了马戏表演。

　　为了更正确地说明剧场型话语结构，我们可以将希腊的剧场作为模型来使用。当时的剧场在墙边呈半圆形，即圈出一个区域代表演出者的活动范围。表演本身是演出者（演员）的一种行为，表演者头上悬着一台机器，让神落到场景中，以便完全结束表演。区域的四周围站着合唱团和歌舞团，他们形成了另一个半圆形区域。这是设置在演出者与观众之间的一个中间世界——合唱团和歌舞团虽然对演出没有影响，但他们和观众接收到的信息是一起伴随着整个演出的。合唱团和歌舞团设有指挥，分为两个部分：序曲和大单元曲。观众就像在演唱会上一样，在有一定高度的半圆形区域中坐着，即观众虽然位于扩张的形态中，但与舞台相对而视，成为一直保持安静的合唱团或歌舞团。从参与的角度和戏剧的观赏意义来看，希腊的剧场是可供考察的场所模型。

　　在这个模型中，重要的是从外观上而言，演员与合唱团、歌舞团（如讲故事的奶奶与孙子，电影与喧闹的观众，煽动性的政治家与高喊口号的群众）之间是存在对话关系的。此时，重要的问题是，这并不是真正的对话，因为信息是从送信者流向收信者的（此处并不是否认众多的剧场型话语结构是允许对话的，只是说它不是剧场的本质）。然而，即使没有产生真正的对话，在这个过程中，收信者也可以能动地参与其中。这一参与是面向墙开放的，并且，如果与圆形剧场型话语结构进行比较，就会发现剧场型话语结构所具备的特殊特征，即收信者感觉送信者好像在说话一般。从剧场型话语结构不要求观众直接作出回答来看，它并不追究观众的责任。如此看来，剧场型话语结构的目的就与圆形剧场型话语结构创造不用负责任的收信者的目的不同。几个（不是所有的）剧场型话语结构追求的大众化与在圆形剧场型话语结构中出现的大众化是不同的，因为从严格意义上来说，我们不能将剧场型话语结构与电影院或具有煽动性的政治家放在一起统称为大众媒介。虽然一些剧场型话语结构使用的是大众媒介的方法，但它们并不是在创造不用负责任的话语。

剧场型话语结构被视作基本的或自然的事实，资产阶级家庭直到最近还属于这种媒介结构类型的范畴。与此同时，我们把资产阶级家庭视为基本的或自然的倾向。至少，根据意识形态，这一假设分化了送信者与收信者（妈妈和儿童）。剧场型话语结构中那堵墙的功能与资产阶级家庭中母亲（母亲给孩子讲故事、表示对孩子的期待、展示社会规范）背后的壁炉的作用是一样的。儿童一边围成半圆一边接收信息，与母亲相对而视，并且这个区域是开放的；具有虚拟性对话属性的演说则类似于希腊剧场中的合唱团，信息通过家庭的政治空间便于儿童将其私有化。家庭在理论上受到父权制的影响，所以家庭剧场型话语结构中的母亲-儿童结构具有了金字塔型话语结构（权威、阶级制度、传统等）的属性。然而，实际上父亲在资产阶级家庭中是一个陌生的存在，与神在希腊剧场中机械地存在着一样，他们只是间或出现在现实中的具有某种意识形态的人物而已。在某种程度上，希腊的剧场是否具有符合家庭模式的功能，或者过去的原始家庭类型是否能提供符合希腊剧场的模式，这应该是一个尚未得到回答的问题。然而，资产阶级家庭根据其意识形态显示出剧场型话语结构，所以这种结构对我们来说是非常重要的。

维多利亚时期的资产阶级家庭本身是中世纪资产阶级家庭没落的现象，因为送信者不是母亲，而是退休的爷爷、奶奶。作为传播的手段，作为派地亚家庭的剧场型话语结构的特征,家庭是公共信息的收信者和分配者,它们在私人领域间传播公共信息。中世纪的奶奶为孩子们讲述童话、吟唱童谣;而维多利亚时期的母亲理想化地让孩子读书或看乐谱,给孩子唱儿歌。这些现象表明,在不同代际的转换时期,圆形剧场型话语结构已经渗透了进来。然而,家庭却走向了马戏表演,在电视机的影响下,墙壁变成了虚无;在足球和自由时间增多的影响下,父母与儿童变成了兄弟姐妹;在唱歌活动的影响下,儿童成为彼此的兄弟姐妹;在大众文化的影响下,成年人成为彼此的兄弟姐妹。这都是最近才出现的现象。

圆形剧场型话语结构(图1-4)借助技术的完善和它潜在的、普遍的功能,实际上是向着无限广阔的地平线发送信息。这并不是说圆形剧场型话语结构已经不存在了,它与剧场型话语结构一样,很久以前就存在了。一方面,如果我们想象最初的传播手段,那么与壁画和神话一样,我们能够想到人们围猎时跳的舞蹈或祈雨时的魔术;另一方面,在如今的大众媒介中,我们不仅能看到祈雨魔术(以及罗马的马戏表演或中世纪的魔女火刑)高度发展的阶段,还能看到通过新的媒介技术而高度发展的信息传播。

与其他所有的媒介结构不同,我们可以在圆形剧场型话语结构中观察到送信者与收信者是分离的。同时,两者间的信息中转只是长时间的准备过程的最终产物。在金字塔型话语结构中,这种分离决定了送信者在媒介内部的位置;在树状结构中,媒介的张力为送信者和收信者赋予了功能;在剧场型话语结构中,送信者与收信者是相对而视的。在以上三种媒介结构中,没有一种认为送信者与收信者是彼此独立的。然而,在圆形剧场型话语结构中,送信者无法通过收信者的存在得到任何记录——收信者并不是送信者的传播伙伴,而只是信息储存的记忆体,即产物。收信者自己潜藏在相互交叉的圆形剧场型话语结构中,通常不会想象信息背后的送信者,而是接收从所有方向渗透到自己身上的信息。送信者位于公开空间中的任意场所,并且在这个空间里,或多或少地会偶然送出能与收信者相遇的消息。由圆形剧场型话语结构传出的信息发出了声音并飞到空中（公开的空间），出于巧合，信息的接收者就恰巧捕捉到了位于空间中的这些信息。

圆形剧场型话语结构的原则是向着地平线发送信息，并且它们的动机是使一切可能的记忆与发送者保持统一。换句话说，个别收信者间的全面传播在看似不可能的情况下创造了收信者之间的全面传播。这种全面的、极权主义的传播只有通过圆形剧场型话语结构的共时化才能实现。与此同时，所有的符号变得可以互译，这是我们最近才洞察到的结果。从报纸、广播、电视、快递到我们家里的商品、百货商店、旅游观光等，圆形剧场型话语结构自出现以来就被我们命名为大众媒介，并发挥着功能。

非洲铜锣（Tamtam，德语）为了向全世界提供信息（这是强加给媒介的权力），在整个空间中将毫无目的的声音符号化。它不仅与在广告空间被符号化的新闻传播一样，与在字母空间中被符号化的报纸新闻传播也是一样的。同时，非洲铜锣（借助圆形剧场型话语结构）与罗马的马戏表演发挥着相同的功能。当我们应用这个模型时，在借助圆形剧场型话语结构发挥作用的送信者背后，任何神话性的原则都没有被隐藏，这一点是不能被忘却的——正如鼓吹大众媒介自动化的某些传播技术人员努力使我们相信的那样。不过，送信者背后的信息扩散对所有可能的收信者进行了具有特定态度的刺激。这样的一种意图其实是被隐藏起来的，因为所有通过圆形剧场型话语结构送出的信息都是命令。它不仅适用于魔术类的原始媒介，也适用于电视这种完全崭新的媒介。换句话说，圆形剧场型话语结构类的媒介也开始具有魔术性。这只是隐藏在现代大众媒介背后的意图，为了发挥效果，它们要像过去一样隐藏自己的意图。不过，与传统媒介背后隐藏的意图相比，现在大众媒介的意图很轻易地就被我们发现了。

电视是具有圆形剧场型话语结构的典型例子，也是大众媒介的典型的例子,因为电视将马戏表演具有的特性都凸显了出来——大众化、错误的自由、无责任感、无法实现对话;与黑箱相对而视的被动性、黑箱的魔术性暴力;本体论的陌生化及其在美学、认识论和政治领域造成的结果;以及程序化的行为。此外,电视可以体现出传播技术人员运用它时的两面性(肯定的与否定的)——他们既能很好地将电视内容程序化,也能很好地解读这些被程序化的符号。这些技术人员能够处于电视中或在电视背后,但对他们而言,最难的是坐在电视面前。

第七讲　对　话　媒　介

我们将"对话"定义为在众多记忆中将分配到的信息整合成新信息的过程。如果有人提出哪些媒介能在这样的传播过程中被使用的问题,我们可以从两个方面作出回答:一是,哪些媒介能够被用于对话;二是,实际上哪些媒介确实被用于对话。对于前者,我们能得到的稍微令人惊讶的回答是,大部分技术想象媒介本来就是对话媒介,广播和电视就是例子。但是,广播具有的话语特征是它的发明者完全没有想到的,因为他们相信自己发明了没有电线的电话;电视的发明者则相信电视使无限的视听性对话成为可能。因此,现代技术性媒介的话语功能,即这些媒介的大众媒介化转换并不是制作方式导致的,而是由它们的所有者所作的决定导致的。然而,如果我们提出哪些媒介在当今的实际对话中正被使用的问题,我们得到的回答几乎是排他性的,即如咖啡厅、酒吧、客厅和会议室这样的前技术性媒介。电子步话机(Walkie-talkies,德语)、录像带、磁石电话机这样的技术性媒介也偶尔被用于对话,电信与电话系统这两种国家性的电话网也使用了技术装置,但作出决断的精英似乎并不对传播革命的对话问题感兴趣。

于我们而言,虽然话语的泛滥是最近的"科学成果",但如果我们的对话就像工业革命之前那样被原始地产生出来，同时不考虑电话的出现，那么我们现在就如同在罗马时代一般，只能以当时的方式进行对话。但是，如果为了寻找不被程序化话语导致的大众化极权主义威胁的方法，我们只能寄希望于技术性媒介具有的对话可能性。

进而言之，虽然我们现在几乎仍像祖先那样进行着对话，但传播革命将我们的对话从中心推到了角落。传统对话的典型媒介是作为社会中心的市场，但我们却无法再使用它。工业革命摧毁了以市场对话为中心并发挥作用的小城市和村落，大都市人口的集中化和城镇的分散化是使传统对话无法进行的结构因素。然而，在仍有市场存在的地方或与市场类似的媒介（如休息室、文化中心等）替代了市场的地方，话语通过扩音器、建筑、电影院中的墙或电视机的机箱（TV-Kisten，德语）等发挥着支配作用，并将对话变得困难或不再可能。话语媒介的重要功能是将收信者程序化，这些媒介的功能在于使收信者形成习惯。例如，这解释了为什么在咖啡厅中，身处这种对话场所的人们却在读报纸或听音乐——他们为什么在这里接收了那些妨碍对话的话语？虽然我们的对话方式与祖先一样，但我们的大部分对话却伴随着背景的嘈杂声。由此可见，作为传统的伟大对话的中心，市场对于分析对话来说依旧是最好的例子。

从本质上而言，我们拥有两种对话结构，即圆形对话结构（图1-5）和网状对话结构（图1-6）。在圆形对话结构中，参与对话的人聚集在即将形成新信息的空间中央。与圆形对话结构有关的例子不仅会出现在市场，还会出现在圆桌、议会厅、实验室等地方。拥有一片空旷的中央区域是圆形对话结构的特征，并且它通常被表达为协议条件、公分母、国家理由（raison d'état，法语）、假说等。在网状对话结构中，参与对话的所有人形成中心，并且信息的整合全部在网状领域中扩散、生成。与网状对话结构有关的例子往往与电信、电话、录像、电脑系统等有关。圆形对话结构与网状对话结构的根本差异在于，前者是封闭式的系统，后者是开放式的系统。如果我们结合人口数量的爆发式增长展开考察，很显然，只有这些网状的系统才能与大众媒介抗衡。圆形的系统被话语式媒介吸收，并为它们提供服务或被阅读。此外，这也是所谓的艺术危机的结构性层面——艺术正因为是封闭的圆形对话而处于危机之中。

对话的本质是信息的交换，即从圆形对话结构和网状对话结构出发，将既存的信息变成新的信息。在讨论网状对话结构时，新的对话结构是我们要面对的重要问题。同时，自希腊哲学之后，所有已经固定的哲学范畴必须经历一个新的适应过程。以上两点是我们必须要强调的。例如，政治的范畴不能原封不动地从市场直接转移到录像中。由此可见，中断大众媒介去政治化的过程需要成功。因此，未来的政治不再具有圆形结构，而是网状结构的。不过，市场是对话产生的理想场所，因为自人类能够进行思考以来，就是与市场一路同行的。

希腊市场（Marktplatz，德语）是被称为阿戈拉（Agora，德语）的露天集市，即作为城市（Polis，德语）的中心，它既是主题（Thema，德语），也是苏格拉底和前苏格拉底的哲学产生的场所。因此，它是我们展开思考的根基。市场是交换的场所，在这一词汇的双重意义之中就是如此。一方面，城镇的居民在市场上交换物品；另一方面，居民以固有的物品交换从陌生之地流入的物品。因此，相较而言，市场是开放式的。同时，为了实现交换，物品通过马车或船舶从各处进入市场。然而，市场的空间和政治性空间实际上与港口并不相同，它们不是真正的开放空间，因为不是所有人都具有在市场上交换物品的权利（如女人、奴隶和野蛮人就没有这种权利）。政治性空间的封闭性并不会因为对话特征的丧失（所谓政治性的中断）而有所改变，从根本上看，它具有那种柏拉图精心阐述的信念（Überzeugung，德语）。换句话说，就算我们赋予奴隶交换物品的权利，也并不意味着所有人都是自由的（能参与政治性空间），而只是说所有人都是奴隶（再也不存在任何政治性空间）。

市场是私人的秩序(oikonomia①,希腊语),它被私人的房子(oikai,希腊语)围绕。女人、儿童和奴隶为了消费而生产物品,为了生产其他的物品而进行物品的消费。这种经济模式的荒诞循环,这种无意义的夜晚和白天的循环,以及播种与收获、诞生和死亡都是具有相同的意义的。这对奴隶主来说并不意味着生产,而是意味着允许消费。奴隶主在完成物品的生产之后,为了能在市场上进行交换,同时生产了一些多余的且不具有创造性的物品。从这种意义上来说,经济是政治的基础,因为有奴隶,所以奴隶主是自由的,是可以去市场的,并且可以进行过剩(überflüssige,德语)物品交换的。

过剩物品的生产不具有以经济为特征的循环结构,而是具有线性的指向结构(lineare gerichtete Struktur des Pfeils,德语)。过剩物品的生产是在特殊形态下进行的,从选择所需的物质之时开始,到这一物质的形态产生变化之时结束。因此,艺术家因其生活的节奏而与奴隶区别开来,奴隶的生活节奏与动物是相同的。奴隶生产、消费、再生产;奴隶为了消化而吃,为了吃而消化,为了睡觉而劳作,为了劳作而睡觉;奴隶为了死亡而诞生,为了使他们的子女继续活下去而死亡。与此相反,艺术家、工匠和资产阶级生活在自由的节奏中,他们是为了创造丰富的作品而活的,一旦完成了某个作品,他们就能沉浸在考察作品的闲暇之中了。这种休闲②(schole,希腊语)和考察③(theoria,希腊语)是他们的生活目的,所以创作的阶段可以被称为"休闲的消失"④(ascholia,希腊语)。

---

① oikonomia 是经济(economy)一词的词源。——译者注
② schole 指的是休闲,具有两层含义:一是,智慧地使用休闲时间;二是,不是在不得不做的压力下从事严肃的活动,即闲暇是智慧和严肃的活动。由此衍生出了英文 school(学校)和 scholar(学者)。——译者注
③ theoria 意味着看和观照,对应的英文单词是 theory(规则、理论)。——译者注
④ ascholia 与 schole 是不同的。前者指的是没有休息的生活,意味着劳动,后者意味着闲暇。简而言之,人类的生活分为没有休息的劳动时间和享受的休闲时间。亚里士多德认为"人类是为了休闲而劳动",所以主张休闲比劳动更为重要。——译者注

在休闲时，工匠为了去市场这一公共场所而离开家，即离开私人的空间。在市场里，他与同他一样具有闲暇时间的其他资产阶级相遇。因此，我们将政治性空间与学校视作同义词。具有闲暇时间并到市场去的所有匠人为了向其他的人展示（公之于众、公布或公示），而用胳膊夹着才完成的作品。这种将作品从私人空间带到公共空间进行展示的意图是将它与其他的作品作比较。这种比较是一种交换，因为此时一个作品与其他作品的比较能够显示出它的价值。在交换中展示出来的所有作品的价值（norma，希腊语）是可以被确认的。之所以这样解释价值，并对价值作出评价（罗马人称为"legislatio"），是为了给人们的行动提供参考，起到调节（kybernein，希腊语）的作用。

然而，在对话过程中体现出的决断性在于对话对私人性的公之于众、对价值的确认，在于对话为大城市提供信息的同时也统治了城市，还在于对话产生于休闲的理论中。更为重要的是，对话将真理的面具摘了下来。当然，我们不会像柏拉图一样相信理念是永恒的，但真理可以在市场中，在人们进行对话的时候从记忆里被唤起。对于我们而言，理念不是超人类的事实，而是人类创造出来的信息。但是，我们与希腊人一样，能够意识到对话的认识论功能。我们通过比较而作出的价值评价不可能像卢梭表示的那样，可以成为各种意见（doxai，希腊语）的最小公分母。对话不是以前就存在的私人信息的贫困化，此时，飞跃性的新信息已经在更高的维度（höherer Ebene，德语）中诞生了。对话的辩证法特征从根本上来说体现着政治生活的正当性（Legitimation，德语），即通过交换和主体间性，人类常常更加接近真理。应用对话方法的政治阶段性地整合多样化的意见，从而达到拥有智慧（sophia，希腊语）的状态。这与柏拉图提出的国王应该成为哲学家的要求一样。

人们在市场中交换的产品并不一定是物质性的。思考、愿望或情感也可以是重要的产品。从本质上来看，希腊语中的"价值"（logoi，希腊语）一词常常意味着重要的问题，即在多样化的符号中，整合被传达的信息的模型才是重要的问题。价值评价从根本上说意味着比较这些整合信息的模型。例如,比较鞋子和陶瓷,或比较不同的思考。这就是希腊人所说的对话(dia-logos,希腊语),即价值的交换。这也解释了为什么在市场中的对话产生于圆形结构,并将空间的中央空出来。这意味着我们只是围着真理打转而已——可以无限地接近它,但绝对不会达到它。

今天,我们正处于与展览会、科学实验室、企业等类似的精英集团中,所以我们可以重新认识作为对话式传播模型的希腊市场。理论的氛围、私人物品的公开与交换,个体为作出决断而寻找思路,甚至是寻找真理。不论在何种(更高或更低的)阶层的封闭团体中,我们都能确认这一点。因此,可以认为我们是处于与希腊人进行比较的情境之中。一方面,对于大众而言,任何一种政治性空间都被话语占领了,所以他们无法一边接收话语一边进行对话。大众没有掌握从私人空间进入政治性空间的方法,他们既是生产者,又是消费者。另一方面,为了互相对话并产生新的信息,出现了具有休闲(上学)时间的精英、奴隶主、资产阶级、技术人员和艺术家。

但是,这样的见解是错误的。现在的精英对话就像在节日庆典和露营时大众的虚拟对话一样。与产生于希腊的对话相比,精英对话与大众对话都面临着一定的困难。大众并不能在希腊式的意义中对话,因为大众不断受到话语的巨大影响,并且他们只拥有话语送出的信息。同样,精英也不能在希腊式的意义中对话,因为他们不像在希腊时代那样聚集于共同的市场,而是分化成互相无法交流的众多团体。所有的对话使用的都是特殊的符号,这种专业性的分化使精英的树状话语结构形成了。因此,我们应该承认,在今天的对话中,人们是无法谈论"价值评价"的,并且我们应该承认,其实所谓包含政治性(politischen,德语)的所有对话,都矛盾地在去政治化的进程中丧失了本质。

在大众维度中,传播革命通过大众媒介排除了对话;在精英维度中,传播革命通过树状话语结构将对话分化成小而封闭且互相变得陌生化的集团。在操纵我们的对话中,唯一可能的传播就是将对话翻译成高度抽象的符号(如将对话翻译成电脑符号)。因此,"调节"这个词汇在今天获得了一个新的非政治性意义。更为重要的是,每个人在自己的专业领域中是可以参与对话的;在其他所有的信息领域中,每个人又与其他所有人一样,都是话语的接收者。我们从众多被谈论的所谓的价值危机中能够开始理解,在封闭的集团中有一系列完善的特殊规范。从希腊式的意义来看,真正的对话如果不具有展示通用规范的可能性,那么就不会存在一种普遍的规范。如果从希腊式的意义来看,我们已经成为拥有(führen,德语)经济(私人)的"愚蠢生活"(idiotisches Leben,德语)的无形的奴隶大众①。同时,真理成为正统学说的游戏,即专家和能够与专家作比较的"傻瓜们"所坚守的游戏。这些都使我们去政治化,并离真理越来越远。

正如前文所述,希腊人并不知道对话的网状结构,这并不是因为他们没有电话,而是因为"你",即对话中说话的其他人的概念,对他们而言是陌生的。他们不是犹太人,所以不熟悉对话中的他人的概念。因此,对于当下的情况,我们不仅可以借助希腊文化进行观照,也可以借助《圣经》来进行思考。

在西方的传统中,从苏格拉底的哲学开始,哲学家便对圆形对话进行了深入的研究。然而,网状对话并不是西方传统的研究主题。在电话、电报、电信和电话网等技术装置被发明和设置之前,从网状对话仅产生了次要作用的事实中便可窥见一斑。然而,马丁·布伯②在《对话的生活》(Dialogischern Leben)一书中,以明快甚至令人惊讶的方式分析了人们生活中的网状对话,并概括性地分析了犹太教的传统对话。

在《对话的生活》中,我们可以了解到,犹太教至少是从预言

---

① 这里出现的"经济的""私人的"和"傻瓜般"等词汇在词根上都与"私人、个人"相关,所以说它们与"公共性"具有相反的指向,即具有"去政治化"的倾向。——译者注
② 马丁·布伯(Martin Buber,1878—1965年)是一位奥地利-以色列-犹太人哲学家、翻译家、教育家,他的研究工作围绕着宗教有神论、人际关系和团体。——译者注

(Prophetie，德语)出现以来就在世界观方面与我们知晓的其他所有宗教都不同。同时,在犹太教的传统中,被称为"选民思想"(Auserwähltheit,德语)的特殊存在论与"一神论"(Monotheismus,德语)是没有任何关系的。特别是对所谓的原始民族(Primitiven,德语)来说,一神论是存在的。同时,存在于犹太教的一神论和所谓的异教徒的多神论之间的矛盾,源于预言者的宣传性政治煽动和早期基督教徒的煽动。我们无法从"上帝是唯一的神"(einzigen Gottes,德语)的主张和产生于其后的西方文明中找到犹太教的存在论的本质,而只能从教徒相信"上帝是唯一的神"的方式中找到它。也就是说,犹太教的存在论的本质并不是作为信仰的客体,而是作为信任的基础(例如,如何相信一个朋友是不会说谎的,或者一个女人是否忠诚地待在一个男人的身边)。"相信神"并不是犹太教存在论的典型特征,"他是我的守护者"才是其典型特征。

我们能将犹太人的存在论与希腊传统间的差异表现为人类语法中第二人称与第三人称的差异,即"你"(du,德语)和"他"(er,德语)的差异。在希腊的存在论(以及除了犹太人的存在论之外的所有存在论)中,人类是世界的主体,世界是人类的客体。人类将世界变成自己眼中的"它"(es,德语),从而使自己与世界对立,并将自己认知为"我"(ich,德语)。这种人类与世界间的辩证关系是所有(除犹太人以外)存在论的本质,如存在于理想主义与现实主义之间的矛盾被明确地赋予了形而上学的特征。然而,在犹太人的存在论中,人类是与神"相像的人"(Ebenbild,德语)。犹太人将自己作为"我"来认知,因为神将犹太人称为"你"。同理,神的存在,神所谓"我"的本质存在于被神称为的"你"之中。这样一来,神存在的本质寓于称呼神的人类的回答中。那么,神就与人类一样,就是"我"(而不是世界中的"它")。换言之,当人类称呼自己为"你"的时候,神就是"我"。因此,安格鲁斯·西勒修斯(Angelus Silesius)如此表达:"我知道,如果没有我,神现在就无法生存。如果我什么也不是,神就要陷于绝境而放弃精神。"并且,马丁·布伯也说过:"如果有人问神是否存在,我会说

'没有'(nein,德语)。如果有人问是否要信神,我会说'是的'(ja,德语)。"

因此,根据犹太人的存在论,人类存在的基础并不是世界,而是对神的称呼。"现象背后有什么"这样的形而上问题对犹太人来说并不是他们存在论中的基本问题,"人生是否具有意义"这样的问题才是犹太人存在论中的根本问题。

上述讨论都包含在犹太-基督教的传统之中,但由于它们被希腊的哲学范畴隐藏了而没有显露出来。在西方历史的发展时期,以各种不同形态出现的存在论是根据希腊意义上的存在论而被从头到尾地粉碎了,并且,如今这种崩溃被假设的形态与神学实际上已经没有什么关系了。换言之,马丁·布伯的书《对话的生活》可以被视作一部神学作品。然而,这本书并不是源自(von,德语)神的话,而是对着(zu,德语)神说话。同时,这本书也对着我们进行讲述。因此,可以说犹太-基督教的传统并不是因为现在的神学而崩溃的,它是在对人类关系的寻找过程中崩溃的。从这一意义来说,与大众化进行对抗的所有尝试都可以被总结为以技术性表象为基础的犹太-基督教传统的崩溃。

如果人类可以被视作神"之外"的人类,神可以被视作人类"之外"的神,那么"我之外"(mein anderer,德语)的其他所有人类,对我而言都是神的一个侧面。对此,从非神学的角度来说,他人在某种程度上对我而言意味着"你",那么同理,我便可以将我作为"我"来看待。因此,犹太-基督教的宗教性是人类学的表现,并且基于此,人类只有在与他人对话的过程中才能被称为人。在《圣经》中,如果成神之路要通过"爱你的邻居",这便意味着此时重要的问题不是神的人化(具有人类模样的神),也不是人类的神化(具有神模样的人类),而是他人的神化。

在犹太-基督教中,对分析人类起决定性作用的并不是神圣化的博爱或人本主义。更为重要的是通过将我称为"你"的他人来认识自己,而不是对人类抽象的爱,所以《圣经》谈论的并不是对人的爱,而是对邻居的爱。因此,将社会与国家中的犹太-基督教式的概念与希腊式概念混为一谈是错误的。希腊式对话可以被视作真理的理论，犹太式对话强调的则是对他人的认识，以及通过他人来认识自己。同时，希腊式国家的目的是通过整合意见获得智慧，犹太教国家的目的则是建成"神的王国"（Reich Gottes，德语），即成为原本的人（eigentliche Menschwerdung，德语）。这是存在于理想与救赎之间的信仰差异——前者的中心是理念（Idee，德语），后者的中心是人（Mensch，德语）。

如果将这种差异翻译成传播理论中的专业术语，那么希腊式对话强调的是信息的诞生，犹太式对话则表明送信和收信都不是传播的目的，对信息的回答才是重心。希腊式的分析是具有对话的视觉模式，而犹太式的分析则是具有对话的听觉模式。对于希腊人而言，对话是将理念变成可视之物；对于犹太人而言，对话是对他人的声音进行回答的方法（因此就可以区分二者，犹太教的神是能够被听到的神，而希腊的神则是能够被看见的神）。换言之，因为希腊人感兴趣的是真理，所以他们关注对话的主题；犹太教对责任（自由和罪）感兴趣，所以他们关注对话的行为。

需要明确的是，这里重要的问题并不是二者的矛盾，而是它们的互补（Komplementarität，德语），所以即使犹太教和基督教进行了数不清的整合，但在对话和政治评价中，存在形式上的真正的整合一次也没有成功过。这是相当令人惊讶的。我们可以借助传播理论阐释这一事实，即它暗示着犹太式分析的对话在目前适用的媒介中并没有被完全地表达出来。作为认可他人的对话和通过他人形成的对自己的认知是无法在市场和圆桌展示的那种圆形结构中被完全实现的，它们只有在爱情和友情这种非常接近的双价性（bi-valenten，德语）结构中才可以实现。围绕这一主题，我们对政治生活进行的犹太式分析并没有完成，因为我们虽然拥有乌托邦（utopische，德语）式对话所需要的媒介，但我们不具备弥赛亚（messianische，德语）式对话所需要的媒介。我们在与相爱之人间产生的那种对话中使用的当然是与犹太式分析相同的参数，由于我们更关注实际的层面，所以不会去担心对话的主题；而在产生于市场的那种对话中，我们使用的是与希腊式分析相同的参数,因为我们更感兴趣的是对话中形成的主题。

如果我们对以上的假设持肯定的态度,那么最近诞生的网状结构是非常具有吸引力的。换言之,我们可以思考是否能将电话和电信这种网状系统用于犹太式分析所强调的、从传统媒介中分离出的对话的层面,以及如果能够使用,我们可以在何种程度上使用它。市场和圆桌之类的媒介虽然可以服务于实现乌托邦(理想国)的政治,但如果它们无法在今天实现这一点,那么电信和电话之类的媒介是否可以实现对政治的救赎呢?这种问题并没有看上去的那么荒诞无稽,网状结构的典型特征正是所有的对话者都可以与他人关联,因为可以称呼他人为"你",并且缺少像圆形结构具有的那种中央空间,所以人们可以将关注从主题那里转移到其他的地方,从而使对话本身得到更为集中的关注。以前人们是为了进行交换而走向市场的,但在当前,人们是为了能与谁交谈而拨打电话。

当然,如果想要回答这种类型的问题,我们就需要研究网状结构中的对话,探察其中到底发生了什么。正如前文所言,对网状对话的那种分析无法在传统中被使用了。换言之,在传统时代,对名人与普通人的书信往来(Korrespondenz,德语)进行的研究当然是存在的,而在独特的犹太文学中也存在被称为"反应文学"的阶段。但是,作为传播理论的研究,从传播媒介与市场相关的研究意义来看,与电信相关的研究并不存在。这就为未来的研究拓展了一个很大的领域,对电话网领域的苏格拉底进行了召唤。

在众多的场所中,我们可以观察到能够揭示新意图的网状对话结构,比如有线电视、程序化的教育、电脑对话、电报,以及录像带、印刻装饰、社会学艺术、团体治疗[①]等。我们可以获得这样的印象,即在新的和

[①] 指的是国外矫正机关在监狱中利用犯人集体的作用使犯人相互影响,以矫正不良行为习惯的一种方法。——译者注

过去没有完全实现的意义中,网状对话是可以引导人们的政治生活的。然而,无法否认的是,我们能通过经验性的分析证明新的网状对话结构带来了新的变化。实际上,对效果性的传播理论来说,最重要的一个挑战便是它本身能否为网状对话提供理论支撑——它存在的意义也正在于此。

由于理论性的不足,我们在此处只能对电话通话中发生的事情进行非常简单的描写。关于电视机的研究应该指向话语性极权主义的危险意图;对电话的研究则应该基于这种极权主义的危险,并以提出能制约它的战略性策略为目标。遗憾的是,虽然电话机常常作为传播理论研究中的首选模型,但它并不会成为未来可能的传播形态。与此同时,电视成为授课的主题则是传播类院校的典型特征。不过,这里需要说明的是,为了使用话语性装置,传播技术人员不仅会大量地被它们吸收,并且完全不会意识到网状结构中存在着暂时被掩埋的救赎人类的可能性。他们忘记了网"捕捉灵魂"的功能,或者是把它与"洗脑"混为一谈了。

在本讲的结尾,还要提到马丁·布伯,但我们并不打算将一种意识形态放入(以犹太教和基督教为基础的范畴的)初始阶段的网状对话。比如,我们并没有建构救赎式治疗法的意图。这一讲是为了展示将来我们可以使用的媒介,包括未来的网状媒介,能够为人类深刻的、实际的要求(对他人的认可,以及在他人中认知自我)提供的服务是多么有限。简而言之,在犹太-基督教的意义层面,这些媒介为爱提供的服务是多么有限。

在本课程开始之时,我们认为人类是一种孤独的动物,能够通过传播而象征性地克服孤独。课程讲述至此,初始的这一主张看上去似乎是位于其他研究之后的。据此,人类能够与他人对话,并通过认知这些对话而克服孤独。这可以说是所有传播活动的实际动机。但是,考察我们自身所处的状况后能够得出一个结论,即传播的过程正逐渐远离人类本身。不过,如今出现了扭转这种倾向的征候,虽然我们无法预测这一希望具有多大程度的正当性，但可以开展关于这种征候的研究。

第八讲　电　话　机

电话自发明以来其外形就经常发生改变，因此我们可以用它来图解工业设计的历史。从毫无品味的黑色金属把手的壁挂式电话，到桌面上用塑料制作的、有优雅颜色的电池电话（更不必说红色的电话），即使电话在形式上的变化有这么多次，但在它悠久的发展历史中，功能上的变化仅发生过一次，即自动化功能的出现。如果我们考虑到自动化过程是缓慢地实现的，同时，与话语式媒介相比，电话展示的是一种原始特征，那么这就呈现出一种传播状况。如果我们将自由等同于可以自由地进行对话（这绝不是最不好的一个定义），那么在当前的国家中，电话网络带来的对话内容的丰富性和高效率，在这里就可以作为支配自由的尺度。同时，随处可见的电话具有相对原始性的特征，只能借助过去对市民自由的相对观点的论述对它进行推论。如果我们试图描述电话的功能，那么我们只能从两种不同的立场出发——打电话的人的立场与接电话的人的立场。由于这两种立场是不同的，所以电话在不同的立场中看起来也不尽相同。不过，现象学的主体表明，一个客体往往只能存在于与主体的关系之中，所以这两种立场是与这一现象学理念相契合的。同时，从打电话的人的立场来看，电话只是一种被动的工具（Werkzeug，德语），是被他使用的，并需要打电话的人忍耐并等待的一种工具；从接电话的人的立场来看，电话只是一种歇斯底里地（hysterisch，德语）吼叫的家畜，为了使这个电话停止发出尖锐的声音，接电话的人需要放下手中的一切并站起来，这仿佛是强迫接电话的人从属于电话机的意志。虽然我们也使用电话机来打电话，但众多人的梦想却是拥有一台无法被接通的电话机，这并不是奇迹。这种梦想可以在全知全能（神甚至只是性）的视角下展现出重要的问题。

此外，全知全能者在所有的社会中（不仅仅是独裁社会）实际上都拥有一台那样的电话机。这展现了在被那些全知全能者支配的社会里，所有的幻想都是遥不可及的，因为只允许打电话而不允许接电话的电话网络，使打电话也变得不可能了。所以，实现自由对话的方法是确保使用者应该负有的责任——与应答（回答）有关的责任。

从打电话的人的立场出发，对电话机大体可以进行如下的分析。电话机是由电话线连接的工具，在电话线的尾端有数不清的人在等着接电话。电话机的功能是只允许个别的人拨打，不允许更多的人或所有的人同时拨打，所以它具有局限性。换个角度看，这种缺点也可以是优点，因为所有人能够个别地接到电话，这也允许打电话的人要求个别人进行回答。无论打电话是为了下达命令、寻求帮助，还是咨询一个问题，都没有关系，因为这正是打电话的动机。

通过电话机后面的电话线而展开的参数要求打电话的人面对着上述限制，只能选择与一个人通话。为了做到这一点，打电话的所有人需要在两种记忆形态中留存电话号码，即利用电话号码簿和人类的大脑储存电话号码。这展示了电话机所具有的原始性，因为如果有关电话号码的记忆被储存于电话机本身，这自然就变得十分简单了。现在，对电话号码的储存是从过量的信息中对一串符号的解放——电话号码如此之长，我们只要记错了一个数字，电话的连接便会出现错误。电话号码的符号是我们所拥有的为数不多的一种线性非冗余性（nichtredundanten，德语）信息符号。我们在计算时使用的数字符号本身是一种冗余性信息符号，因为数字要在符号中遵守等级秩序。例如，我们在计算法国的法郎时，要注意千位数左侧的逗号，但可以无视生丁①（Centimes，德语）右侧的逗号。在电话所使用的符号中，所有的数字都具有等价性，并且不可替代。如果从信息未来应该具有的倾向来看，信息的冗余也可以提供更好的未来图

---

① 法国的货币单位，等于百分之一个法郎。——译者注

景。例如,如果未来的社会并不是给社会成员编码而是赋予他们名字(正如人工智能所要求的那样),那么人们在打电话时的选择即使可能会产生错误,但与那些经常被使用的罪犯或军人的号码相比,还是可以提供更好的未来图景。与监狱或军人宿舍相比,电脑社会与电话网络或支票交换更为接近——这不是想给人们一个巨大的安慰,而是事实就是如此。

打电话的人在圆盘或按键号码盘上一个一个地选择号码。在过去的大都市中,这些符号里是存在字母的。在字母没落的同时,电脑飞速发展,因此它们也就逐渐消失了。这表明用字母(文学、象征性逻辑和代数)对如今向我们涌来的信息进行符号化是多么的不合适。为了能够选择这些数字,打电话的人必须以特别的手部动作将电话拿起来,然后把符合目的及处理好的部分放到耳朵边上。此时,一般来说他就可以听到意味着可以选择数字的符号化声音了。我们在这里可以进一步说明的是,与这种声音符号相关的一般协商是不存在的,因为这一声音符号是无法与数字符号进行比较的。在所有的国家中,对于出现的不同的声音,即使是熟悉这一声音符号的人也无法理解它,并且某些声音偶尔也是无法被发出的。在这种情况下,打电话的人可以放下电话机,重新再拨打一次。此时,一种全知全能感消失的挫折感产生了,这不仅与打电话的人无法理解发生了什么事情无关,而且与电话具有的黑箱魔术性的特征也毫无关系。打电话的人会产生一种被电话中传出的语调轻视的印象〔此外,我们将"轻视"与"嘲弄"(Hohn,德语)的概念等同视之,这绝非什么错误的印象〕,这也是电话发挥功能的一个表现。嘲弄常常指向某种东西的具体化,并且因为这种声音而产生被轻视的印象,导致电话机常常令人失望,即电话机成为使打电话的人无法正常发挥功能的装置。

如果声音能够正常发挥功能,打电话的人依据自动化的程度就能具有多样化的变形。在完全的自动化条件下,打电话的人应该选择大体能反映(此外,反映的是展开线性地图的可能性)与接电话的人的地理距离的一串长数字。这个数字串（Serie，德语）在打电话的人的耳中呈现为各种口哨声和诱惑声，并伴随着咕噜声和摸索声。同时，它是调整打电话的人选择节奏的编码字符（kodifizierte Zeichen，德语）。我们并不是说打电话的人为了遵守某种规则而必须去学习这种人类学声音。如果一切运转正常（与打电话的人选择的数字长度成反比的偶然性结果），打电话的人自然会通过电话线另一端接电话的人的响声而感知到机械重复的电流。他们使用的电话机的自动化程度越低，其选择数字的时候［即使是变形的（verzerrte，德语）］就越能更快地听到人（并且大部分是女性）的嗓音。这多少是令人惊讶的情况，无论何时（因为我们不想感受这种声音带来的非人性、冷漠的礼仪性感觉，同时这种声音比机器的声音更具有非人性的特征），这种打电话的人与接线员的声音之间的对话总会生成一种讽刺的场景。在这种对话进行的过程中，接线员的声音是机械重复的或是被突然切断的，于是，打电话者呼叫数字并请求帮助，通话的不畅导致打电话的人产生了被怠慢的感觉而怒气冲冲。这种对话与卡夫卡作品中出现的人类与神的对话可以进行比较。在几个幸运的瞬间，上述情况的结果会是电话线的另一端响起接电话的声音。

在这一时间点，接电话的人展示了他对电话机的立场，即现在在接电话的人的生活中，机械性反复的声音就像傻瓜一样顽固地响着。虽然这个声音与平常一样，不尖锐、不吵闹，并且听起来是温和且具有韵律的，但即便如此，接电话的人要想躲避这个声音也是非常困难的。对此，我们是不能简单地忽略受到电话妨碍的这种生活是如何被结构化的这个问题的。例如，把电话放在办公室还是病房就是一个重要的问题，因为打电话的命令让人变得就像傻瓜一样，它常常是无条件的，并且与卡夫卡作品中出现的来自上帝的电话进行比较也是可以的。然而，如果不考虑接电话的人的信任、期待和希望，我们则无法分析电话机对人们现实生活造成的实际冲击。

这里列举四种具有典型特征的接电话的人的期待情况。第一种，接电话的人等待的是特别的来电——有时候是不安的,有时候是充满希望的,并且在极端的情况下,他会赌上全部的家当。当所有电话传来的都不是接电话的人所期待之人的声音时,当没有人回答或是电话打错时,对接电话的人来说,下一个极端的情况就是引起了他绝望性的痉挛。第二种,电话的来电声中断了接电话的人在人或物上的精神集中状态,所以从这个意义上来看,意味着一种入侵。这里所说的这种入侵也不排除一种可能性——使接电话的人从痛苦的处境中解放出来。第三种,电话的响声令接电话的人放松、沉睡,像听音乐一般,又或者仿佛单纯地用刀刺伤正在享受闲暇时间的接电话的人的心脏或胃一样。我们可以把这种情况视作公共空间对私人空间的占领。第四种,响起的电话是为了传达有关特定情况或事件的信息(如在政府大楼或商店等待),那它就是可以被接收的。我们可以将这种情况视作接电话的人的生活世界面向电话网络,并实际地向电话机开放的唯一一种情况。

因此,打电话的人所具有的挫败感和接听电话的人所具有的惊讶感的变化维度,处于其他任何媒介都无法比拟的氛围之中。在这个氛围下,打电话与接电话的双方就开始对话了。在初次进行通话的情况下,与接电话的人相比,打电话的人作为发挥能动性的一方处于优势位置。当然,打电话的人具有的这种优势可以通过多样化的方式对接电话的人进行补偿。例如,打电话的时间点对于打电话的人来说就是一个问题,因为只有选择正确的时间点,才能让接电话的人投入到与自己的对话中。因此,对他人的认可(从否定的意义来看)在对话开始之前便已经存在了。同时,从某种意义上来看,这才能使这一对话成为可能。然而,在进行对话的时候,以媒介为条件的打电话的人的优势所发挥的作用逐渐减小,因为除了媒介,还存在其他的要素。例如,接打电话双方的人际关系或所要谈论的主题也发挥着效力。在开始讨论这一问题之前,需要明确的是,允许单方面、机械性地中断对话的媒介不在我们的讨论范畴。在电话接通之后放下听筒,这在传统手势语言中属于还没有完全被符号化的手势,所以无法与新出现的象征契合,是属于非礼仪化的。

现在,两个伙伴都将听筒放在耳朵上,人们对着像贝壳一样的话筒发出"你好""喂"这样的礼仪性用语。我们在这里观察到的是一种普遍语言的种子,发出声音的嗓子不仅具有人类性,而且能够被区分——我们能够通过这个声音认识到"你"。不过,通过电话听到的却不是从"你"那里,而是从电话机里传出来的某种东西,与人的嗓音混合在一起。除非我们通过电话机学习他人的器官(Organ,德语)或一种关于胸腔(Brustkasten,德语)的知识,否则电话通话就具有一种变得陌生(陌生化)的特征。当然,这一状况并不对电话对话所包含的一种实际存在的失望负责,因为电话机仅允许通过线性的听觉符号(特别是口头语言)来表达这种失望。所谓的视听电话(audiovisuelles Telefon,德语),即对话电视(dialogisches Fernsehen,德语),也是按照原来发明者所计划的那样发挥功能的。正如"电视"这个名字所表现的那样,它无法克服人们实际上产生的失望,这种失望是电话对话依靠技术性中介实现自身功能时带来的。人们围着圆桌展开对话或在市场中进行对话时,他们的身体即使不互相接触,人们也有直接进行对话的感觉(此时,我们还未谈及人类的肉体本身在某种程度上是否被当作媒介)。通过电话,我们能够与伙伴们联系在一起,与此同时,还会产生一种与伙伴逐渐变得疏远的感觉。这种媒介的辩证法——结合的同时又分离,即使对话电视或录像带也无法解决这个问题。要想克服这种辩证法带来的困惑,只能通过乌托邦式的想象,即实现与媒介的同化(Identifikation,德语)。这样一来,媒介就像我们在市场进行对话时所使用的空气一般变得透明了。

此外,电话符号的听觉式线性是以局限性的对话类型为特征的,与电话对话不契合的消息同时也是存在的。这种局限不仅与二维象征(如伙伴的脸所具有的象征)的缺失有关,而且与接收到的嗓音过大或颤抖也是相关的。即使相对来说电话具有悠久的历史(与活着的所有人类相比,电话具有更大的年龄),但电话消息的局限没有被考虑进来,与电话并不契合的消息也常常被迫中继。这说明在电话网络比较密集的地方也存在着超负荷的运转。我们可以将人类所犯的错误简单地总结如下。电话对作为体验模型的信息进行中继是不适合的，它仅仅中继直陈类和命令类的信息时才是确切的。因此，电话艺术是不存在的。那些尚不成熟的青少年（对电话很熟悉的那些人）正是因为犯了这种错误才陷入了充满挫折感的对话中，并导致了电话网络的拥堵。这种错误根深蒂固，而对其根源的探究则可以引导人们对电话机进行认知。

对话媒介的缺乏赋予了受众带有陌生化的魅力，从而使受众被电话吸引了。与此同时，电话的结构使打电话的人感觉到一种全知全能——允许电话技术出现之前的对话媒介所不允许的东西存在（这种新的存在可以从电话技术带来的无远弗届来理解，即满足人们将远处之物拉到近处的欲望）。因此，我们无法避免人们对电话机的技术性拥护。不过，这两种因素的协作（人们对对话的渴望，以及与电话机类似的对话式媒介所具有的局限性）允许人们对类似于电话机，但在技术上以不同方式实现的网络抱有希望。这些方法虽然好像还处于迷雾之中，但录像带和电视频道，或程序化的教育和通过网络连接的电脑已经从中凸显了出来，我们可以对它们进行探究。

在这里，对打电话的描述至少是允许网状对话分析的开始。一方面，双价性对话所需的实际要素已经存在（如说话、邀请、承担责任、对他人的认可，以及在他人之中的自我认知），虽然它们在传统对话中已经以完全不同的方式被展现过，但在通过电话实现的对话中又凸显了出来。另一方面，圆形对话的所有要素（如个人的发表、意见的交换、寻找新信息）在网状对话中也可以被认知——电话通话这种网状对话至少是允许人们对政治生活有所想象的，即可以想象未来理想与救赎同在的美好生活。然而，当电话的技术性层面引起人们的注意（如选择电话号码或响起声音）之时，就是允许我们展开想象之时。在未来，如果网状对话被圆形剧场型话语结构吸收，那么所有的政治化都可能搁浅。

简而言之，电话的出现为我们展开了两种可能的未来图景。第一种，电话媒介将第一次引导出对话社会，即自由并富有创造性的社会将出现；第二种，由圆形剧场型话语结构和人工智能程序化构成的社会将产生。这两种潜在的可能性都在电话机这一不起眼的工具中沉睡着，至于哪种会成为现实，这将部分地取决于我们自己。

第九讲　派　地　亚

人类传播的核心问题可以被视为允许将储存于一代人记忆中的信息中继到下一代人的记忆中的过程。一般来说，我们将人类与其他生命体根据以下的标准进行差别化。所有的生命体将发生学的信息从上一代中继到下一代。此外，人类也中继了个体在生活期间生成的信息，即通过与环境的斗争而获得的信息。一般来说，我们将其概括为人类的"历史性"（Historizität，德语）。与此同时，我们掌握了区分自然传播和文化传播的本质标准。例如，噪声（不包含于符号的全部内容，是中继时侵入的消息）在文化传播的情况下，将传播的过程变成了发展的过程，从而赋予文化传播以正当性；相比之下，自然传播的情况则体现为"突变"。

遗传与派地亚，即遗传性信息的中继与获得性信息的中继之间的常规差异，无法像我们上面描述的那样被认知。第一，两种过程在记忆被文化信息程序化之前就结合在一起了，并且发生学的信息不仅会事先将记忆程序化，还会事先建构记忆的结构。发生学的信息与文化信息确立关系的过程类似于电脑中两种重叠储存的程序确立关系的过程。同时，发生学的信息与将记忆程序化的方法确立关系的过程类似于电脑硬件与将电脑程序化的方法确立关系的过程。第二，发生学的信息与文化信息之间的具体界限是无法被刻画出来的。例如，胎儿的（先天）遗传行为和（后天)获得的行为(erworbenem Verhalten,德语)间的界限就是如此;达尔文与拉马克①之间长久的论争是在传播理论的研究下重新登场的。同时,反对通过派地亚来界定人类特征的一系列质疑仍旧存在。

即便如此,在当前我们课程所处的阶段,对遗传与派地亚之间的差异性进行讨论是具有必要性的。我们将派地亚与遗传相区分,如果把派地亚定义为"文化传播",那么对于传播的个别信息类型,以及信息类型的区分标准,应该提出如下的问题——派地亚在发展的过程中,从一代中继到另一代的"文化分子"(Kultureme,德语)是什么?这里提出的问题并不是传播问题,而是社会学问题。结合上下文的脉络,可以明确,我们在问题中针对的并不是消息的内容,而是消息的结构。换言之,我们并不是从消息的语义(semantische,德语)角度进行提问,而是从消息的语法(Syntax,德语)角度进行提问——我们应该发现的并不是文化分子,而是传播分子②(Kommunikeme,德语)。

大家应该提出这样异议,即这一问题在我们的课程中早应该被提出来了。然而,更重要的问题是,我们应该提出传播理论的基本问题。大家提出异议是正确的,但从授课的角度来看,这一问题到现在才被提出,已经有些晚了。换句话说,到目前为止,我们已经提到了首先分析人类传播的教育学功能的问题。这是为了避免人类传播的教育学功能被偏见遮掩。例如,为了防止派地亚指向理想化的发展而变得浪漫化,或者是为了防止派地亚指向以技术为中心的极权主义程序化而变得恶魔化。从这个理由来看,即使我们无法切入信息类型化的基本问题,我们也能够相当具体地讨论符号化的层面和传播过程的媒介层面了。从历史哲学的立场来看,现在人类传播的教育学功能,即人类的历史性形成了人类存在的本

---

① 拉马克(Jean-Baptiste Lamarck,1744—1829年),法国博物学家,生物学伟大的奠基人之一,他最先提出生物进化的学说,是进化论的倡导者和先驱。——译者注
② 弗卢塞尔在创造"Kommunikeme"(传播分子)概念的同时,通过与"Kultureme"(文化分子)的比较,说明了现象分析的差异。——译者注

质,但从传播理论的立场来看,它只不过是成了话语媒介的一个功能。这种功能可以作为解决我们当前面临的如下问题的模型,即人类通过什么进行传播?然而,我们应该避免使这一问题陷入过度的意识形态危险之中。

派地亚被迫成为解决这一问题的模型。如果我们为了研究传播分子(如在科学传播中研究对话式的传播分子,或在政治传播中研究话语式的传播分子)而接受了传播的其他任意功能,那么我们能够确认的是,一个传播分子的类型比其他所有的类型都占有更大的比重。仅在教育学的功能中,我们能够期待将所有的传播分子都发掘出来。换言之,在被视为人类传播典型特征的分配结构中,我们能够将所有的传播分析挖掘出来。如果我们考虑到派地亚是具有将所有可能使用的信息进行传达的意图的话语,这就变成了理所当然的事情。

一般来说,传播分子大致具有三个分类,即命令类(Imperative,德语)、愿望类(Optative,德语)和直陈类(Indikative,德语)。

命令类:"A应该是B。"

愿望类:"A喜欢B。"

直陈类:"如果是A,那么就是B。"

或者,如果把这些例子放到意义论的维度,那么就可以进行如下的转换。

命令类:"你不能偷东西。"

愿望类:"我讨厌小偷。"

直陈类:"谁偷东西,谁进监狱。"

这里所举的例子是由线性符号(象征性逻辑和口头语言的符号)构成的符号化传播分子。我们一般可以确认的是,在所有的符号中,这三种是基本的类型。因此,象征性符号可以被命令类、愿望类和直陈类的传播分子使用。例如,一边笑一边刷牙的女性的图画是命令类,带有蔚蓝海岸(Cote d'Azur,德语)风景的图画的明信片是愿望类,南十字星的星座是直陈类。我们在此举这些例子是为了直接展示分类的标准。

依据上述标准，我们可以把学校中的传播形式分为三类。在第一类标准中，派地亚是通过命令类传播形成的。命令类是与行为（Verhalten，德语）有关的信息，即态度程序。也就是与所谓伦理、道德、政治价值的领域有关的信息。这一类传播分子在托儿所、幼儿园和小学一年级中起支配作用。在第二类标准中，派地亚是通过愿望类传播形成的。愿望类是与体验相关的信息，即体验程序。也就是与美学、艺术和宗教的价值领域相关的信息。这一类传播分子在小学和中学中形成，电影和所谓的大众文化就处于这种维度。在第三类标准中，派地亚是通过直陈类传播形成的。直陈类是与认知相关的信息，即认知程序。也就是与所谓的认识论、宗教认识论的价值领域相关的信息。这类传播分子在大学中起支配作用，科学专业的院校和哲学研讨会就处于这种教育学维度。

如果要考察我们学校的场景，那么我们能够认识到这里提出的类型是多么具有代表性。尽管我们必须承认，基本的教育源自小学，但我们仍然可以谨慎地主张，我们的政治和道德教育已经在那里结束了。确切地说，我们依照人类的中学模式去体验世界，所谓的"取向"（Geschmack，德语）在那时还没有被程序化，而是随后被以某种方式改进了。我们无法简单地说我们是在大学中根据程序化的模型来认识世界和我们自己的，没有受到大学教育的人是无法进行相关认知的，他们只能一方面从政治上、道德上进行评价，另一方面从美学上、宗教上进行评价。这一切都无法如此不言而喻，因为三种类型的学校标准程序在众多地方呈现出重叠性：因为在幼儿园的标准下，直陈类传播分子也得到传播；因为在大学的标准下，政治化传播也在进行（更不必说美学传播分子在三个标准中呈现出传播的重叠性了）。换言之，如果能够更正确地考察对这种传播分子的分类，我们就可以大致认识学校制度和派地亚的实际情况了。

特别是能够认识到我们在学校系统中，越是上升到高级的阶段，能够被传授的传播分子也就越少，因为在科学话语结构的压力下，直陈类传播分子的通用性比命令类传播分子更弱。我们在幼儿园中学到的东西,作为人生初期的知识是通用的,如不要抠鼻子。我们在大学中学到的东西,没过几个月就失去作用了,如某一年的原子模型。在与命令类传播分子的关系中,直陈类传播分子转瞬即逝(在它与愿望类传播分子的关系中就更不够坚决了),这是传播中的一个重要问题。

第十讲　命令类信息传播

如果我们将那些把我们程序化的信息分解成传播分子,那么可以发现,迄今为止,最多的信息是由命令类传播分子构成的命令类信息,即形成了行为模型(Verhaltensmodellen,德语)。这类信息无法一眼被识别出来,但可以通过分析"A(应该)是 B"的形式获得相应的信息。即使信息不是由线性符号化的象征组成的,如语言类信息,这种分析也是有可能的,因为所有符号都包含命令类传播分子并具备命令的能力。例如,交通信号符号并不是线性的,它具有典型的表象性,因为它主要基于颜色来传输"停止!"这一类型的命令。

所有的逻辑分析(这是此处的重要问题)都应该将信息翻译成线性符号,即为了发挥符号的作用而将信息翻译成象征性逻辑的符号。在上述例子中,红色信号灯的灯光首先应该被翻译成"停止!"这样的句子,然后为了呈现命令类信息的属性,将"停止!"这一信息翻译成"A o B!"这种逻辑性句子。并且,所有的翻译方式都会改变原来的消息,所以我们将此归结为一个无法被否认的问题。我们对这一问题的表述如下。我们可以从两种不同的维度对红色交通信号灯的灯光进行解读:在交通信号符号的维度下,它被汽车驾驶者解读,这种解读导致的最终结果是汽车的停止;在象征性逻辑的维度下,它被传播学者解读,这种解读是交通信号灯的"去神话化"(Demythisierung,德语),即认识到命令类信息传播的重要性。交通信号灯这一问题呈现了对信息进行解读的两种方法之间的关系,这是一个关于实际的问题,因为汽车驾驶者与传播学者并不是不同的人类,而是对同一信息表现出不同态度的同一种人类。

批判大众媒介的学者认识到,在将我们程序化的信息中,大部分是命令类信息。例如,这些批判者实际上展示了这样一个事实,即电视上显示的微笑着的女演员的图像意味着如下信息:"你应该使用 X 牌牙膏"或"你应该成为'使用 X 牌牙膏'的阶层的成员"(A o B!)。基于这种类型的分析,批判大众媒介的学者对大众媒介的神话、媒介分析的去意识形态化、命令类信息传播背后所隐藏的利害关系进行了考察和讨论。对这种情况进行批判是十分正当的,而且传播理论的一个重要课题就是在大众媒介中揭示信息的命令特征。但是,其中有一个危险,就是我们会忽略命令类信息在程序中占主导地位的问题,因为我们不能确定是否只有大众媒介要对此负责(schuld,德语)——关于命令类信息占支配地位的问题,其他媒介(如艺术或科学媒介)相对而言就没有那么重要。我们的传播与动物间的传播一样,人类传播由"小心!"和"过来!"等相同类型的行为模型构成。其实,所谓的愿望类信息和直陈类信息,即艺术和科学的传播分子,从根本上来说与电视画面中的女演员是一样的,仅仅是一种伪装的命令类信息主题。这类主题在对大众媒介进行批判时,还试图找到解决命令类传播分子占支配地位的问题,即解决所谓的刻板态度的问题。

考虑到传播分子间的关系,特别是命令类信息与直陈类信息的关系问题,这需要进一步探讨,因为它们会转化成两种对立的立场。首先,从发生学的立场来看,起初的(ursprünglich,德语)所有信息都是实际的,都是行为模型。换言之,命令类信息可以从自身出发,发展成体验或认知模型。并且,如果从形式(formale,德语)上来看,我们可以说命令类信息是不完全的直陈类信息,直陈类信息被视作一种语法错误。如果将直陈类信息的传播形式化,我们就可以进行如下表述。"石头掉下来了"这种直陈式信息进行形式上的变化后,可表述为"如果所谓的'石头'代表等级,那么就是'掉下来之物的等级'",或者进行象征性转换,表述为"A→B"。命令类信息本身可以被视作具有一种不完全的含义(Implikationen,德语)。将命令类信息"你不能偷盗!"进行形式转换后可表述为"如果是'偷盗'的等级,那么……"。如果尝试完善信息的含义,例如,"如果……,那么是'拘留者'的等级"。这样一来,从"你不能偷盗!"这样的命令类信息,就可以变形成直陈类信息"如果偷盗,那么就会被拘留"。因此,所有的命令类信息(和愿望类信息)都是一种形式上错误的直陈类信息。与此同时,人类传播最终成了直陈类信息传播,或者如"A→"的类型一样成为无意义的传播。

如果我们比较命令类信息的发生学视角与形式的视角,可以发现它们在外观上看起来似乎是矛盾的。我们可以对此进行如下的表达,即从发生学角度来看,直陈类信息传播形式是较晚出现的一种稀少的传播形式,并且形式上的直陈类信息传播具有唯一的传播形式——如果不是真,那么就是假。换句话说,人类传播的历史无法否认自己在根源上具有命令类信息传播的特征,命令类信息传播持续发展,继而成为具有意义的历史,即成为直陈类信息传播的历史。在这样的表达中,命令类信息传播的(发生学和形式上的)两种对立场便失去了对立性。不过,这就展示出这两种立场对命令类信息传播问题的忽略,即如果忽视了对"传播的发展指向直陈类信息传播"的看法进行质疑,那么大众媒介就反向证明了它。

如果考察"你不可偷盗!"和"如果偷盗,那么就要被拘留"这两个句子(一个是《圣经》中的句子,另一个是法典中引用的句子),那么我们可以确认,它们的关系非常复杂。一方面,第二个句子是第一个句子的历史性结果,并且第二个句子是原来《圣经》中的(伪装的)命令类信息,因为法典所传达的信息的本质存在于行为模型,而不是与法律脉络相关的信息中。另一方面,第二个句子为第一个句子赋予了逻辑意义,并且法典使《圣经》变成了功能性的(funktionell,德语),因为《圣经》的命令类信息并没有回答含有"如果我偷盗,那么会发生什么事情"这种意义的问题。

然而，以上这两种解释并不能解决两个句子关系中的内在问题，因为如果我把一个句子翻译成另一个句子（如果我用直陈类信息完善《圣经》的句子，或者我如果发现法典背后隐藏的《圣经》的命令类信息），此时这两个问题就无法被明确地分析了。如果我将《圣经》以逻辑性来完善，那么《圣经》就不再是《圣经》了；如果我将法典去逻辑化，那么法典也就不再是法典了。《圣经》里的命令类信息即使表明《圣经》的意义在形式上是荒唐的，但它与法典的意义也是不同的。并且，虽然我在法典的本质中发现了《圣经》的命令类信息，但法典的命令类信息不同于《圣经》的命令类信息。命令类信息的本质体现于它包含的本质意义、本质的内在及外在张力。这一命令类信息可以按直陈类信息来翻译，虽然所有的直陈类信息都来源于命令类信息，但这种本质在有关发生学和形式的两个立场中却都消失了。而且，只有当我们分析这种本质时，我们才能彻底地从根源上批判大众媒介的命令类信息传播特征。

当然，我们可以借助康德的实践理性批判来讨论这一问题。但是，如果我们考虑到人们当前所处环境中媒介与符号的复杂情况，例如，如果我们考虑到罐头上印制的命令类信息与发生学的细胞信息模式的差异，我们就能认识到对命令类信息（被我们称为"伦理的"或"政治的"信息）的传统性分析已经不再适用于对当前问题的分析了——因为罐头上印制有使用方法，并且发生学的细胞信息模型也包含有关使用方法的信息。罐头外包装上印着"如果你要喝汤，先摇晃罐头，再打开它，并将里面的食物倒进平底锅"等信息。在发生学模型上写着"遗传信息如何代代相传，请在双螺旋中蓝色球保持不动的情况下移动红色球"等信息。从逻辑的角度来看，这两种使用方法在结构上是一样的，即都具有"A→B"的结构，所以它们是直陈类信息。实际上，这两种情况包含的命令类信息才是重要的问题，只不过它们各自从属于不同的秩序。罐头的命令类信息直接呈现为行为模型，因为如果我们分析它的使用方法，就可以发现如下含义——"吃这罐头，让罐头厂的老板赚钱！"在发生学信息模型中蕴含的命令类信息则是具有解决问题意图的行为模型。在对这种模型的分析中,我们发现以下含义——"作为模型的创造者,我们理解这种类型的问题,作为一个很好的战略方法,让我们通过观察的方式来操作这个模型吧!"简而言之,对命令类信息的传统分析不再适用于我们对行为程序的分析,因为我们被在伦理、政治、道德等类似的传统分类中无法排列的命令类信息简单地程序化了。一般来说,我们将此称为"价值观危机"(Krise der Werte,德语)。

当然,在目前使我们的行为程序化的众多命令类信息中,只含有两种类型——罐头桶上印制的使用方法和在发生学信息模型中包含的使用方法。我们上面所举的两个例子,作为两种典型的特征,显示出我们现在所处的状况。罐头是消费行为模型(Modelle für ein Konsumverhalten,德语),而发生学信息的模型是认识论的行为模型。虽然二者在本质上都是命令类信息模型,但各自具有不同的意义,即具有不同的意图。罐头的意图是在送信者的利害关系下,以及在收信者的头脑中将行为程序化。发生学信息模型的意图是针对送信者关注的问题,在收信者的头脑中将行为程序化。因此,如果要对我们的行为程序进行分析,就需要将程序化的个别命令类信息按照不同的意义进行研究。这种分析的前提条件形成了一个主题,即所有的命令类信息(所有的信息)都为送信者的兴趣服务,否则送信者就不能将命令类信息送出。这带来的结果是,对命令类信息传播的分析就不能满足我们对信息的考察要求,我们应该试图寻找信息的所有中继背后隐藏的最后送信者。例如,在特殊的电影背后隐藏的命令类信息,其中最后的送信者是谁?为了更进一步地接近命令类信息的本质问题而使用"资本主义系统"或"苏维埃系统"等类似的老一套回答就非常不正确了。因此,尽管我们已经进行了所有分析,但对将我们程序化的命令类信息的研究依旧是不足的。我们虽然可以将这个问题视为传播问题,并作出如下的表达——对于某些送信者的功能,我们应该采取怎样的行为?但事实上,我们对此一无所知。

面对着这样的困难,我们可以谈论自传播革命以来几种与人类行为相关的媒介,即大众媒介与传统媒介。相比之下,我们可以更容易地对这两类媒介中的最后的送信者进行确认。传统媒介的结构(如教会的金字塔型话语结构、以科学技术为中心的树状话语结构,或者资产阶级家庭中的剧场型话语结构)使大部分信息的作者在送信者的维度中消失了。不过,允许送信者将信息从中央送到不存在边界的大众媒介,与送信者一起,对信息接收者的关注点进行了简单的设定。因此,总结而言,大众媒介即使对自身进行了多层次、多维度的隐藏,但它传播的依旧是作用于消费行为模型的命令类信息。自从大众媒介成为最重要的信息搬运工具以来(大约 20 世纪中叶之后),人类的行为程序大多是由消费行为模型构成的。换言之,我们记忆中的大多数信息都服务于生产者所关心的使用方法。当前出现的新问题是,大众媒介在表面上传播的是消费的使用方法,而不是命令类信息。

　　无论我们如何强调或反复讨论这种对表面上的琐碎事实的确认(因为无论谁都可以对消费社会、大众文化、刻板态度进行讨论)都是不过分的,因为消费行为模型的命令类信息本质上不会对任何价值进行描写,正相反,它们命令信息接收者去消费。在这里,我们没有必要讨论价值的问题,因为依据消费行为模型是无法分析与政治或伦理类似的范畴或价值的。人类在传播革命之后善于采取价值中立的态度,其理由并不是人类超越了善恶(jenseits von Gut und Böse,德语),而是因为人类被消费行为模型广泛地程序化了。大众媒介所使用的特殊方式是命令性的,所以是去政治化、去伦理化、去价值化的。所谓大众媒介的神话,即大众媒介背后隐藏的意识形态并不是发生学观点的创造者对命令类信息的坚守——并不是所有信息都从属于命令类信息传播的新石器时代的魔术性-意识性的回归。同时,有意义的虚假话语的传播者仅存在于大众媒介的表面。大众媒介并不讲述童话,也不哼唱荒诞无稽的歌谣,而是通过后历史的方式使人类具有价值中立的行为,特别是使人类自己依据消费行为模型被程序化。人类被分为大众媒介的送信者和收信者，即人类被分为程序化的部分和被程序化的部分，这就是我们在现代所面临的问题。换言之，这个问题与精英认为什么能够决定实行程序化的态度有关。命令类信息传播的问题成为与大众社会、消费社会，以及更具宇宙性（kosmischer，德语）的大众媒介收信者的态度联系得并不那么紧密的问题。命令类信息传播的问题从根本上说是精英与程序化模型的关系问题，因此它并不是对大众媒介本身的提问，而是对与科学和技术有关的精英媒介的提问，是对媒介背后的命令类信息传播进行的提问。

科学和技术并不是价值中立的，也不是直陈类信息，科学和技术背后隐藏的命令类信息是具有研究价值的，即发现客观的或无利害关系的行为并不存在，这是具有价值的。我们无法从大众的价值中立行为中发现"价值危机"，而只能从精英无法实现价值中立的态度中进行找寻。

正如前文所述，我们的现状以精英的发信者文化和大众的收信者文化的分离为特征。在这种分离之下（不再是压迫的阶级和被压迫的阶级的分离），理解我们现状的本质在于对隐藏的真理的探讨。然而，这样一来，我们的现状就被转化成一幅讽刺漫画了。换言之，我们对两种文化在形式上进行了差别化。例如，精英文化的符号逐渐变得复杂，成为一种从外部被切断的系统（如科学性、艺术性、技术性的），而这些符号逐渐具有了不断延展并形成分支的专业化（Spezialisierung，德语）倾向。这一过程带来的结果是，精英文化在沟通方面逐渐变得越来越困难，并形成了一个个孤立的岛屿（Inseln，德语）。与此相反，大众文化的符号渐渐变得简单，并普遍地成为技术想象性的表象（Oberflächen，德语）（如电视、插图、海报、陈列馆等）。这一过程带来的结果是，大众文化具有促使所有传统（如国语、民俗音乐等）加速分离（Trennungen，德语）的倾向，所以我们的现状成为"中世纪图景的再现"——当时的神职人员文化主要是天主教文化（如拉丁语），具有普遍性，而民众文化则分散在小岛上。但是，如今的精英文化揭示了一个现状——我们无法形成一个共通的语言，即形成具有普遍性的文化是困难的。此时的大众文化是具有天主教性质的,精英文化与大众文化的关系就如同在经济上的压迫阶级与被压迫阶级的分离,它并不是辩证法造成的结果,而是人工智能造成的结果。我们现在不是单纯地从属于精英或大众(就像我们不是资本家就是无产阶级那样),因为两种文化在个人的程序上是重叠的。可以说,精英通过他们所具有的大部分程序而从属于大众文化,但精英仅凭着一种(或少数)能力就可以成为从属于精英文化的人。例如,只要核物理学家利用核物理学的符号进行传播,并且只要他将音乐或具体的诗歌置入他的程序,那么他就属于精英。但是,他程序中的大部分(如营养模式、服饰、政治见解等)都从属于大众文化。在他个人程序的内部,两种文化的这种复杂的反馈关系虽然完全是不透明的,但在外部,它们就像闪电一般地彰显了出来(如沉迷于观看足球比赛的技术专家、喜欢跳爵士舞的学者,或者喜欢吃汉堡的前卫艺术家)。因此,从古典辩证法(klassisch-dialektischen,德语)的意义来看,革命在我们当前所处的阶段既无法出现,也不可被想象。

进而言之,使送信者文化与收信者文化分离的传播媒介的大变革,相对而言是最近才发生的事件。因此,它与两种文化中的哪一个看起来都不甚契合,众多传统符号仍继续存在着。这些都成为我们讨论的对象。在传统符号中,字母(在过去是支配性符号)占据着特殊的位置,因为文盲与能够进行阅读和书写的人分离,仍旧存在于如下的形式。在南北问题①中,在送信与收信文化中嵌入了楔子,从而导致了时代的错误——这不仅带来了目前出现的革命要素,更为重要的是,由于字母是口头语言的标记法,所以在很久以前,字母就将自身已经克服(überholte,德语)了的国家性差异转移至大众媒介。口头语言本身喜欢在大众文化中进行原始

---

① 南北问题从地区概念上讲,是指位于南半球的发展中国家与北半球的发达国家或地区之间的问题;从经济概念上讲,是指发达国家与发展中国家间经济发展不平衡、经济关系不平等的问题。这既是一个经济问题,也是一个政治问题。——译者注

的融合，同时，由于口头语言逐渐不再适用于精英文化信息的传播，所以通过导入支配性的技术结构，新的传播结构得以形成。因此，精英文化与大众文化的区别是它影响了当前的一种趋势，而不是对已经完全实现的趋势施加影响。

基于以上的讨论，我们能够提出这样一个问题，即如果说精英通过将大众程序化而对未来作出决断，那他们追求的价值是怎样的呢？现在，我们应该思考针对这个问题的答案。我们无法在大众媒介的信息中找到答案，它存在于送信者的程序之中。例如，我们要了解送信者的意图，或者将电视信息去意识形态化、去神话化，否则就无法通过研究找到答案。在这里，政治性、艺术性或科学性的信息并不是重要的问题，能够引导消费者消费行为的模型才是重要问题。但是，我们无法通过这些分析去推断为什么电视是为了传达消费行为而发挥程序化作用的。究其原因，重要的是电视发送者的程序，而不是电视信道。

即使我们无法弄懂这种送信者程序（但很明确的是，这种理解不用像分析精英符号那样需要进行那么多的心理分析），我们依旧可以作出如下分析，即在送信者的程序中区分三种类型的信息。第一种信息来自传统媒介，如来自文化、宗教，以及家庭的信息，我们将它们称为历史性信息；第二种信息来自大众媒介，如来自报纸、电影、海报的信息，我们对这些信息进行单纯化处理，称它们为与消费态度有关的信息；第三种信息来自精英媒介的送信者程序，如科学和技术媒介送出的信息，我们将它们称为价值中立的功能性信息。因此，前文提出的问题可以换一种表述方式，即精英在将大众媒介程序化时，在何种程度上追求历史性价值，在何种程度上追求无价值的消费，又在何种程度上追求价值中立的功能？

只要你提出了上述第一个问题，你就会发现它是错误的，因为我们如果将命令类信息的传播定义为行为模型，那么这个问题就可以被表述为精英在进行程序化时是依据历史性、消费性或功能性的命令类信息吗？又或者，他们是根据伦理性命令、使用方法或战略性方法进行程序化的吗？这一问题的提出是一种错误，因为一种类型的命令类信息不是将其他两种类型的命令类信息排除在外。与此同时，我们还可以提出这样一个假设。精英将最大化的消费视作最高的战略，并且从伦理性和政治性的视角来看，这样的消费是被当作好的行为的，所以大众媒介发挥了程序化的功能，对大众进行了消费行为的程序化。换言之，精英对大众进行程序化时，是将大众的历史性信息作为意识形态来使用的。同时，精英还将大众化的信息作为动机，将精英性的信息作为方法。然而，如果我们对这种假设性和理性的（vernünftige，德语）回答进行更为近距离的观察，我们就会陷入困境。

这种回答提供了这样的图景——历史，即由伦理性、政治性的命令类传播分子形成的话语（信息），这类信息即使在传播的大变革中也仍旧存在。这个大变革只会造成复杂的弯道（Schleife，德语）。大部分人类，即大众，虽然退出了历史舞台，但在历史功能中，大众被精英程序化从而支撑着历史。同时，虽然只有一小部分程序化（通过伦理性、政治性的命令类传播分子而被程序化）的精英参与了历史，但他们却站在大部分消费者和战略家的历史之外。精英使自己避免卷入其中，并与大众通过各自的程序来促成这一历史图景。但是，这种历史图景除了具有支柱（Stütze，德语）的功能以外，是没有说服力的，它无法说明方法和战略的复杂曲线，即无法说明后历史性的程序是否与历史建立了某种关系。因此，对程序化精英所服从的命令类信息传播进行提问并作答，这并不能令人满意，我们需要寻找不同的表述。

如果我们现在考察精英中一个成员的特征性程序（我们过去将此称为精英的教育、教养或文化），那么对我们来说，最重要的是我们能感受到的深刻印象——精英的程序中具有支配性的内在紧张（一种不透明的复杂感）。这一程序对于外部观察者来说是不透明的，更重要的是，它对于被程序化的精英来说也完全是不透明的。换言之，如果我们询问一个送信者的动机，即他为什么、出于什么目的作出了关于未来的决断，送信者对此可能无法给自己和提问者一个满意的答复。虽然他在自己的程序中拥有的历史信息与其他信息并不一致，但他却存在于信息持续的、复杂的反馈关系之中。例如，精英的一部分程序形成了所谓的基督教式的价值，所以这些程序的使用方法无法与大众文化的使用方法保持一致（如无法与大众文化的消费要求一致），也无法与精英文化的战略保持一致（如无法与科学要求的研究方法一致）。然而，即便如此，在现在的程序中，我们也无法说这种基督教式的价值已经成为历史（已经被超越的历史）的残余（Restbestand，德语），因为性的消费行为模型和科学研究方法的模型是"基督教"程序的参数，并与这一程序建立了一种张力关系——如果我们考察具有精英特征的程序的复杂性，那么我们就能认识到关于促成精英动机的命令类信息传播的问题是无法得到令人满意的答复的。

这就允许我们对如下类似的图景进行描述。现在的情况是，大众媒介通过信道成为被连接起来的两个箱子，即送信的箱子和收信的箱子。收信的箱子（也叫作大众媒介）是比较透明的，被称为白箱（weiße Kiste，德语）。它的程序主要是消费行为模型，并具有相应的使用方法，而且我们能够观察到如何使白箱更好地发挥作用，因为这个程序常常使原始要素被有效地排除了。与此相反，送信的箱子（也叫作精英文化）是完全不透明的黑箱。它是伦理性的命令类装置，到目前为止，它从几乎没有人关心的历史之中接收了政治行为模型，从过去与现在的艺术之中接收了体验模型，从科学与技术之中接收了认知模型。黑箱虽然使大众消费模型向大众文化送信，但其本身与这种大众文化互为反馈，并在反馈中接收固有的消费模型。这种复杂性和矛盾性是如何在精英文化内部转化成消费行为模型的，并且，精英文化为什么以及以什么意图，必须停留在以消费行为模型向大众文化进行送信的黑箱的阴暗之中。我们可以观察到的仅仅是来自历史性命令类信息和愿望类信息的话语，来自与科学技术有关的直陈类信息的话语，来自大众化命令类信息的话语是如何流入精英文化的黑箱的，以及来自消费命令类信息的话语是如何通过大众文化从黑箱中流出的。因此，所谓的价值危机并不是说大众文化不再依赖伦理性命令类信息，而是我们无法从被消费行为模型程序化的这一事实之中找到价值危机的本质。究其根源，价值危机的本质只能根植于精英性程序的不透明的黑暗中。

这种图景可能与实际的情况保持着相当正确的一致性，所有的精英危机（如所谓的宗教、艺术和哲学的死亡，所谓科学的危机，以及人工智能性、技术性、结构性思考的出现等）都包含新的、后历史性功能的、去政治化的极权主义，这在该图景中是较容易被认识到的。这一图景的优点是，大众媒介不再以作为将所有消息粉碎成行为模型的世界创造者的面目出现，它只不过是社会中划分两区（送信者与收信者）的中间媒介罢了。通过这一图景，我们能够认识到的是，现在的大变革并不是依靠媒介发生的（正如麦克卢汉和其他人所相信的那样），而是依靠无法被阻止的精英化程序发生的。消费行为模型在大众中的支配地位并不是邪恶的（diabolischer，德语）媒介所导致的结果，这是典型的历史性结果——不是精英化程序更具有资本主义色彩的（kapitalistischer，德语）命令类信息所导致的结果，而是精英化程序中历史性信息与形式性信息的不一致所导致的结果。为了防止充满危险的极权主义而对大众媒介进行对抗的行为是不充分的，但在历史性意义中，相信政治革命的想法也是错误的。

现在的危机可以说是源自处于过渡阶段的送信者程序的特征。大众文化是送信者为消费行为模型进行的程序化，这里所说的送信者就处于过渡阶段。一方面，虽然他们拥有伦理性、政治性的命令类信息，但他们已不再相信这些，因为他们不能使这些命令类信息与其他信息保持一致。因此，他们无法使大众意识形态化。另一方面，这些命令类信息不允许送信者完全在功能上一边无视所有的政治和伦理，一边在自己固有的利害关系中操纵大众，因为他们并不知道这种利害关系是什么。因此，送信者在自己送信的行为模型内进行了掩盖。这种掩盖的效果过于突出，导致送信者自己也无法在模型中认知自我，所以他们在自己的反馈机制内也接收了这个行为模型。简而言之，大众文化是送信者为消费行为模型进行的程序化，送信者不具有将不同程序进行组合的能力，所以他们自己最终也会落入程序之中。

最重要的是我们可以对这种回答展开如下的讨论。送信者通过与他们原有的送信进行反馈，与原有的信息联结起来再次成为收信者，并且他们能够被自己固有的程序逆向程序化。上述两个事实源于运行（laufen，德语）大众媒介产生的消费模型时出现的具有缺陷的循环的瞬间。这是通过麦克卢汉的媒介神话化（Mythisierung，德语）而说明的循环，因为在这些循环中，媒介实际上是以信息的形式出现的。这种自律的循环倾向是无法被否认的，它不仅存在于消费行为模型的结构，也存在于大众媒介的结构。但是，我们不能过于夸大这个事实。精英的成员与大众的成员是完全相同的，他们几乎是绝对地在大众媒介中接收消费行为模型。然而，这并不是我们关注的真理。相比之下，精英成员被历史、科学，和来自当今艺术的信息程序化的事实，以及这就是将他们与大众成员区别开来的事实，才更接近真理。如今，"是精英"（elitär sein，德语）不仅意味着能在大众媒介符号中进行传播，而且也意味着能在科学与艺术的符号中进行传播。这就是现在的实际情况。换言之，消费行为模型具有的有缺陷的循环的形成是一种趋势，只是它无法实现罢了。

第十一讲 游 戏

如果我们转换一下传播过程的立场，不从以前的信道立场，而是从送信者的立场来看，那么就产生了不同的问题——如果通过可使用的信道向指定的信息接收者发送指定的信息，那么最适合的战略是什么？要想解答这一问题，我们不妨考察信息在符号中是如何被编码为游戏的，并由此考察传播是如何进行的。基于这一目的，我们将游戏定义为由遵循特定法则的要素组成的系统。对比之前我们给符号下的定义,符号就可以被视为一种游戏。更确切地说,这些符号可以被视作由象征组成的游戏。我们可以将一个游戏中的全部要素称作它的全部内容(Repertoire,德语),将这个游戏的全部规则称为它的结构(Struktur,德语),将全部内容可能产生的全部组合称为基于游戏结构的游戏能力(Spielkompetenz,德语),将已经实现的能力整体称为游戏世界(Spieluniversum,德语)。我们在这里将两种游戏的等级进行区分——一种是宇宙与能力一致的游戏等级,即所有可能的组合与已经实现的[信息过剩的(redundanten,德语)游戏]能力相一致的游戏等级;另一种是宇宙在游戏能力中还有拓展空间的[能提供信息的(informativen,德语)]游戏等级。

游戏的等级是不同的,有在游戏内容中导入新要素并使结构变化的游戏(封闭的游戏),以及导入新要素但没有产生结构变化的游戏(开放的游戏)。我们将不属于游戏的要素称为这个游戏的噪声(Geräusche,德语)。确切来说,一个游戏的开放性或封闭性是一种界限概念——游戏一定会导致信息过剩,哪个游戏也不会是完全封闭或完全开放的。如果游戏是完全开放的,它就会拥有无限的内容,这就意味着混沌[反游戏(Anti-Spiel,德语)],所以任何游戏都不会是完全开放的。我们将一个系统称为一个游戏,前提是它必须被噪声围绕,因为这种游戏被定义为是与噪声相对立的。

我们依据相对的复杂性对游戏进行分类,即内部的复杂性和功能的复杂性。一个游戏在与其他游戏相比时,如果足够复杂并具有组合好的全部内容,那么它就具有内部的复杂性;如果这个游戏的结构与其他游戏相比更复杂,那么它就具有功能的复杂性。具有内部复杂性的游戏提出的问题是与游戏的建构(Bau,德语)相关的,具有功能复杂性的游戏提出的问题是与游戏的战略相关的。

根据上述定义,我们可以建构出一个人类的"世界-内-存在"(In-der-Welt-Seins,德语)模型,便于接下来的量化分析。因此,我们可以说,人类是存在于多样化分类的游戏交叉点上的游戏者。与其他的模型相比,"世界-内-存在"模型的优点在于它为我们创造了量化考察的可能性——这个模型涉及的所有范畴(全部内容、结构、能力、宇宙、开放性、封闭性和复杂性)在原则上都是可以被正确计算的。那些个别的游戏被称为"黑箱"(它们内部的复杂性可以被忽视),作为战略游戏,由于它们是具有可完善(ausarbeiten,德语)特征的控制论(kybernetischen,德语)模型,所以在众多领域中也可以被应用,如政治与经济、心理学与生物学、技术与艺术等领域。这些模型由于自身系统的复杂性而不能应用于个人,但为了进行个案分析,即使我们对情况一无所知,在要求采取行动(对战略进行选择)的时候也可以应用上述模型。然而,这种模型与古典的科学模型之间的差异不仅在于对所谓准确的知识(genaue Kenntnis,德语)的放弃,还在于我们可以对它进行量化考察。更重要的是,这种模型是战略性的——不是针对认知,而是针对决断性态度。因此,这个模型在传播的领域中能够发挥更好的作用,因为这一领域从内部看来是一种完全不透明的(所谓精神上的)系统。同时,传播领域中的重要问题便是作出决断。

根据"世界-内-存在"这种模型,在符号化的时间中,众多符号(象征性的游戏)存在于互相交叉的情况之下。互相重叠的符号具有复杂性,我们可以将这种复杂性称为"文化"。文化作为互相重叠的非象征性游戏是与自然对峙的,所以自然在其中是象征性游戏的群岛,而文化是噪声的海洋。符号从属于所有种类的游戏,相对而言,它们具有信息过剩的特征,能够提供信息(如乘法口诀表和电子音乐);既具有封闭性,又具有开放性(如建筑物和衣服);从功能性、相对性来说,既具有简单性,又具有复杂性(如行政和经济学)。这种符号的全部内容(所谓的文化分子)涉及的范畴从作为工具的物质性象征开始,到像梦一样的非物质性象征为止。这些符号的结构(文化的游戏规则)与算术性法则具有相同的伦理性,它的范畴从中立性的法则开始,到法典的成文法则为止。根据控制论模型,所有的文化都可以被视为由符号组成游戏的场所,即由传播活动生成的场所。

当然，我们即使借助电脑也暂时无法完备地将这个包罗万象的模型描述出来，但至少我们还没有放弃想要通过妖术将控制论模型的张力召唤出来的意图，哪怕这只是一种幻想。为了考察那些还没有成为信息过剩的游戏宇宙，为了通过吸收噪声而使那些开放的游戏变得更有能力（kompetenter，德语），为了从封闭的游戏中将过剩的信息救赎出来，尤其在某种程度上使重叠的游戏彼此和谐。我们在无法进行协商的战略张力中，在所谓的生活斗争或阶级斗争中，能够更好地认识我们的实际生存环境。人类之间的传播并不是在水平方向（在一个游戏的维度中作为冲动）进行的，而是从四面八方，在多样化意图的战略交叉下进行的。根据达尔文或马克思的理论，我们是为了胜利而必须打倒别人的游戏者。然而，根据控制论模型，我们能够导入新的话语，或者使新的、复杂的情况产生，又或者在其他游戏的功能（如在休假或可以接受订单的预定功能）中像下西方象棋一样玩游戏。控制论模型与19世纪的线性模型不同，在控制论模型中，我们能从新的维度中去看待如何作出决断这一问题。

为了从更深的层次来考察上述问题，我们将游戏者（符号化世界中的人类）视作游戏能力的交叉点（Schnittpunkt von Spielkompetenzen，德语）。在"世界-内-存在"模型中对该问题进行如下的讨论。个别符号的能力储存于多样化的场所（记忆）中，如博物馆、工厂、图书馆、图书资料室或大脑。这种记忆的总体可以被视为元游戏（Metaspiel，德语）的固有文化能力。此时，我们只拥有保存一个游戏的能力的记忆，以及保存多样化游戏能力的其他记忆。我们将第一类记忆称为游戏场所（Spielplatz，德语），将第二类记忆称为记忆者（Spieler，德语）（这一定义是为了暂时帮助我们展开分析）。因此，游戏者是为了进入多样化的游戏而多少具有一些对能力的记忆。这种记忆的全部能力应该是个别能力的大小与这些能力的数量。那么，决断问题的本质存在于在此处被称为游戏者的记忆，以及那些个别能力的啮合（Ineinandergreifen，德语）过程。原则上，虽然这些问题依旧可以被量化（决断的理论），但电脑作为被隐藏的范式是无法提供服务的。

电视是为了特殊（尽可能多）的游戏而被程序化的。人类与电脑不同，人类（人的大脑、神经系统和肉体）拥有记忆，并且可以为了使多样化的游戏相互啮合而被程序化。当然，神经生理学、个人心理学、社会心理学和教育学等对这样的程序的理解还是有一定距离的。人类的肉体与电脑不同，肉体不仅是在功能上具有复杂性，从内部来看，这个特征更加明显，所以我们可以认识到人与电脑的不同。因此，我们放弃理解拥有记忆的人类（我们把人类视作黑箱），如果我们集中于人的功能（输入和输出），我们就能够确认人与电脑以完全不同的方式进行游戏。一般来说，如果我们将人与电脑在程序化的游戏中进行对比，那么人的能力则相对处于弱势地位，因为电脑的记忆能够掌握更多的能力，并能更快地发挥它们的功能。人类原来与电脑是一样的，在唯一的游戏能力中是绝对不进行游戏的，并且其他能力的因素，即噪声，常常妨碍着人类。因此，对于人类来说，决断是在游戏中进行选择，是吸收噪声。与扩张宇宙相比，对于电脑而言，最重要的是在一个游戏中为了胜利而发现最优的战略。在这里，那些特殊的差异看似是重要的问题，但其实并非如此。人们能像电脑一样进行游戏，电脑在未来就像人一样能够被程序化。可是现在，如果我们想在特别的游戏中取得胜利，我们就可以使用电脑进行决断，但在元游戏中，作出决断这件事仿佛仍要交托给人类的记忆。

人类记忆的输入从记忆力最强的幼儿期持续到老年期，它们是通过非常多样化的方法，由众多符号构成的。在时间上，这种程序是集中于学校这样的教育机构的。然而，这种机构常常由于符号数量的增加和复杂性的不断增强占据了人们更多的人生时间。人类记忆输出的是符号化的信息。在输入和输出的两端，输入端被称为"精神""知性""灵魂"等，输出端则被称为身心系统（psychosomatisches System，德语）的黑箱。无论什么情况，在黑箱的输出过程中，都可以产生如下具有差别的信息：一是过剩的信息（大多数），二是信息提供的信息。过剩的信息已经存在于这个游戏宇宙,是已经完成的符号的组合。我们能对信息提供的信息作进一步的区分:一是符号能力内的信息,二是在这一能力中由噪声编入的信息,三是被编入的噪声干扰符号中的信息产生的信息。这种等级化可以被视作流动性的,与这些等级相吻合。一端是过剩的信息,另一端是噪声非常多的信息,中间的岔路口上常常是信息提供式信息。然而,这些信息在岔路口可能会突然变成非信息提供式的。如果送信者的意图是进行传播,即信息被其他的记忆完美地接收,那么最优的战略是传送过剩的信息;如果送信者的意图是提供信息,即为了扩大宇宙或符号的能力而使其他的记忆发生变化,那么最优的战略是在符号中编入信息还没有被破坏的(Information gerade eben noch nicht zerstört wird,德语)噪声。所有的决断都是在信息过剩和最大信息之间的参数中被作出的,或者如果我们愿意,决断可以在平庸与疯狂之中形成。

位于信息过剩和最大信息之间的决断参数当然会通过不同的认识论、政治领域和艺术家而获得一些彩色的标识。例如,因为倾向于信息过剩的战略而追求传播,所以被称为保守的(konservativ,德语)、学术的(akademisch,德语)或右倾的(rechts,德语);因为倾向于噪声最大化的战略而追求信息,所以被称为革命性的(revolutionär,德语)、实验性的(experimentell,德语)或左倾的(links,德语)。基于心理学的立场,我们可以确定的是,决断为了信息过剩而干了蠢事,为了噪声而产生了声量巨大的疯狂。从非认知性、非政治性、非艺术性和非心理学的立场来看,量化模型的优点并不能使这一决断通过这种可能性去实存化,而只能将其视作对等的游戏战略。

从黑箱输入的角度来考察人类传播时,我们需要重点考虑以下情况——决断的所有要素是通过输入被赋予的(通过让人类的记忆程序化的符号赋予的)。通过送信,噪声被导入符号,记忆是包含在使它程序化的其他符号的全部内容中的。如果我们将噪声的导入视作具有创意性(Kreativität,德语),那么它并不是从无(Nichts,德语)之中被创造的,而是从其他游戏中被创造的。如果针对送信者的决断提出问题，那么这个问题不会是"记忆从哪里进行决断"，因为决断是在程序中被作出的。相比之下，这个问题应该被表述为"记忆是为何，以及如何被决断的"。关于上述问题，"记忆是为何被决断的"这部分与送信者可能带有的目的有关；对于"记忆是如何被决断的"这部分（送信者是如何作决断的），答案是，通过把游戏翻译成其他的游戏来作出决断。

第十二讲　翻　　译

在前面提出的"世界-内-存在"模型中，人类是作为黑箱出现的。输入这个箱子的是与游戏一样的符号化程序，输出的是将其他人类程序化的信息。如果我们尊重箱子的黑暗，那么关于这个模型，我们就不能问"在输入与输出的过程中发生了什么"这样的问题，而只能问"输出与输入的关系是什么"。这是基于信息送信者的立场提出的与他们固有行为相关的问题。但是，如果我们遵循这一模型，我们就无法尊重自己，即这个箱子的黑暗，因为我们对由自己内部产生的东西几乎没有任何预感。因此，我们承认自己并不知道通过何种方式来操纵人类还不熟悉的黑箱。不过，这个模型却允许妥协（Kompromiß, 德语）——我们将人类这一黑箱视作记忆，不同的符号能力在记忆里重叠，并将输出的东西视作这种重叠的结果。据此，箱子的黑暗就变得可知了（由于这些不同能力的重叠相当复杂，所以难以对个体进行研究），我们能够提出这样的问题，即存在于我们程序中的符号是如何被重叠的？换言之，即使我们能够认识箱子的黑暗，我们也可以继续质疑它。

因此，此处重要的问题并不是心理学、社会学或哲学问题。我们并不会质疑黑暗的箱子里产生了什么，对我们来说，重要的是形式上的问题——我们关注的是在输出（信息）与输入（接收的程序）的关系中，二者是如何被组合的。同时，关于这个问题的决断问题也凸显了出来，因为输入与输出的关系中存在两种状况：其一，输入只存在于记忆中被程序化的一个符号的能力内；其二，输出是由多种能力的要素构成的。第一种情况，在一个游戏的能力中，输入被视作一个"车"（Zug，德语），并且我们可以说送信者参与了将其自身程序化的游戏；第二种情况，输出可以被视作多样的游戏之间的翻译，并且我们可以认为送信者参与了将其自身程序化的元游戏。在第一种情况中，输入是在一种能力内作出决断的结果；在第二种情况中，输出是在能力之间作出决断的结果。因此，重要的问题是两种决断的不同方式——第一种情况，游戏里提供的可能性被实现了；第二种情况，与第一种情况相反，一种新的能力出现了。

第一种情况中的决断（狭义的游戏战略）是指与人类相比，决断与人工智能机器具有更加紧密的关系，因为人工智能机器的记忆能够储存更多的游戏能力，并且可以更快地作出决断；第二种情况的决断［元战略（Metastrategie，德语）］则与人类具有更为紧密的关系，因为人类与人工智能机器相比，在功能发挥上不具有优势。换言之，在有关第二种情况的决断中，人类与被称为"怀疑"和所谓"自由"的概念存在密切且混乱的关系。正是这种混乱关系暂时地成为人类决断能力中的一个典型。这并不是说电脑能力无法决断，而是重叠在电脑内部的能力被程序化了，以便它在各种能力之间作出决断，并排除所有的怀疑。

作为元战略决断，翻译的定义似乎与翻译的经验矛盾。我们并不是通过符号的混合进行翻译，而是将一种符号翻译为另一种符号。例如，虽然我们可以将英语翻译为法语，但我们并不是将英语和法语结合成第三种语言去进行翻译。但是，实际上我们似乎就是在使用混合的方式进行翻译。那么，我们到底应该如何翻译呢？答案是通过比较而进行翻译。我们参考词典（具有纸张形态或固有记忆的形态），并在（大部分存在于固有的记忆中的）语法的帮助下，对单词与单词，以及规则与规则进行比较。这种比较的目的是以第三个要素，即可比较的领域（Teritum comparationis,德语)为前提来考察的,但我们没必要为此去研究经院哲学(scholastische Philosophie,德语)。如果要将英语翻译为法语,那么我会将两种语言与第三种语言进行比较,而这第三种语言是我记忆中这两种语言能力的交汇。因此,第三种语言并不是实际的语言,而是一种元语言(Metasprache,德语),并且这种元语言并不是符号化的结果,而是两种符号在记忆中的交汇方式。被英语或法语程序化的所有记忆是法语和英语的元语言,所以元战略决断具有个人化特征。

为了正确地提出有关决断的问题,我们可以先了解词典是如何被制造出来的这一问题。为了某种语言制造词典,我们并不是必须要有其他的词典。例如,巴西的葡萄牙耶稣会会士(portugiesischen Jesuiten,德语)可以在没有图皮-葡萄牙语(tupi-portugiesisches,德语)模板的情况下编纂一部词典。为了达到这一目的,他们首先学习图皮词语的意义(虽然我们的语言中没有与那种含义相对应的词语)。之后,他们开始寻找在葡萄牙语的宇宙中是否具有代表相同含义的词语。如果有词语具有同样的含义,那么再探索这一含义在葡萄牙语的全部内容中是否被象征化(这是极其简化的描写)。如果这种探索能够成功,那么一组词语便诞生了。然而,这种成功(即使出现过)是很少出现的例外。人们或许会从大部分图皮语和葡萄牙语词汇中发现具有共同的模糊意义的参数,或者找不到什么可供比较的领域。在这种情况之下,人们需要与形式上成对的词语进行关联,并在怀疑中作出决断。这种决断并非存在于葡萄牙语的能力或图皮语的能力中,它是一种元战略决断。由于耶稣会会士能反复使用共时性和历时性词典,所以这种元战略的决断在从英语被翻译成法语的时候就被隐藏了。

当然,耶稣会的成员们为了顺利翻译,不仅编写了词典,还编写了用于比较的语法。他们不仅比较了两种语言的全部内容,而且比较了两种象征性游戏的结构。人类作为黑箱,如果思考如何将结构与自身程序化的符号进行比较,那么就能产生深刻的印象。虽然我们每天都是这样做的，但只有那些试图对此进行分析的人才会动脑筋去思考。举例而言，根据某种标准，我们会在句子中比较法语中动词的位置和英语中动词的位置吗？这个标准是根据某些语言的外部形态，还是根据臭名昭著的语感（Sprachgefühl，德语），抑或根据某种语言内在的符号或非常简单的错误方法吗？并且，如果我们可以准确地观察这些标准，它们又意味着什么呢？典型的人类元战略决断正是在这种可疑的方式，即通过以无知对抗无知的方式被作出的。

进而言之，将我们程序化的所有符号，或多或少是被不理想地（schlecht，德语）建构的。换言之，在这些符号的全部内容之中存在着信息过剩（语言的情况与此类似）的情况，并且在符号结构上存在着矛盾［语言的情况是"规则中的例外"（Ausnahmen von Regeln，德语）］。当单个符号的能力发挥作用时，这种设计错误（Konstruktionsfehler，德语）就会出现，并呈现为生产性问题（produktive Probleme，德语）。然而，在翻译方面，这些结构的错误则处于核心位置——在出现信息过剩的地方，决定了如何将信息翻译成其他符号；在出现矛盾的地方，则开始进行规则的比较。这说明，翻译在某种程度上是再编码的过程——翻译利用信息过剩的材料制造信息，使用矛盾的材料来制造规律。

通过这些注释，语言间的翻译问题才可能被提及，因为直到现在，那些个别的语言才具有被翻译的可能性。据此，我们才可以提出它们的关系是如何被确立的问题。我们如何将英语、俄语、斯瓦希里语（Suaheli，德语）翻译成法语呢？当我们在翻译时，两种语言结构的相似性比它们全部内容的相似性更为重要。同时，一些问题还需要被提出——翻译的实施是依据哪种语言的标准，诗歌的翻译与化学书籍、电话对话内容的翻译应该确立怎样的关系，等等。并且，在我们将一种语言翻译为另一种语言时，语义论、节奏、韵律、语法，以及视觉层面的因素等是否应该让步于其他层面的问题也需要被提出。对于这些问题，如果我们的回答为"是"，那么在哪种程度上"是"，这就将成为问题的核心。这样一来，翻译时，我们如何在"对原来信息的忠实度"与"翻译的自由"之间作出决断的问题也被提出了。以上种种问题(其他的众多问题也是重要的)引导我们进入人类对自由作出决断的神秘丛林。

我们在这一讲义的意图并不是对语言翻译进行研究,这里论及的翻译(Übersetzung,德语)只是翻译中的一些例子而已。换言之,它们都是为了送信者服务的——为了使多样化的程序化符号之间的决断成为可能。为了达到上述目的,最重要的是以下几点思考。

我将英语翻译成法语(第一种情况)与我将法语翻译成英语(第二种情况)是完全不同的,其中我作出的决断也是完全不同的。在第一种情况下,法语是英语的元符号,英语是法语符号的客体符号之一;在第二种情况下,两种符号的关系与第一种情况是正相反的。在第一种情况中,我在法语符号的功能中作出决断;在第二种情况中,我在英语符号的功能之中作出决断。如果我们进行正确地观察,在第一种情况下,我将英语符号强迫性地放进法语的符号中;在第二种情况下,为了英语,所以我试图吞掉法语。具体而言,在第一种情况下,我是为了法语能力而部署元战略;在第二种情况下,我是为了英语能力而部署元战略。这也说明了为什么将其他语言翻译成母语,比将母语翻译成其他的语言要更容易——因为我记忆之中的母语能力比将我程序化的其他所有语言的能力更大。

综上所述,在所有开放性游戏的本身能力之内,所有的开放游戏都具有接收其他游戏的能力。我认为这一事实对理解人类的决断具有根本性作用。从理论上看,我可以将所有语言都翻译成法语,即法语的能力在理论之内包含所有语言。但是,以其他所有的游戏为对象的所有开放性游戏都具有一种帝国主义(Imperialismus,德语)特性,这种特性是能够被扭转的。在理论上,我可以将所有的语言翻译成斯瓦希里语或克鲁马农语①(Cro-Magnon,德语)。这样一来,克鲁马农语就是现在将我们程

---

① 克罗马农人(Cro-Magnon man)化石最早被发现于法国的克罗马农山洞。——译者注

第四章　传播学讲义

序化的所有符号的元符号。当然,基于我在前面所说的理由,所有的翻译都基于个人的能力和决断,都源于翻译者的原始信息。作为帝国主义性的元符号,法语的宇宙与帝国主义的克鲁马农语的宇宙是完全不同的。因此,有关人类决断的根本事实的本质在于选择一个程序化符号中的帝国主义性元符号。从形式上看,我们可以将这一过程命名为"介入"(Engagement,德语)。

　　当然,记忆的储存能力并不仅是两种能力的结合,也可以是多种能力的互相结合。例如,通过翻译,将马克思主义与音乐和电影结合。然而,送信的元战略往往取决于我们对哪种符号作出决断并使之成为元符号。例如,这一战略取决于我在马克思主义的功能内是否选择诗歌,或者相反,取决于我在诗歌的能力之内是否选择马克思主义。关于如何使一个符号介入另一个符号,我们需要作出决断。从理论上来说,我们可以对黑箱的输出进行解读。在输出的帮助下,我们不仅认识到这个箱子是如何被程序化的,还可以认识到这个箱子使用的是何种战略。在输出中,我们不仅能从理论上观察到送信者的文化结构,还能观察到送信者所作出的决断。

　　至此,我们还没有提出关于决断与自由的问题。这一问题是我们能够逆翻译(rückzuübersetzen,德语)某些语言时才会出现的,即对翻译进行检查的这种可能性(Möglichkeit,德语)只在必须的时刻才能出现。如果我将英语的句子翻译成法语,然后再将得到的法语句子翻译成英语,只有在能使原来的英语句子大体显示出意义之时,我才可以确定翻译的有效性。在翻译时,如果两种符号的关系产生了逆转,那么此时的对象符号就成了元符号。换言之,法语符号将英语符号的一部分能力吞掉之后,法语符号本身与翻译者脑海中的英语符号也一起被吞掉了。虽然这个过程不会在信息过剩的情况下无限地、长久地进行,但会反复地进行。两种符号即使并没有因此变得更加亲近,也会变得更为丰富。所以,我们在翻译时无法探讨肯定性或否定性的辩证法,而只能探讨怀疑的过程。

为了检查原来的介入形式,如果从单纯的语言翻译过渡到一般战略,那么逆翻译的可能性和必然性就意味着逆介入(Rück-Engagements,德语)的可能性和必然性。如果我从基督教的功能介入马克思主义,就在下一个瞬间,我便可以从马克思主义的功能介入基督教。然而,因为这两种符号的宇宙是完全不同的,所以这种逆翻译意味着从一个宇宙向另一个宇宙的跳跃。因此,我认为对决断进行分析就意味着一旦决定介入,这个过程就无法被中断,因为所有的介入为了被确定而需要逆介入。这不意味着将介入变成可以自由处分且可被去除(ausgelöscht,德语)的,也不意味着介入的决断是可以被取消(widerrufen,德语)的。仅从理论上来看,所有的介入过程都是开放的——这就意味着每一个介入都包含其他所有的介入,或者它根本就不是介入,而仅仅是狭义上的游戏策略[教条主义(Dogmatismus,德语)]。这就说明了为什么我能理解萨特①不会是共产主义者,也能理解为什么艾略特②不会是天主教神父。

然而,以上所有的讨论都是人类试图进入自由决断的黑箱而作出的毫无意义的注释。换言之,今天这一讲的内容是想将翻译这个领域展现于人前。如果送信战略是翻译中的重要问题,那么如何介入,以及自由的问题就应该被提出来。虽然为了送信,我们可以与自身的程序结合,但这种结合只有在我们程序包含的符号中选择与送信相对应的元符号之后才能确立。简而言之,我们可以翻译,并且我们拥有的能力越多,某些能力

---

① 让-保罗·萨特(Jean-Paul Sartre,1905—1980年),法国20世纪最重要的哲学家之一,法国无神论存在主义的主要代表人物,西方社会主义最积极的倡导者之一,一生中拒绝接受任何奖项,包括1964年的诺贝尔文学奖。他在战后的历次斗争中都站在正义的一边,对各种被剥夺权利者表示同情,反对冷战。他也是优秀的文学家、戏剧家、评论家和社会活动家。——译者注
② 托马斯·斯特尔那斯·艾略特(Thomas Stearns Eliot,1888—1965年),即 T. S. 艾略特,英国诗人、剧作者和文学批评家,诗歌现代派运动领袖,代表作品有《荒原》《四个四重奏》等。——译者注

越强,我们就越能丰富且创造性地进行翻译。

第十三讲　公　之　于　众

　　最近在我讲课期间,当这一课程引起信息送信者的注意之时,人类传播的立场也就发生了变化。这与传播信道有关,特别是关于符号的问题,前文涉及的问题现在已经成为我们讨论的背景,并且使送信战略处于中心位置。为了使我们对符号问题的分析更加合理,首先,有人根据博弈论(Spieltheorie,德语)提出了一个模型,其中,送信者被描述为符号的玩家。送信者被象征性的玩家程序化,这些玩家部分地改变了使自己程序化的符号,通过继续送信,从而成为将其他箱子程序化的黑箱。在输入与输出之间产生的变化被搁置在黑暗之中。据此,对接收的程序和送出的程序,以及对输入和输出的比较问题就被提出了。并且,此时对送信者决断的提问,即对送信者认识到战略性的提问,就成了重要的问题。为了研究与决断有关的问题,我们实际上在符号内和符号间调动了与作出决断的核心问题有关的翻译。决断具有确认送信者程序化能力的数量和作用范围的功能:当送信者具备的能力越少,能力的作用范围越有限,决断就越容易;如果送信者具备的能力越多,能力的作用范围越广阔,怀疑和决断的困难程度也就相应地增加了。以上这些思考将黑箱内的空间(隐秘的东西),即送信者的私人之物视作问题。这种思考一方面认识到输入与输出的辩证关系,另一方面认识到了作出决断的辩证法。这种被称为私人空间与公共空间矛盾的辩证法,如今成为我们关注的主题。

　　只要我们还停留在这个控制论模型上,我们就可以说,程度与复杂性的辩证法是一个重要的问题。如果针对性地理解私人空间,它只是一个复杂性程度极高的空间——它是黑箱的内部;公共空间的结构和功能能够作为个案被透视——它们是白色的空间。因此,私人空间是在公共空间内存在的一系列黑暗的窟窿或是无法在地图上进行研究的点。公之于众(Veröffentlichung,德语)通过单纯地使用私人空间,把它透明化处理,并使之消失。虽然控制论模型具有说服力,它在带有政治性色彩的很多形态中能够提供基础的服务。不过,这个模型也有缺点。我们将私人空间视为还未被使用的公共[具有缺陷的、作为对立命题(Antithese,德语)的]空间,并且,如果将公之于众视作对私人之物的清算(Klärung,德语)过程(单纯化、意识形态化),那么人类传播的整个过程一下子就表现为去私有化(Entprivatisierung,德语)了,即作为清算的过程出现。换句话说,清算的对象具有反信息性,是熵增的,因为信息具有复杂性,存在于公共性织物中的私人之物,即"结"(Knoten,德语),就是非盖然性的组合,也就是人们所说的传播目的。

结合经验,我们可以发现,在相同的根源中,作为黑箱的我们站立在从送信者那里传递出来的两种互相矛盾的模型面前。根据控制论模型,传播是通过将信息公之于众而进行的清算,伴随着去私有化,是以将黑箱变透明为目的的一个过程。具体而言,依据总体的政治化模型,传播的目的是使自动机械装置和电脑(也就是白箱)社会化。根据另一种模型(信息化模型)可知,传播生产了信息,它是非常复杂的记忆,被保存在黑箱之中,是以将黑箱变得更黑为目的的一个过程。根据这一模型,公共空间服务于私人空间,并且传播的目的是将信息传送给收信者。当然,我们将两种模型的矛盾视为可以被解开的"结"或信息,并再次通过控制论或信息来加以考察。这种逆翻译的功能性,在上次的讲义之中就已经被提及了。然而,有关公之于众的问题,即通过形象地考察政治问题本身,能寻找出两种所提供模型的元模型则是更好的。

将传播的信息公之于众,即让去私有化的所谓控制论模型,反反复复地不仅是作为理想而且是作为悲观的终结论被表现出来。在这里,我们可以引用汉斯·凯尔森①在《报复与因果关系》(Vergeltung und Kausalität)一书中所作的一些表达。根据这些内容,我们可以知道,人们起初生活在对自己来说不透明的世界中,并且人类自身也是不透明的。凯尔森将此称为报复(Vergeltung,德语),即基于以物易物(do ut des,拉丁语)被称为结构化的魔术性仪式。同时,我们也将它称为黑箱中的黑箱。那么,魔术和仪式到底意味着什么?这虽然与输入和输出众所周知的战略有关,但横亘在其中的东西还没有被人知晓,所以通过这个战略,在不知道结果之时,对输出产生影响的意图就产生了。此外,报复意味着什么呢?它意味着在输入与输出之间所作的比较,而且是在因果链条有缺失(Auslassung,德语)的情况下。

在所有的传播基础和历史中,通过假设来推论的这种原始情况,对于凯尔森而言,在整体的社会情况中是不存在自然的,因为一切都是不透明的、黑暗的,对所有人来说都是"其他的"。因此,所有的东西,如所有的树木、岩石、江水(或者更具体地说,所有的红薯)和人类本身(妖精、神、语言)都是不同的。我们试图与各方进行对话,并试图说服各方与我们的目的和意图吻合。如果我们要砍伐一棵树木,那么对于树木来说,我们必须作出使这种罪行恢复原状的承诺(如种植其他的树木),因为树木是黑箱(精神、神),我们应该害怕与输入相对的报复性的输出。这当然像凯尔森所说的那样看起来是具有魅惑性的,正如他一贯的主张,即社会不是在自然之中生存,原始人正如我们能轻易言说的那样,并不是自然人类。然而,与凯尔森的说法完全相反的一种说法出现了,即认为原始社会完全没有抵抗能力,也就是说所有被偏见程序化的人认为原始人是完全没有能力将自己与自然区分开来的。

从凯尔森的视角来看,对我们来说有趣的是,这种原始的情况是通过

---

① 汉斯·凯尔森(Hans Kelsen,1881—1973年)是20世纪著名的奥地利裔犹太人法学家,法律实证主义的代表人物,规范法学派的创始人。——译者注

法律性（juristisch，德语）话语被结构化的——给人类和世界赋予秩序的所有法律都是命令类话语。这也意味着，在那样的世界之中，所有的说明都是具有目的性的，我们都与特定的目的保持一致并做出行动。这是所有存在之物都追求的一个有共同目标的世界，此时，它们各自的意图是以非常复杂的方式交叉着的。这也说明了为什么魔术和仪式那么复杂，世界遍布神灵，这就是存在于充满相互重叠的意图的世界中的战略。然而，从我们的立场来看，有趣的是凯尔森提到的原始情况。在那种情况中，只有对话存在，没有任何的话语。换言之，只有那些命令类信息在原始情况中成为对话的对象。以物易物的传播意味着将命令类信息与对话等同视之。如此来看，凯尔森所言的原始情况并不能被称为"社会"，而只是私人空间的复杂的重叠。这意味着具有公开性的东西是完全不存在的。凯尔森对这种解释表示了不同意，因为对他来说，魔术和仪式是政治性、法律性的现象。然而，这里重要的问题不在于专业用语，而在于意义论解释上的差异。从本质上而言，凯尔森如果正确地与控制论模型保持一致，那么原始的情况就是复杂的、不透明的。并且，我们在这里用专业术语来说，那种原始情况意味着不允许任何公共性空间存在。

根据凯尔森的说法，这种复杂的泛法律性（panjuristische，德语）情况，大约在公元前8世纪从地中海沿岸开始向着中心解体，即人们开始收集（aufzulesen，德语）和洞察（durchschauen，德语）一些地平线上存在的黑箱。借助这些箱子（如在星星的轨道或江水的流淌中），人们开始认识输入与输出之间的链条。通过箱子中的那种黑暗的解体，输入与输出的因果链条开始变得可视化。在这一瞬间，为了使这个箱子发挥作用的法律和报复终止了，代替法律的因果律登场了，代替妖术和仪式的技术也登场了。那些箱子再也不是社会的一部分，它们在社会和意图互相重叠的织物中被驱逐了。同时，那些参与驱逐的要素（ausgestoßenen Elemente，德语）开始形成包围社会的自然。"自然"的形成是因果性战略，即它并不是通过自然法实现结构化的，不是魔术性的战略，这意味着技术的战略开始发挥功能。

在社会阶段性的秘密化过程中,因果性判断逐渐替代了法律性判断,这个变化自然而然地吸引了凯尔森的关注。同时,命令类信息被直陈类逻辑关系的信息替代了。对凯尔森来说,历史可以使用技术性思考方式和战略,所以,为了使真假（richtig-falsch,德语）的范畴替代善恶（gut-böse,德语）的范畴,社会包含将自然秘密化的所有过程。历史为了对作为自然的世界进行技术性分析,而将神从世界的边缘赶到了正中央。换言之,神取代了审判官、政治家、祭司、科学家、技术者和权威者。不过,我们可以换个说法表述这个过程,即通过黑箱渐渐变白,能够容纳话语（特别是科学性话语）的公共性空间诞生了。同时,我们可以说,自然只不过是各种话语摆弄的信息而已。我们可以将历史的进程说成从地平线转向中央,是通过公之于众的行为去私有化的过程。针对这个观点,凯尔森再次以专业术语为依据表示了不同意,因为对于他来说,历史不是政治化的,而是去法律化（Ent-jurifikation,德语）的。因此,"政治化"和"去法律化"两个术语的含义在凯尔森眼里大体上是相反的。然而,我们却说两者是一致的,因为发展借助因果关系取代了报复,话语取代了对话,逻辑性关系信息取代了命令类信息。这些进程意味着通过对信息的公布,私人空间开放了并去复杂化了。

根据凯尔森的说法,不仅是现在的世界去法律化了,从原则上看,人类的存在也完全走到了去法律化的十字路口。于我们而言,世界不仅是变得透明了,我们所有的神也都从这个世界中被驱逐了。换句话说,不仅所有的神变成了自然,人类自身也开始变透明了,而且我们已经将所有的神都驱逐了,人类自身也将变成自然。法学家凯尔森认为,在这个过程中,最重要的是将人类所有的行为以因果关系进行（社会性、心理性、医学性等的）说明,所以法律诉讼的空间就不再存在了。在没有犯罪活动（用理论性、因果性无法解释,无条件的行为再也不会存在,任何犯罪活动也不存在了）的地方,也就不存在法官了。他人和自己向着透明化发展的这种倾向,即具体化的倾向,不仅出现在法律的领域,也出现在其他所有的领域中。这种过程走到如今这一地步,对凯尔森来说是需要进行批判的,因为(为了停留在凯尔森的专业术语领域)为了将自己变为自然,所有的社会都将消失。如果人类也变成自然的,那么这个过程将是颠覆性的,同时也是荒诞不经的。这种意图是为了获得更好的战略,使技术取代魔术,使因果关系取代报复。但是,如果我们通过自然去认识人类,那么我们就不再具有任何意图,也无法透视我们固有的复杂程序,我们能够做的就只是通过自然去认识人类本身。我们拥有的最具有魅力的一个模型——凯尔森模型,大体就如咬住自己尾巴的蛇那样草草收场。

我们的课程中出现了很多专业术语,根据凯尔森的说法,"翻译"的意思指我们的私人空间在消失的瞬间抵达了历史中的十字路口。这个十字路口的全面公之于众意味着政治性的极权主义。如此重要的问题仅表现为我们的专业术语在解释上的差异,因为对于最后的情况,凯尔森的表述与以下论述是一致的。全面的政治化、全面的去私有化,即全面的社会化,是社会自然性的全面变化。换言之,这与所有对话的不可能性是一致的,因为我们认为变成了白色箱子的社会,变成了充斥着自动化机械和电脑的社会就是整个社会的状态。或者换句话说,如果我们称这个社会为自然,就意味着社会与自然是一致的,即它们是一回事。而且,无论我们说全面的公之于众是整体的政治化,还是说全面的公之于众是整体的去政治化,它们都意味着一回事,因为在这种末世论的(eschatologischen,德语)语调中,社会与政治、公共性和私人性都各自走向了自己的反面。凯尔森模型在这里是所有控制论模型的一个反映,并且传播活动是将信息公之于众的这个主题变成实际的政治性冲击。这种冲击已经在我们面前登场了。

编 者 后 记

威廉·弗卢塞尔根据生物学和技术学概念的生成方式,将人类传播的原理命名为"Kommunikologie"。人类传播理论成为弗卢塞尔研究的基本领域,他在数所大学里进行过关于人类传播理论的授课。作为一名教授,弗卢塞尔在巴西法阿瑟高等教育中心①的传播与人文学院和圣保罗大学的传播与艺术学院用葡萄牙语授课;在马赛吕米尼的艺术与建筑大学(1977年)和法国艾克斯(Aix-en-Provence)的中央剧院(1986—1987年)用法语授课;1991年夏季学期,他作为客座教授在德国的波鸿大学(Universität Bochum)用德语授课。除此之外,更令人惊讶的是,弗卢塞尔在人类传播理论领域的研究成果颇丰,但这些研究成果到目前为止还没有被出版。现在推出的"弗卢塞尔著述全集"(Werkausgabe der Schriften Vilém Flussers,德语)系列中,有四本书是为了挽回此前的疏忽而出版的。

如果以弗卢塞尔于1973—1974年在巴西的生活背景作为他的自传[德语写成的《深渊》(Bodenlos)已于1992年出版],那么就可以借助这本书回顾他在人类传播理论领域的丰富授课经验,并至少可以从正反两方面回顾他当时的生涯。

为了配合学院的通识课程和跨学科教育项目,我和米格尔·雷亚尔

---

① 法阿瑟高等教育中心(Fundação Armando Alvarez Pentado,简称FAAP)创办于1947年,设立伊始仅是一个致力于支持和发展美术的小型基金会。经过多年的发展,现已成长为巴西知名的高等学府之一。——译者注

(Miguel Reale)对学院的架构进行了相关设计。我们考虑过两种职称岗位的融合,即为了传播理论的教学而将自然科学和人文学科的教授岗位进行融合。这种教授职务的设计不仅使传播理论的教授岗位获得了特殊的功能性,还使传播理论的概念与这一特殊的功能性适配。当时,我脑海中浮现的定义大体可以描述为"传播理论是所有人类传播的元话语,并且基于此,话语传播理论的结构变得可视化了"。在这一理论中,我重点强调要针对巴西圣保罗州法阿瑟高等教育中心的传播与人文学院的情况进行操作性定义,因为从该定义中,我们可以导出相应的职称岗位所需要的程序,以及通识课程的项目。

……

我作为教授进行传播理论的教学,得出的经验是我们无法轻易地得出一个公分母。从肯定性的角度来看,我的体验是,我在教学中获益良多。换言之,我在理论和实践上所得颇丰。我与我的两位助手建立了十分亲密且深厚的友情。我也在我的弟子中结识了几位出众的人物。我希望的是,这些关系能为他们将来的发展奠定一些基础。此外,对于我而言,这个教授职务给了我产生自己的思想系统并使之规范化的机会。然而,遗憾的是,一些否定性的方面也颇具压倒性。比如,我从未将自己成功地纳入学院的机构体系。我和同事们的关系让我几乎忍无可忍,但我并不是嫌弃他们围绕着职务而展开的游戏博弈。我的弟子们大部分都瞄准了文凭和职业机会。但是,从教学相长的方面来看,我与学生之间的关系并没有我想象得那样相得益彰。不过,让我意想不到的是,我也对大学生产生了一种奇妙的感觉。从结果来看,我所有的试图都以失败告终。十分遗憾地说,大学生们(和大部分的教授们)的知识水平,在我看来是令人惊讶的低下。回顾过往,我突生一种西西弗斯式劳动的感觉。

基于"人类传播理论"这一上位概念,本书将弗卢塞尔遗稿中的两部著作合并在一起。在时间上,弗卢塞尔是间隔几年写出它们的,但根据两书的类型特征和内容,这两部著作可以很好地互为补充。"人际关系的大变革"这一部分是弗卢塞尔以三种语言书写的。在这里，除了出版了德语版本，也出版了英语和法语版本。本书的编辑时间是 1973—1974 年，这正是弗卢塞尔从巴西回到欧洲的时间段，也是他非常具有生产力的阶段。在这不寻常且具有系统性的文本中，弗卢塞尔对他在圣保罗一边授课一边完善的人类传播理论，包括他的研究结果和研究假说，进行了系统性总结。

在原稿中，有被称为"在吕米尼的传播理论"的传播学讲义，是他于 1977 年用两种语言（法语和德语）写成的。他的直接动机是以马赛吕米尼大学设定的主题为中心进行连续性授课。此时，德语原稿，特别是在基于送信者视角进行分析的两个部分里，正如讲义计划暗示的那样，超越了法语原稿和他在实际中授课的原稿。为了便于出版，关于德语原稿的"人际关系的大变革"一文，我针对著述重复的部分进行了一定的删减。

弗卢塞尔研究传播理论的其他原稿以"传播现象学"为书名，出版有英语和法语版本，相关原稿是 1986—1987 年弗卢塞尔在法国艾克斯的中央剧院执笔书写并以法语进行连续授课的内容。但是，与这里出版的两部作品相比较来看，它并没有提供更具超越性的内容。1991 年夏季学期，弗卢塞尔在波鸿大学进行的授课内容则十分具有创新性，即以 35 盘录音带保留的音质相对较低的记录为基础而整理的讲义。

斯特凡·博尔曼（Stefan Bollmann）

图书在版编目(CIP)数据

传播学:历史、理论与哲学/(巴西)威廉·弗卢塞尔(Vilém Flusser)著;(德)斯特凡·博尔曼(Stefan Bollmann)编;周海宁译.—上海:复旦大学出版社,2022.10(2024.1重印)
书名原文:Kommunikologie
ISBN 978-7-309-16417-6

Ⅰ.①传… Ⅱ.①威… ②斯… ③周… Ⅲ.①传播学-研究 Ⅳ.①G20

中国版本图书馆 CIP 数据核字(2022)第 179789 号

Copyright © Vilém Flusser, 1998
This translation of Kommunikologie is published by arrangement with Miguel Gustavo Flusser.
Chinese simplified translation rights © 2022 by Fudan University Press Co., Ltd.

上海市版权局著作权合同登记号:图字 09-2022-0765

传播学:历史、理论与哲学
[巴西]威廉·弗卢塞尔(Vilém Flusser) 著
[德]斯特凡·博尔曼(Stefan Bollmann) 编
周海宁 译
责任编辑/刘 畅

复旦大学出版社有限公司出版发行
上海市国权路 579 号 邮编:200433
网址:fupnet@fudanpress.com http://www.fudanpress.com
门市零售:86-21-65102580 团体订购:86-21-65104505
出版部电话:86-21-65642845
上海盛通时代印刷有限公司

开本 787 毫米×960 毫米 1/16 印张 18.5 字数 248 千字
2022 年 10 月第 1 版
2024 年 1 月第 1 版第 2 次印刷

ISBN 978-7-309-16417-6/G·2414
定价:68.00 元

如有印装质量问题,请向复旦大学出版社有限公司出版部调换。
版权所有 侵权必究